AF342881

BIBLIOTHÈQUE
DE L'UNION DES YACHTS FRANÇAIS

TRAITÉ

DE LA

CONSTRUCTION DES YACHTS

A VOILES

PAR

C.-M. CHEVREUX

ANCIEN ÉLÈVE DE L'ÉCOLE D'APPLICATION DU GÉNIE MARITIME
INGÉNIEUR DE CONSTRUCTIONS NAVALES

PARIS

E. BERNARD & Cⁱᵉ, IMPRIMEURS-ÉDITEURS

53 ter, Quai des Grands-Augustins

1898

TRAITÉ

CONSTRUCTION DES YACHTS A VOILES

PARIS. — IMPRIMERIE E. BERNARD ET Cie

23, RUE DES GRANDS-AUGUSTINS, 23

BIBLIOTHÈQUE
DE L'UNION DES YACHTS FRANÇAIS

TRAITÉ

DE LA

CONSTRUCTION DES YACHTS
A VOILES

PAR

C.-M. CHEVREUX

ANCIEN ÉLÈVE DE L'ÉCOLE D'APPLICATION DU GÉNIE MARITIME
INGÉNIEUR DE CONSTRUCTIONS NAVALES

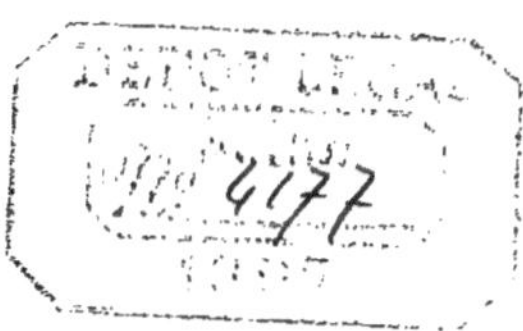

PARIS

E. BERNARD & Cie, IMPRIMEURS-ÉDITEURS

53 *ter, Quai des Grands-Augustins*

1898

PRÉFACE

Dans l'ordre normal, le livre traitant de la construction, aurait dû être précédé d'un livre de **Géométrie du Yacht**. Mais, l'adoption de cette méthode eut conduit à publier d'abord la partie la moins générale et la moins utile, susceptible de n'intéresser qu'un nombre restreint d'amateurs et de constructeurs, alors que l'ouvrage actuel était d'un intérêt beaucoup plus immédiat. Nous avons ainsi préféré intervertir cet ordre, et traiter d'abord de la construction, afin de faciliter, au plus grand nombre des intéressés, la compréhension future de la Géométrie du yacht.

Les limites imposées au cadre de ce livre ne m'ont pas permis de prétendre en faire un traité, véritablement complet, de la construction des yachts à voiles. J'ai dû me borner, tout en expliquant aussi complètement qu'il m'a été possible les opérations de la construction, à ne m'occuper que des méthodes, moyens ou procédés, seulement usités dans les chantiers de construction de yachts français, anglais et américains, à l'exclusion de toute dissertation sur les autres moyens d'arriver à un même résultat.

L'atlas annexé à l'ouvrage, présente de nombreux

plans de yachts dessinés en France, qui nous ont été communiqués par

MM. le Comte de Guébriant pour les plans du Dinghy; *Pottier, pour les plans de l'Yvonne; de Cotignon pour ceux de Nougatine; ainsi que par Messieurs Godinet, Guédon, Lemarchand, Moissenet, Paumelle, Sahuqué, Tellier, pour les autres plans dessinés par eux, dont certains ont été exécutés et ont contribué au bon renom des chantiers français.*

Qu'il me soit permis de remercier tout particulièrement M. le Marquis de la Jaille, de l'assistance précieuse qu'il a bien voulu nous prêter pour la mise à jour de ce petit ouvrage.

C.-M. CHEVREUX

TABLE ANALYTIQUE

ET

TABLE DES PLANCHES

TABLE ANALYTIQUE DES MATIÈRES

CHAPITRE VI

CHAPITRE VII

CHAPITRE VIII

TABLE DES PLANCHES DE L'ATLAS

PLANCHES HORS TEXTE

ERRATA

Pages	Lignes	
87	5	Écoutilles. Les écoutilles.....
177	12	..... à ne placer de boulon qu'à chaque couple.
179	12	..... sollicite la quille en plomb à glisser sous le vent, en cisaillant, au plan de sa jonction avec la quille en bois, les boulons qui la retiennent.
251	9	..... cordages de fer doux ou d'acier, zingués, formés de trois à cinq torons tordus à gauche.

TRILBY, 1 TONNEAU, PLANS DE M. CHEVREUX, EN CONSTRUCTION
AUX CHANTIERS LUCE (PETIT-GENNEVILLIERS).
(D'après une photographie de MM. Laverne, frères.)

TRAITÉ

DE

CONSTRUCTION DES YACHTS

CONSTRUCTION DU YACHT

CHAPITRE PREMIER

Le tracé des formes du yacht ayant été établi, et les calculs géométriques qui s'y rattachent ayant été effectués ; le constructeur est aussitôt appelé à s'occuper de la répartition des poids, dont la somme constitue le déplacement de la carène. En général, et surtout lorsqu'il s'agit de yachts de course, les limites entre lesquelles le déplacement peut varier, ou en d'autres termes, l'erreur qui peut être permise, sont excessivement restreintes. Le constructeur, ou l'ingénieur qui établit les plans, est donc obligé de prévoir, de déterminer, avec la plus grande approximation, la valeur des divers poids du yacht armé, et en premier lieu le poids de la coque, d'où dépend pour une grande partie celui du lest ; tous deux les plus importants. — Si ce dernier poids doit être entièrement localisé dans la quille, la connaissance pratiquement exacte de sa grandeur devient d'autant plus nécessaire,

que la détermination de la forme et du volume de la quille
en plomb deviennent le point de départ de tous les dessins
de la construction. On conçoit donc aisément, combien il est
important de bien fixer à l'avance les dimensions de tous
les matériaux entrant dans la construction de la coque proprement dite ; dimensions desquelles dépendront et le poids,
et la solidité du yacht.

Devis des échantillons.—Le groupement en un même
document des dimensions des principaux matériaux, constitue
le *devis d'échantillons*. Le mot échantillon signifiant, en terme
de construction, l'indication numérique des dimensions transversales : largeur et hauteur, s'il s'agit de matériaux à section
rectangulaire, ou le diamètre s'il s'agit de pièces à sections
circulaires.

Si les plans du yacht sont fournis au constructeur, en raison
même de son importance le devis d'échantillons doit faire
partie de cette fourniture.

Le document suivant, fera d'ailleurs comprendre la disposition habituellement donnée aux devis d'échantillons. —
Pour plus de clarté nous l'avons établi pour deux des yachts
étudiés dans le volume I conformément aux règles et
tableaux développés au chapitre XII, l'un des yachts supposé construit en bois, l'autre d'après le système composite

Exemple d'un devis d'échantillons applicable à un yacht cruiser de 100 tonneaux construit en bois.

DIMENSIONS PRINCIPALES

Longueur de tête en tête.	32^m20
Longueur de perpendiculaire en perpendiculaire mesurée à la flottaison	21,00
Largeur extrême hors bordé.	5,45
Largeur extrême hors membres.	5,33
Creux sur quille mesuré à la perpendiculaire milieu. . .	3,05

DEVIS DES ÉCHANTILLONS PRINCIPAUX

Quille (orme ou chêne)..	Haut^r à la P*p* M	0,210	Travaillé suivant les formes.
	Epaisseur......	—	
Etrave et étambot : Epaisseur...........		0,210	
Carlingue (Chêne).....	Hauteur.......	0,330	
	Epaisseur......	0,200	
Fausse quille (Sapin)...	Epaisseur à l'A*v*.	—	Quille en plomb.
	» à l'A*R*.	—	
Mèche du gouvernail : Diamètre........		0,200	
Membrure, Au pied de varangue..	Epaisseur......	0,200	En deux plans de bois jointifs.
	De l'A*v* à l'A*R*..	0,300	
Membrure, Au tournant de la varangue	Epaisseur......	0,130	
	De l'A*v* à l'A*R*..	0,250	
Membrure, A la tête....	Epaisseur.....	0,090	
	De l'A*v* à l'A*R*..	0,220	
Longueur de la maille		0,360	
Membrure de remplissage	Epaisseur......		Mêmes échantillons que la membrure de levée.
	De l'A*v* à l'A*R*...		
Ceintures, Serre bauquière 2 viru^{res}	Largeur........	0,300	
	Epaisseur......	0,100	
Ceintures, Serres d'empature 2 virures	Largeur........	0.250	
	Epaisseur......	0,060	
Ceintures, Remplissage.	Largeur........	—	
	Epaisseur......	—	
Barrots	Hauteur.......	0,170	
	De l'A*v* à l'A*R*..	0,170	

DEVIS DES ÉCHANTILLONS PRINCIPAUX (*suite*)

Barrots des extrémités..	Hauteur........	0,145	
	De l'A/ à l'R..	0,145	
Elongis des écoutilles..	Hauteur........	0,130	
	Epaisseur......	0,100	
Plat-bord...........	Largeur........	0,300	En saillie de sur le
	Epaisseur......	0,060	bordé des préceintes.
Entremises...........	Hauteur........	0,130	
	Epaisseur......	0,100	
Bittes de Beaupré......	Largeur........	0,250	
	Epaisseur. .. .	0,100	
Bittes des mâts........	Largeur........	0,090	
	Epaisseur	0,090	
Bordé épaisseurs	Galbord....................	0,080	
	et Ribord	0,080	
	Fonds....................	0,060	
	Bouchains................	0,060	
	Préceintes................	0,060	
Bordé du pont (Yellow-pine)............	Epaisseur..... .	0,060	
	Largeur........	0,080	
Batayolles	Hauteur du dessus du plat-bord au-dessous de la lisse de garde-corps	0,500	
	Epaisseur de tribord à bâbord.... — Au pied..... ..	0,090	
	— A la tête.......	0,080	
	Epaisseur de l'A/ à l'R. — Au pied.......	0,090	
	— A la tête......	0,090	
Espacement des batayolles.............		0,900	
Lisse de garde-corps (orme blanc)	Largeur	0,110	
	Epaisseur	0,060	
Bordé des pavois.......	Epaisseur......	0,015	
	Largeur..		
N. B. — Les virures du pied sont renforcées à	Epaisseur....	0.030	
	Largeur.......	0,090	
Batayolles branchettes du tableau..........	Epaisseur.....	0,100	
	Epaisseur.....	0,100	
Râteliers de manœuvre..	Largeur........	0,100	
	Epaisseur sur batayolles.......	0,060	
	Epaisseur sur le pont........	—	

DEVIS DES ÉCHANTILLONS PRINCIPAUX DE LA MATURE (¹)

Beaupré	Longueur totale	6,000
	Longueur en dedans.	2,400
	Grand diamètre	0,230
	Diamètre au capelage	0,160

MATS		Grand mât	Mât de misaine	Mât d'artimon ou de tapecul
Longueur totale................		19,200		11,300
Longueur du tenon ou de la fusée		3,100		2,400
Grand diamètre............		0.360		0,240
Diamètre à l'emplanture		0,320		0,200
Diamètre aux chouques		0,340		0,190
Diamètre à la tête		0,250		0,090
Mâts de Hune	Longueur totale......	13,50		
	Longueur de la fusée..	0,900		
	Diamètre à la caisse..	0,180		
	Diamètre au capelage.	0,130		
Bômes	Longueur totale......	15,300		6,960
	Diamètre au fort.. . ..	0,250		0,140
	Diamètre au mât.. . ..	0,160		0,090
	Diamètre au bout.....	0,210		0,110
Pics	Longueur totale	9,000		4,200
	Diamètre au fort.. . ..	0,180		0,090
	Diamètre au bout... .	0,120		0,060
Vergues de Hune	Longueur totale......	10,800		
	Diamètre au milieu ...	0,120		
	Diamètre aux bouts...	0,065		
Vergues ou tangon de vent arrière	Longueur totale... ..	13,500		
	Diamètre au milieu ...	0.160		
	Diamètre aux bouts...	0,100		

(1) Le modèle de devis comprend les mâtures de cutter, de yawl, ou de goëlette ; suivant que le yacht devrait recevoir l'un ou l'autre de ces gréements.

Exemple d'un devis d'échantillons, applicable à un yacht cruiser de 100 tonneaux construit dans le système COMPOSITE (¹).

DIMENSIONS PRINCIPALES

Longueur de tête en tête. 32ᵐ20
Longueur de perpendiculaire en perpendiculaire mesurée à
  la flottaison 21,00
Largeur extrême hors bordé 5,45
Largeur extrême hors membres. 5,33
Creux sur quille mesuré à la perpendiculaire milieu (Pp M) 3,05

DEVIS DES ÉCHANTILLONS PRINCIPAUX

Tôle quille.		12 et 10	
Quille en bois (orme ou chêne)	Hauteur à la Pp M.	0,210	Varie de l'AV à l'ÆR.
	Epaisseur.	0,210	
Etrave et étambot : Epaisseur. . .		0,210	
Carlingue. . .	Tôle carlingue. . . .	Néant	Intercostale.
	Corn. de pied.	»	
	Corn. supérieures . .	»	
Fausse quille	Epaisseur à l'AV . .	»	Quille en plomb.
	Epaisseur à l'ÆR . . .	»	
Mèche du gouvernail : Diamètre. .		0,200	
Membrure (acier)	Dans la partie centrale, cornière, . . .	70 × 60 × 6	Voir sur le plan de construction la distribution des couples, et sur la coupe au maître, la construction du couple.
	Tôle varangue.	450 × 5 ᵐ/ᵐ	
	Cornières varangues	50 × 50 × 5	
	Cornières verticales.	Néant	
	Aux extrémités : Cornière	60 × 50 × 5	
	Tôles varangues. . .	0,25 × 4 ᵐ/ᵐ	
	Cornières varangues	50 × 50 × 5	
	Cornières verticales	Néant	
	Ecartement des couples	0,400	
Ceintures . . .	Virure de carreau, tôle.	0,400 × 6	Voir le plan de construction.
	Largeur de la partie centrale.	0,400	
	Largeur aux extrémités	0,300	

(1) Ce devis aurait pu être divisé en échantillons des bois et en échantillons de fers. Nous avons préféré, comme il s'agit du même yacht, lui conserver l'ordre du devis de construction en bois, pour mieux montrer les différences qui existent entre les deux systèmes de construction.

DEVIS DES ÉCHANTILLONS PRINCIPAUX *(suite)*.

Ceintures *(suite)*. Virure de bouchain......	0,250 × 6	Voir le plan de construction.
Largeur dans la partie centrale...·...........	0,250	
Largeur aux extrémités..	0,170	
Ceintures diagonales, épaisseur...............	5	Voir le plan de construction.
Largeur dans la partie centrale............ ..	110	
Largeur aux extrémités..	90	
Carlingues latérales 1 cornière.................	60 × 60 × 6	
Tôle gouttière du pont, épaisseur........... ..	6 m/m	Voir le plan de construction.
Largeur dans la partie centrale....	0,400	
Largeur aux extrémités...	0,300	
Cornière gouttière	60 × 60 × 6	
Tôle gouttière de la plateforme ou faux-pont ; épaisseur	Néant	
Largeur	»	
Virures d'hiloires, épaisseur......	6^{mm}	
Largeur dans la partie centrale.............	120	
Largeur aux extrémités..	90	
Lattes diagonales du pont, épaisseur	5	
Largeur...	100	
Barrots..... Fers à barrots.....	110 × 80 × 8	Tous les 2 couples
Barres du faux-pont, cornière.........	60 × 60 × 6	» »
Elongis des écoutilles : Cornières.	100 × 70 × 7	
Plat-bord (teak)... Largeur....	300	
Epaisseur ..	60	
Bittes de Beaupré (teak).. .... Largeur....	250	
Epaisseur ..	100	
Bittes des mâts (teak ou acajou........ Largeur. ..	90	
Epaisseur ..	90	
Bordé : Epaisseurs....... Aux Galbord et Ribord.......	80	
Aux bouchains...	60	
Aux préceintes...	60	

DEVIS DES ÉCHANTILLONS PRINCIPAUX *(suite)*.

Bordé du pont..... Yellow-pine	Epaisseur..	60	
	Largeur....	80	
Batayolles (Teak)	Hauteur du dessus du plat-bord, au-dessous de la lisse de garde-corps	0,500	
	Epaisseur de tribord à bâbord.... — Au pied..	90	
	A la tête.	80	
	Epaisseur de l'AV à l'AR. — Au pied..	90	
	A la tête.	90	
	Ecartement des batayolles.............	900	
Lisse de garde-corps (orme blanc)	Largeur...	110	
	Epaisseur..	60	
Bordé des pavois...	Largeur...		
	Epaisseur.	15	
Les virures du bas et du haut sont renforcées à......	Largeur....		
	Epaisseur..	30	
Batayolles branchettes du tableau en bois, carrées......	Epaisseur..	100	
Râteliers de manœuvre.............	Largeur....	100	
	Epaisseur sur batayolles	60	
	Epaisseur sur le pont.	—	
Cloisons étanches...	Tôles de...	Néant	
	Cornières de consolidation......	»	
Epontilles du faux-pont...........	Cornières ou fer rond.	»	

Devis des échantillons de forge de la coque

Par suite de l'emploi du métal dans la construction ce devis se réduit presque aux lattes de haubans.

Devis des échantillons de mâture

Ce devis ne change évidemment pas avec le système de construction de la coque.

Nous supposerons donc dès maintenant le constructeur en possession de tous les plans du yacht, savoir :

I. *Plan des formes.*

II. *Dessins de la construction* comprenant généralement :

a) Une élévation indiquant la disposition longitudinale de la construction (Pl. I).

b) Une vue en plan du pont, indiquant la distribution des barrots d'où dépend : la position des diverses ouvertures qui le traversent (écoutilles ou panneaux, descente, claires-voies, trous de soute, étambrais des mâts), ainsi que les écubiers, bittes de tournage, taquets, guindeau, etc., qui doivent être fixés sur le barrotage (Pl. II).

c) Une coupe supposée faite au milieu de la coque, dans sa maîtresse section, et pour cette raison, nommée par les constructeurs *Coupe au maître*. Ce dessin doit indiquer, à une échelle métrique, les dispositions adoptées pour assurer les liaisons transversales de la coque : liaison des membrures avec la quille, attache des barrots avec la membrure, ainsi que certaines dispositions variables, pour assurer l'attache du bordé de la coque et du pont, avec l'ossature ou carcasse du bâtiment (Pl. III).

d) Un dessin des aménagements comprenant :

Une vue longitudinale,

Une projection horizontale,

Une ou plusieurs coupes transversales, s'il est nécessaire

de posséder un surcroît d'information, sur des points insuffisamment lisibles sur les deux dessins précédents.

Quelquefois, et généralement lorsqu'il ne s'agit que de petits yachts, les indications nécessaires à la construction des aménagements, peuvent être fournis par la série précédente des dessins de construction, afin de ne pas compliquer, pour le constructeur, le travail de la lecture des plans.

III. *Un plan de la voilure indiquant*: sa forme, son étendue, la manière dont elle est répartie en une ou plusieurs voiles ; ainsi que les dimensions à l'échelle, de tous les espars, mâts, vergues, etc.; la disposition générale du gréement dormant, et souvent même, l'arrangement général du pouliage.

Il est d'ailleurs bien évident, que tous ces dessins doivent être parfaitement d'accord avec le devis d'échantillons, soit comme exécution à une échelle donnée, soit par les cotes ou indications manuscrites et chiffres qu'ils peuvent porter.

Tracé à la salle. — Le premier travail du constructeur consiste à reproduire le plan de formes, à la grandeur d'exécution ; afin de posséder les contours et les dimensions exactes de toutes les pièces qu'il aura à travailler. On conçoit que cette opération nécessite presque toujours (à moins qu'il ne s'agisse d'une petite embarcation) un grand espace, parfaitement nivelé pour que le tracé puisse s'effectuer; et couvert, pour que les agents atmosphériques ne viennent, ni en contrarier l'exécution, ni effacer les lignes pendant tout le temps qu'il en devra être fait usage. On l'effectue donc dans une salle fermée et bien éclairée, recouvrant un plancher en bois tendre (pin blanc ou sapin) suffisamment épais pour qu'on puisse le raboter à plusieurs reprises, afin de corriger les inégalités de surface qui peuvent s'y déclarer à l'usage. Afin de ne pas perdre la superficie importante qu'elle représente, cette salle est habituellement située sous le comble d'un bâtiment servant aux ateliers.

L'opération consiste, ainsi qu'il a été dit, à redessiner sur le plancher, au moyen de craie blanche ou rouge, toutes les lignes du plan des formes. De même que pour le tracé à petite échelle sur le papier, le travail s'effectue au moyen de règles droites et de règles pliantes, lattes de grande dimension, semblables à celles dont s'est servi le dessinateur. Seulement en raison de la résistance à la flexion considérablement plus grande des ustensiles de la salle à tracer, les plombs à dessin, dont le poids et le nombre deviendraient impraticables, sont remplacés simplement par de longs clous à pointe très aiguë, que le traceur enfonce de chaque côté de la latte, pour l'amener à passer par les points correspondant à ceux du plan réduit.

Muni du tracé réduit, le traceur doit reproduire d'abord, le canevas des lignes droites (lignes d'axes, projections des lignes d'eau sur le longitudinal et le vertical, projections des sections verticales longitudinales, sur le vertical et l'horizontal).

Pour y arriver, on ne se sert guère de règles, qui seraient difficiles à manœuvrer, en raison de leur trop grande longueur, de leur flexibilité et de leur fragilité, toutes causes qui rendraient douteux le travail exécuté avec elles. Le traceur à la salle les remplace par un cordeau de charpentier enroulé sur une sorte de petit dévidoir nommé *virolet*, de grosseur plus ou moins grande, suivant sa longueur d'usage. Tout le monde sait que pour tracer une ligne droite au moyen de cet appareil simple, l'ouvrier en fixe une extrémité, au moyen d'une pointe, à l'un des deux points par lesquels doit passer la ligne droite, puis qu'il se rend à l'autre point, en ayant soin de frotter son cordeau avec un morceau de blanc d'Espagne (comme un archet de colophane) au fur et à mesure qu'il se déroule.

Arrivé au second point, le traceur tend son fil, en ayant soin qu'il passe bien exactement au-dessus du point placé devant lui ; puis, pinçant le cordeau et le soulevant d'abord verticalement, il le laisse ensuite retomber en cinglant le plancher, sur lequel il obtient ainsi une ligne blanche absolument rectiligne.

L'exécution des lignes perpendiculaires ne saurait plus bien s'effectuer, comme sur le papier, au moyen d'une équerre ou d'un simple compas, même de dimensions amplifiées.

On y parvient alors par le procédé bien connu des quatre arcs de cercle décrits de deux points choisis sur la première perpendiculaire, au moyen d'une sorte de grand compas à verge formé d'une règle de bois rigide, sur laquelle coulissent deux curseurs en bois terminés par une pointe coupante, ou seulement très aiguë, qui grave légèrement l'arc de cercle dans le bois du plancher. Le traceur bat ensuite un trait au cordeau entre les deux points ainsi obtenus. Afin de ne pas multiplier ce travail géométrique en l'étendant à toutes les perpendiculaires, on se borne simplement à l'exécuter aux perpendiculaires principales : perpendiculaires avant

(P$_p$A′), milieu (P$_p$M) et arrière (P$_p$R). Les perpendiculaires intermédiaires sont alors obtenues comme des parallèles, en divisant en nombre convenable les deux intervalles qui séparent les trois premières.

Devis de tracé. — Le réseau des lignes droites ayant été réalisé sur le plancher, il faut ensuite marquer sur ses lignes les points par lesquels doivent passer les lignes courbes du plan, en mesurant, sur le tracé réduit, les distances auxquelles ces points se trouvent des principaux axes. A première vue, ce report semblerait nécessiter autant de mesurages sur le plan, d'allées et de reports au plancher suivis de retour au plan, afin de prendre la mesure suivante et ainsi de suite.

Pareille manière de procéder occasionnerait une perte de temps et une fatigue inadmissibles pour l'ouvrier.

D'autre part, le traceur pourrait promener près de lui, sur le plancher de la salle, le tracé sur papier, mais en détériorant un document de valeur, et souvent unique. On remédie à ces inconvénients, au moyen d'un tableau numérique appelé *devis de tracé*, dont l'exemple suivant aidera à comprendre l'usage, d'ailleurs extrêmement simple ([1]).

(1) Ce devis a servi au tracé du yacht *Pappoos* construit en 1891 sous la direction de l'auteur.

Longueur entre perpendiculaires . . . 5m,700
Largeur extrême 1m,580
Tirant d'eau maximum.

ÉTUDE N° 161

DEVIS DE TRACÉ A LA SALLE

Distances entre les coupes de tracés. 0m,570
—   — les faux couples de l'Av. . . . 0m,150
—   — — — l'Av. . . 0m,150
—   — les sections horizontales . . 0m,150
—   — — vertic. longitud. . 0m,150

	Hauteur du dessus lisse à la FL.	Hauteur du dessus plat bord à la FL.	Distance du dessous quille à la FL.	DEMI-OUVERTURES												SECTION VERTICALE LONGITUDINALE à 0,150 de distance		
				Dessus lisse	1	2	3 (FL)	4	5	6	7	8	9	10	Du dessous quille	1	2	3
a		0,605	0,546															
b		0,598	0,502															
c		0,590	0,446															
d	0,635	0,583	0,378	0,120														
e	0,626	0,575	0,300															
f	0,670	0,565	0,206															
g	0,607	0,557	0,105															
PPAv	0,597	0,548	0,000	0,275	0,128	0,068	0,000								0,000	+ 0,340		
1	0,564	0,517	0,337	0,405	0,284	0,216	0,150	0,084	0,019						0,008	− 0,005	+ 0,330	
2	0,533	0,489	0,552	0,520	0,440	0,375	0,209	0,220	0,138	0,068					0,025	− 0,278	0,000	+ 0,310
3	0,503	0,461	0,755	0,616	0,575	0,522	0,445	0,352	0,252	0,159	0,090	0,050			0,052	− 0,475	− 0,230	0,000
4	0,477	0,440	0,936	0,690	0,670	0,680	0,565	0,467	0,351	0,231	0,142	0,086	0,070		0,075	− 0,590	− 0,364	− 0,192
5	0,455	0,420	1,106	0,788	0,741	0,720	0,664	0,559	0,415	0,270	0,160	0,100	0,080		0,075	− 0,620	− 0,417	− 0,272
6	0,440	0,406	1,259	0,765	0,780	0,774	0,725	0,606	0,430	0,254	0,152	0,105	0,075		0,051	− 0,585	− 0,400	− 0,275
7	0,423	0,395	1,325	0,763	0,786	0,778	0,714	0,553	0,340	0,176	0,090	0,056	0,035		0,015	− 0,485	− 0,330	− 0,216
8	0,416	0,393	étambot 0,950 / gouvernail 0,121	0,737	0,752	0,725	0,622	0,396	0,190	0,078	0,037	0,025	0,023			− 0,330	− 0,210	− 0,114
9	0,417	0,397	étambot 0,480 / gouvernail 0,810	0,690	0,687	0,626	0,420	0,154	0,040	0,027	0,026					− 0,142	− 0,058	+ 0,018
PPAr	0,424	0,407	étambot 0,000 / gouvernail 0,050	0,708	0,590	0,420	0,032									+ 0,046	+ 0,101	+ 0,171
h	0,428	0,412	0,058													+ 0,095	+ 0,148	+ 0,212
j	0,430	0,417	0,112													+ 0,140	+ 0,187	+ 0,255
k	0,434	0,422	0,162													+ 0,187	+ 0,228	+ 0,300
l	0,439	0,427	0,212	0,505												+ 0,230	+ 0,270	+ 0,345
m	0,444	0,433	0,260													+ 0,277	+ 0,313	+ 0,394
n	0,450	0,438	0,309													+ 0,320	+ 0,356	
o	0,456	0,445	0,353													+ 0,360	+ 0,448	
p	0,462	0,453	0,398	0,380												+ 0,405	+ 0,441	

Distance du bout de la guibre à la perpendic. A/ $1^m,022 = 1^m,020$
Distance du bout de la lisse à la perpendiculaire A/ $0^m,640$
Distance de l'arête du tableau à la perpendic.   ÆR $1^m,028$
Hauteur de l'arête au-dessus de la flottaison. $0^m,420$
Distance de l'arrière du couronnement à la
   perpendiculaire. . . . . ÆR $1^m,445 = 1^m,445$
Hauteur de l'arrière du couronnement au-des-
   sus de la flottaison . . . . $0^m,485$

Ordonnée de la projection de l'arête du tableau rapportée à la P P ÆR

      Sur l'axe. . . . . $1^m,276$
      Sur la section verticale longitudinale n° 1. $1^m,265$
      —   —   —   n° 2. $1^m,240$
      Rayon du couronnement . . . . . . $0^m,450$

GOUVERNAIL

      Largeur mesurée sur les lignes :
A la ligne d'eau 3 (FL) . . . . $0^m,060$
  —   —   4 . . . . $0^m,085$
  —   —   5 . . . . $0^m,160$
  —   —   6 . . . . $0^m,245$
  —   —   7 . . . . $0^m,320$
  —   —   8 . . . . $0^m,380$
  —   —   9 . . . . $0^m,415$
  —   —   10 . . . . $0^m,406$

    Hauteur du dessus quille en plomb à la FL :
Au couple 3. . . . . $0^m,645$
  —   7 . . . . $0^m,924$
Distance de l'axe du mât à la PP. A/ . $1^m,250$

Muni de ce tableau, le traceur n'a plus qu'à lire les distances, hauteurs et ouvertures et les reporter sur le réseau des lignes droites. Ce report des distances se fait au moyen d'une règle plate longue de 2 à 4 mètres, suivant la taille du yacht, à tracer et dont le bord taillé en biseau, porte les divisions métriques de demi-centimètre en demi-centimètre ; les millimètres sont fournis par les deux divisions extrêmes complètement graduées à cet effet.

Quand tous les points du plan ont été reportés sur le plancher, il reste à les réunir au moyen des lattes flexibles, fixées comme il a déjà été dit par de longues pointes, fines et aiguës ; enfoncées légèrement dans le plancher, afin de pouvoir être retirées et changées de place sans effort, sans perte de temps et surtout sans trop dégrader le sol de tracé. Les lattes de la salle à tracer sont généralement en bois de pin, leur grosseur est essentiellement variable et dépend à la fois de leur longueur, qui atteint souvent 15 à 20 mètres, et surtout du genre de travail qu'elles doivent réaliser : les faibles courbures des lignes de tonture de plat-bord, de lignes d'eau nécessitant évidemment des lattes plus raides que celles qui servent au tracé des courbes brusques et souvent infléchies des extrémités des lignes d'eau ou des couples du vertical. Les lattes, maintenues par les clous, doivent donc passer par tous les points correspondant à une même ligne, et comme ces points ont fourni une courbe régulière sur le papier, il semble, de prime abord, qu'il devra en être de même à la salle aussitôt que toutes les pointes auront maintenu la latte en position. Il n'en est pourtant pas ainsi, et la plupart du temps, le traceur ne peut amener la latte à couvrir exactement tous les points sans la déformer, et par conséquent, sans détruire la continuité et la « beauté » que doit présenter toute courbe d'un tracé de navire. Voici pourquoi : d'abord, la courbe qui paraît continue et belle sur le papier, peut présenter des défauts de correction, si légers qu'ils échappent à l'œil, même exercé du dessinateur, amplifiés quinze ou vingt fois ces défauts apparaissent à la salle, non seulement à l'œil du traceur, mais aussi par l'intermédiaire de la latte qui n'admet, par sa structure, que des courbes parfaitement continues.

Il peut arriver d'autre part, que le relevé des ordonnées d'une courbe, même parfaite sur le papier, présente des erreurs inhérentes à des défectuosités inappréciables des instruments de mesure ou à des défauts de lecture de la part de l'employé qui a établi le devis de tracé. Enfin, il ne faut pas oublier que le relevé et le report de ces mesures comportent toujours une certaine dose d'appréciation individuelle. De toutes ces causes ajoutées proviennent souvent de petites corrections à faire au tracé à la salle ; leur ensemble constitue une opération fort simple appelée *balancement*. Elle consiste à tricher légèrement sur la position des points voisins de celui qui provoque le désaccord, en laissant la latte passer tantôt en dedans, tantôt en dehors, d'un nombre de points autant que possible égal pour les écarts en chaque sens. Mais évidemment la correction de l'une des projections entraîne une perturbation dans les points des deux autres ; en sorte que le traceur doit tâtonner, jusqu'à parfait accord dans les projections et dans la continuité des lignes.

Cette opération, la plus délicate du tracé à la salle, nécessite un ouvrier habile et intelligent, car elle peut entraîner des variations de tracé importantes, et des différences très sensibles entre les résultats des calculs faits sur le plan original et ceux que l'on ferait sur un plan relevé après les corrections de la salle. Beaucoup de mécomptes ont d'ailleurs été dus à ce fait dans la construction de yachts de course confiés à des constructeurs inhabiles.

Jusqu'à présent, on s'est borné à reproduire sur le plancher le tracé du dessinateur, tracé qu'il n'a exécuté qu'en vue de ses calculs et ne comprenant qu'un nombre restreint de couples, généralement dix ou vingt, comme il aura été dit dans le livre de théorie du yacht. Or il est bien rare que ces couples de tracé correspondent précisément à ceux que le constructeur aura à exécuter pour la membrure du navire. Le tracé balancé va permettre de les obtenir simplement.

Le traceur relève sur le plan de construction longitudinal, sur la coupe au maître ou sur le devis de tracé, la distribution des couples de construction, qui devront être mis en place sur la quille pour réaliser convenablement la forme de la coque (¹). Cette distribution est reportée sur le plan horizontal et sur le plan longitudinal, et les lignes droites, perpendiculaires à l'axe longitudinal qui, sur cette partie du plan, représentent les couples, sont tracées au cordeau au travers du réseau des lignes d'eau, et des sections verticales longitudinales.

Le traceur en déduit un nouveau vertical, dit *vertical de construction*, par opposition à celui du tracé primitif dit *vertical de tracé*, parce qu'il a été établi uniquement pour faciliter le travail de composition des formes, et ensuite

---

(1) On verra, au chapitre suivant, qu'il peut exister d'autres couples de construction dont la confection n'exige pas de recourir au tracé à la salle.

l'exécution des calculs nécessaires de déplacement et de stabilité.

Si le plan fourni au traceur, indique immédiatement la surface extérieure des *membrures*, le tracé (à part quelques petits travaux de métier, sans intérêt à cette place) est prêt pour servir à la construction. Mais, si comme il arrive le plus souvent, le tracé original indique la surface extérieure, *hors bordé*, de la coque, on conçoit qu'il faudra par une opération supplémentaire, en déduire le tracé de la surface *hors membrure*, la seule qui intéresse immédiatement le constructeur.

Le genre de construction généralement adopté pour les yachts, rend ce travail assez simple, et dispense de l'emploi des procédés géométriques en usage dans la construction, beaucoup plus complexe, des grands navires en bois. Les différences qui en peuvent résulter, sont d'ailleurs assez faibles. En général, le bordé de la coque, et le bordé du pont, ont dans les yachts une épaisseur uniforme, de l'avant à l'arrière et de la râblure au plat-bord. Ces épaisseurs sont fournies au constructeur, par les devis des échantillons, et il s'agit pour lui de les retrancher uniformément de la surface extérieure du bordé (coque et pont).

Prenant d'abord l'épaisseur du pont, en la mesurant avec un compas, le traceur décrit tout le long et en dessous de la ligne de tonture du plat-bord, une série de petits arcs de cercle, convenablement espacés, par exemple à chaque couple, ainsi qu'aux points d'aboutissement de la ligne du dessus du plat-bord, avec les contours extérieurs de la voûte (ou du tableau) et de l'étrave. Il fait ensuite passer une latte, à toucher tous ces arcs de cercle, et trace une nouvelle ligne de tonture parallèle à la première, et nommée *livet* du pont. Le procédé est le même pour les couples de construction : mesurant l'épaisseur du bordé de la coque, au moyen d'un compas, l'ouvrier trace avec ce rayon (fig. 1) une série de petits arcs de cercle, à l'intérieur du couple, puis fait passer une latte mince à toucher les sommets de tous ces arcs de cercle, et trace ainsi (généralement avec une craie colorée) le contour de chaque couple de construction *hors membrure*.

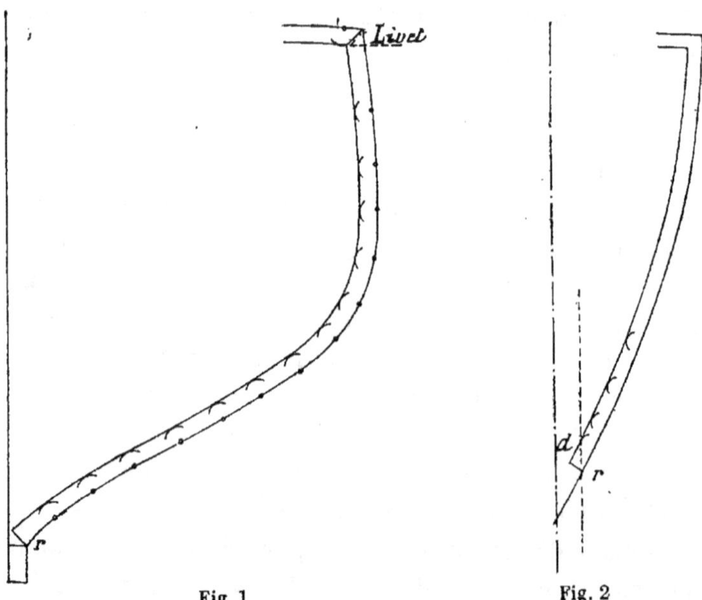

Fig. 1   Fig. 2

Le travail s'achève, en reportant sur ce nouveau vertical les points du livet du pont déjà obtenus, afin de déterminer la hauteur du couple; ainsi qu'en traçant, par les points de râblure reportés sur la ligne hors bordé, un petit trait perpendiculaire au contour du couple, qui indiquant ainsi le fond de la râblure *r*, porte le nom de *fond de râblure* (fig. 2). On procède de même sur la projection horizontale en traçant aux extrémités de chaque ligne d'eau (fig. 3), et seulement sur une faible longueur, la surface intérieure du bordé, comme il a été fait pour les couples en traçant également le trait de râblure.

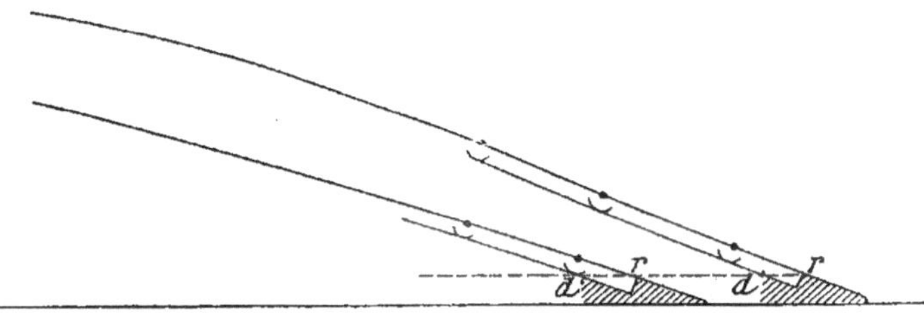

Fig. 3

Comme il a été dit, ce procédé seulement approximatif mais rapide, ne fournit pas exactement la surface *hors membrure* correspondant à la surface hors bordé; il provoque un léger grossissement des extrémités du bâtiment, proportionnel à l'épaisseur du bordé. Mais les constructeurs de yachts se contentent de l'approximation qu'il fournit, en raison de la faible épaisseur du bordé des bâtiments qu'ils construisent habituellement.

Après avoir tracé les couples, hors membrure, il faut encore déterminer la surface correspondante des parties avant et arrière de la charpente; c'est-à-dire les parties des massifs de l'étrave et de l'étambot, dans lesquelles vient aboutir, et s'encastrer, les extrémités du bordé de carène. Dans ce but : par chacun des points de râblure *r* qu'il a reportés et réunis par un trait continu (à la règle s'ils sont en ligne droite, ou bien à la latte si les pièces doivent varier d'épaisseur au fond de la râblure), le traceur (fig. 2 et 3), mène une droite parallèle à l'axe.

Chacune de ces droites rencontre en un point *d* le trait de contour hors membrure du couple. Ces points *d d' d"* reportés sur le longitudinal et réunis à la latte, fournissent à l'avant et à l'arrière deux courbes appelées *courbes de dégraissement* qui limitent à l'intérieur les surfaces d'encastrement du bordé. Le tracé hors membrure s'achèvera en déterminant les projections de la râblure de la pièce de couronnement qui reçoit l'aboutissement du bordé à l'extrémité de la voûte. Ce tracé dépend surtout des dimensions, de la forme et de la nature de la pièce de bois dans laquelle on le taillera. Dans tous les cas, il suffira de tracer sur la projection horizontale cette ligne de râblure. Ensuite : le traceur reporte sur son tracé le dessin des pièces de charpente, ou bien l'exécute de concert avec le maître charpentier en suivant fidèlement les indications du devis des échantillons.

Souvent, les plans des formes fournis au constructeur n'indiquent que les contours, les couples, les lignes d'eau, les différentes lignes de tonture et les râblures. Or, il est parfois difficile, de bien balancer un plan, en ne se servant que de ces lignes. Il arrive toujours que certaines lignes se coupent sous des angles tellement aigus, qu'il est permis d'hésiter sur la position exacte de leur point de rencontre, par exemple aux points 1, 2, 3, 4, 5 de la figure (4). Chaque fois que pareille hésitation de lecture se répète, pour des points voisins, l'exécution du tracé à la salle devient très incertaine, et sa fidélité ne dépend plus que de l'habileté du traceur. On a vu autre part (¹) que pareil inconvénient se

____

(1) Dans les ouvrages traitant de la composition et du tracé des plans de navire.

présente souvent dans l'exécution du tracé sur papier, et
que pour assurer la parfaite régulation de la surface repré-
sentée par les lignes, il est bon de recourir à l'emploi des lisses
obliques $l_1 l_2 l_3 l_4$ (fig. 4) qui permettent toujours de réaliser

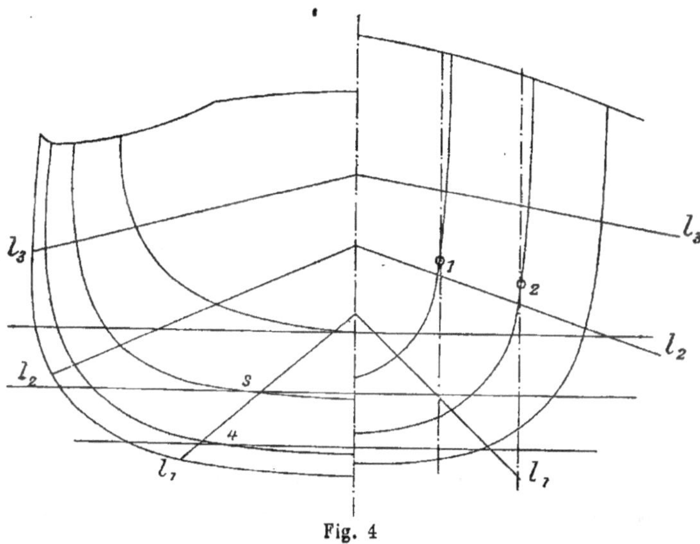

Fig. 4

des intersections convenables, en nombre aussi grand que
les besoins du tracé peuvent l'exiger. Aussi, si le plan des
formes à échelle réduite, ne porte pas de lignes obliques, il
sera presque toujours nécessaire pour le traceur, d'en marquer un certain nombre qui faciliteront le report des points,
et le balancement du tracé, en procurant la plupart du temps
une économie de temps bien supérieure à celle que l'on ferait
en négligeant d'en utiliser les propriétés. On va d'ailleurs
voir par ce qui suit l'utilité des lisses obliques dans le travail
du charpentier.

Parvenu à cet état le tracé peut servir à l'exécution des pièces de charpente. Avant d'indiquer comment on y procède, il est nécessaire de bien remarquer que la membrure d'un bateau ne ressemble pas seulement à une pièce de bois qu'on aurait courbée purement et simplement, mais que la face extérieure qui épouse les formes du bordé, et la face intérieure qui reçoit les liaisons intérieures et le vaigrage, subissent une variation continuelle, une sorte de torsion, s'étendant depuis le pied jusqu'à la tête. On conçoit aisément qu'il soit utile et nécessaire de pouvoir connaître à l'avance cette quasi torsion, pour exécuter chaque membrure du premier coup et sans tâtonnement, afin de ne pas entraver les travaux par des retouches entraînant des arrêts incessants. — Si tout le long de l'arête d'une membrure, on promène une équerre à ouverture mobile, dont se servent les charpentiers, sous le nom de *fausse équerre*, afin de relever l'angle que fait une des faces avant ou arrière avec la surface qui doit recevoir le bordé, on voit que l'ouverture de l'équerre varie constamment d'un point à un autre. C'est cette ouverture qu'on nomme *équerrage*, et la façon dont on la détermine, et aussi celle dont on l'utilise ont une importance très grande sur la bonne marche et la bonne exécution de la construction. Il semble tout d'abord, que la manière la plus simple de mesurer l'équerrage serait de le relever suivant les lignes d'eau qui ont été tracées à la salle. A la rigueur il en pourrait être ainsi, pour un certain nombre de couples de forme simple et de directions voisines de la verticale, tels certains couples de l'avant. Mais comme on l'a vu déjà : il arrive que pour d'autres couples, ou fortement infléchis, très concaves, ou bien se rapprochant de l'horizontale dans le voisinage de la varangue, comme sont en général ceux de l'arrière, il devient d'abord difficile de préciser le point où le contour du couple est coupé par la ligne d'eau ; en outre, comme il est facile de le vérifier expérimentalement, il est malaisé de se servir d'une fausse équerre placée aussi obliquement sur la pièce. Il est vrai qu'on trouverait une nouvelle source d'équerrages plus commodes pour ces parties dans les sections verticales longitudinales de l'arrière, qui rencontrent les contours des couples sous des angles moins aigus. Mais on devrait alors employer deux procédés d'origine différente, et ouvrir la porte aux erreurs, aux confusions et discussions dans la répartition du travail. Pour écarter ces inconvénients, il est d'usage de ne relever les équerrages que sur les lisses obliques qui, ainsi qu'il a été dit dans les ouvrages traitant de la composition et du tracé du plan de navires peuvent toujours être tracées de telle façon, et en tel nombre que les besoins du charpentier l'exigent.

Si les lisses obliques ont toutes été tracées longitudinalement sur le plancher de la salle, le traceur n'aura qu'à relever les équerrages avec sa fausse équerre, et inscrire sur une planchette mince, tous les équerrages d'un même couple, en prenant soin de marquer à chaque trait, un repère, indiquant à quelle lisse il correspond ; et ainsi de suite pour chaque couple. Pourtant, il n'est pas absolument nécessaire que les lisses obliques aient été tracées dans leur vraie forme, sur la projection horizontale, malgré que l'on connaisse les avantages qu'il y a à le faire, et certains constructeurs se contentent d'employer le procédé suivant, fort simple et fort commode. Soit une lisse oblique L_6 du vertical de la figure 5, supposé tracé en vraie grandeur à la salle

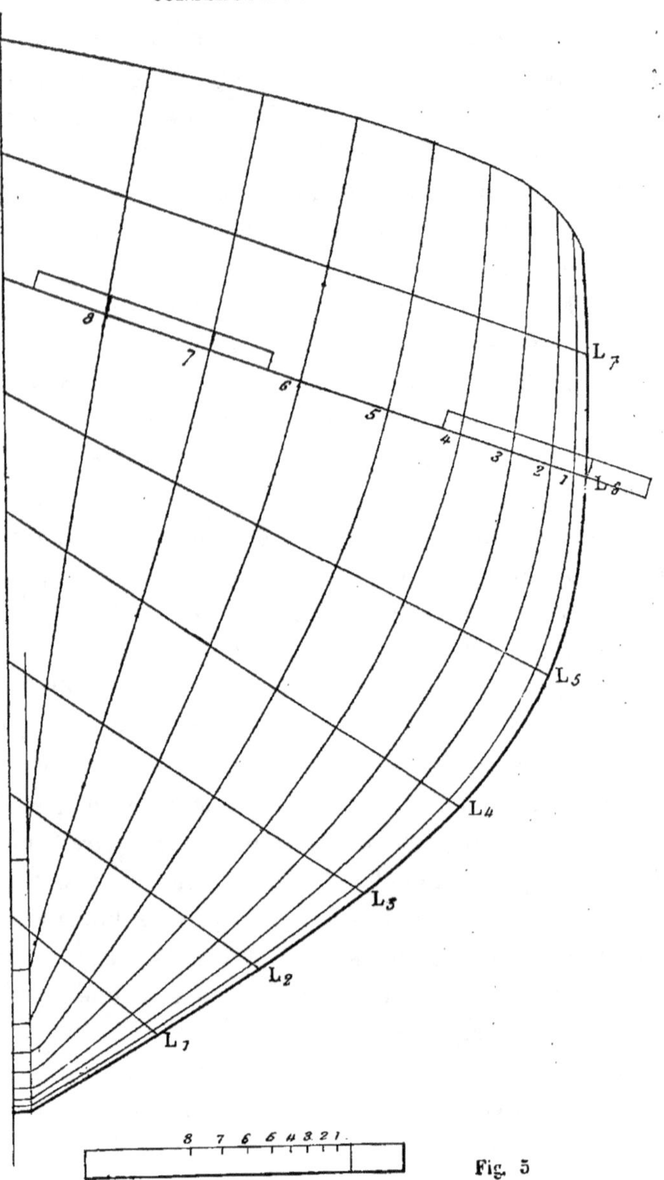

Fig. 5

à tracer ; le traceur muni d'une petite règle mince, large de 4 à 5 centimètres opère de la manière suivante : après avoir tracé sur la règle, un trait de repère, perpendiculaire à ses bords, il pose le bord de la planchette suivant la direction de la lisse en amenant ce trait en regard du couple le plus en dehors du tracé ; (généralement ce couple est le maître-couple, auquel cas il repère son trait par la couple marque conventionnelle ☿ (sinon, il inscrit le numéro du couple en question) puis il marque *sur le bord* de la planchette la distance qui sépare le premier couple (0), du suivant (1). Faisant ensuite glisser la planchette le long de la lisse, pour amener le trait de repère au couple (1), comme la première fois, il marque sur le bord de la planchette, la distance qui sépare le couple (1) du couple (2). Répétant la même opération à chacun des couples suivants, il marque ainsi sur sa planchette les distances qui séparent le couple (2) du couple (3) ; le couple (3) du couple (4) et ainsi de suite, jusqu'à ce qu'il arrive à l'extrême couple de l'avant ou de l'arrière, suivant qu'il a opéré sur la moitié du vertical qui porte le tracé de cette extrémité. Ayant ainsi marqué sur sa planchette et repéré d'une lettre ou d'un numéro toutes les distances de couple à couple, il amène celle-ci sur une table ou sur le plancher de la salle disposé de la façon suivante (fig. 6) : deux lignes perpendiculaires AB, CD ont été tracées ; le long de la ligne AB est fixée une planche FF de même épaisseur que la règle qui a servi à l'opération précédente ; sur la perpendiculaire CD, le traceur porte à partir de la ligne AB une longueur GP égale à la distance constante qui doit séparer les couples les uns des autres, et plante au point P une pointe bien verticale ; d'autre part il maintient provi-

soirement, la règle EE au moyen de deux petites pointes,
en prenant soin que le trait perpendiculaire qui la traverse

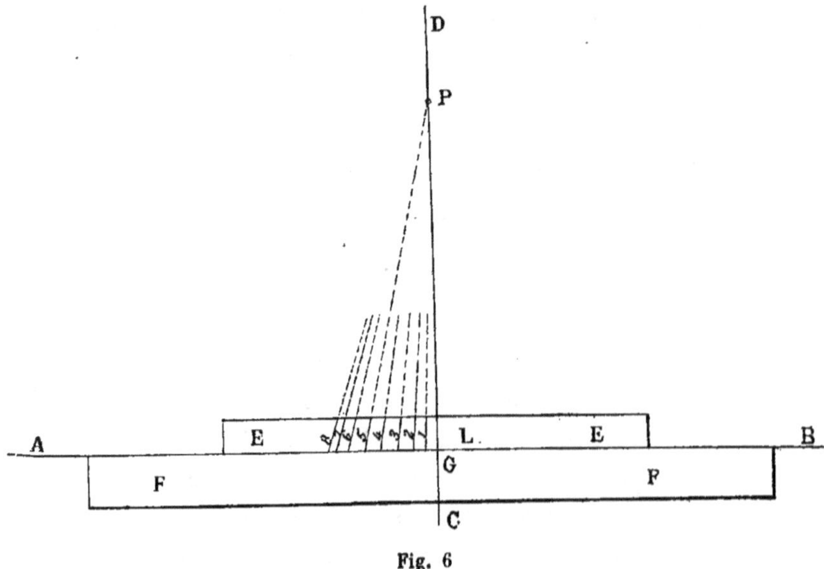

Fig. 6

et repéré ⚥ coïncide avec la direction de la perpendiculaire
CD, et aussi, que le bord près duquel sont marquées les distances soit en contact avec la planche fixe FF. Les choses
ainsi disposées, il ne lui reste plus qu'à tracer sur toute la
largeur de la planchette EE, une série de lignes obliques,
obtenues au moyen d'une règle qu'il maintient d'une part
toujours en contact avec le pivot P, et qu'il fait successivement passer par tous les points marqués sur le bord de la
règle qui coïncide avec celui de la planchette FF. Ainsi préparée, la planchette FF dont il vient d'être question, prend
le nom de *planchette d'équerrage*. Elle passe dès ce moment
aux mains du charpentier qui va commencer dans la salle à

tracer, la confection des gabarits. Habituellement, on parvient à inscrire sur une même planchette tous les équerrages, suivant toutes les lisses, qui concernent un même couple, et il y en a ainsi au moins autant que de couples.

Il est à remarquer que ce procédé n'exige que la possession du vertical, en grandeur d'exécution, à l'exclusion des autres projections du plan des formes. Il permet donc aux constructeurs qui n'auraient pas de salle à tracer, de trouver néanmoins leurs équerrages en exécutant seulement le vertical. Mais, celui-ci n'ayant subi aucun des contrôles ni des rectifications que procure le tracé intégral du plan à la salle, pourra présenter quelques erreurs et exiger quelques retouches aux membrures, pendant le cours de la construction. On remarquera enfin, qu'avec une exactitude de plus en plus problématique cependant, on peut par ce procédé, relever les équerrages sur un vertical exécuté à une échelle intermédiaire entre celle du plan des formes et la vraie grandeur, à la condition que la distance GP (fig. 6) soit portée à la même échelle que celle du vertical réduit au moyen duquel on veut tracer la planchette d'équerrage.

Gabarits. — On comprend aisément, qu'il est impossible d'exécuter dans la salle à tracer même, tous les travaux de taille et de charpente. Le charpentier doit donc emporter de la salle, la forme des pièces, au moyen de patrons facilement manœuvrables nommés *gabarits*, qu'il emportera au chantier avec le devis des échantillons et la planchette d'équerrage, au moyen desquels il exécutera, sans avoir besoin d'autres renseignements, la taille de toutes les pièces composant la charpente du yacht.

Le charpentier confectionne les gabarits, dans la salle à
tracer, au moyen de planches de sapin grossier. Suivant la
courbure plus ou moins accentuée, il constitue le gabarit
d'une ou plusieurs planches clouées ensemble. On dégrossit
ensuite un contour approché au moyen de la hache, puis
on amène le gabarit sur le vertical de la salle, à côté du
couple qu'il doit représenter, on trace dessus les lignes

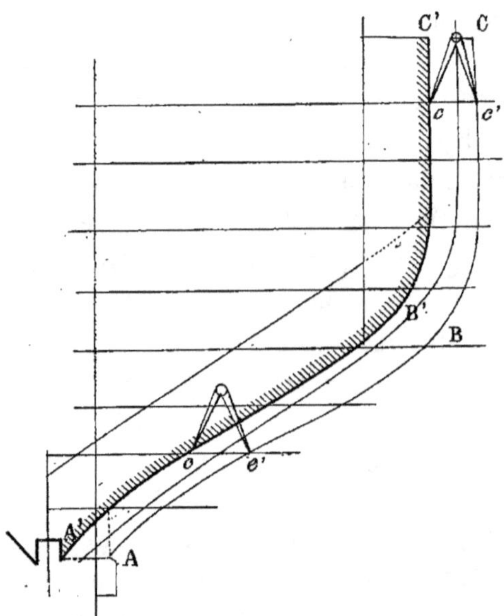

Fig. 7

d'eau et (fig. 7), au moyen d'un compas on reporte parallèlement sur le gabarit la distance *cc'* qui le sépare de son tracé.
On joint à la latte les points ainsi obtenus, et on obtient sur
le gabarit dégrossi, un contour A' B' C' identique au contour
ABC du vertical, qu'il s'agissait de reproduire. Le charpen-

tier achève le contour exactement soit à la scie, soit autrement, et reportant le gabarit sur le vertical, il le superpose
à son couple et marque dessus les traces des livets, des lisses
obliques, puis arrête le gabarit par le pied à la hauteur du fond
de râblure. Il note également sur le gabarit, d'après le devis
d'échantillons, l'équarrissage ou l'échantillon de la membrure
aux divers points de son développement: pied, bouchain, et
tête. Il arrive généralement que le développement du couple
est assez grand, pour exiger que le gabarit soit fait en plusieurs pièces, qu'on n'assemble pas tout d'abord pour le
rendre plus maniable au chantier.

Le gabarit ne donne que la forme latérale du couple, forme
qu'il faut compléter par la connaissance de sa largeur, ou
ouverture, au niveau des livets du pont. On relève cette
ouverture sur une planche dite *planche d'ouverture*, qui sera
par la suite fixée sur le couple construit, pour maintenir les
deux bords à la largeur convenable. Lorsque le couple est
très profond, on ajoute une ou deux planches d'ouverture
en dessous de la première, pour bien s'assurer que la forme
du gabarit ou du couple ne pourra varier. Le charpentier
marque d'un trait le milieu de ces planches, afin de pouvoir
toujours vérifier la rectitude de l'axe des couples. On confectionne de la même manière les gabarits de toutes les pièces
courbes de la quille, de l'étrave, de l'étambot etc.

Après leur confection, les gabarits sont envoyés au chantier, et la salle est prête à recevoir un nouveau tracé.

CHAPITRE II

Préparation de la cale. — L'endroit où le yacht sera construit, et qu'il ne quittera qu'au moment du lancement, se nomme *cale de construction*. On conçoit que le terrain de la cale doit être très résistant, pour que, par suite de tassements inégaux, le yacht ne se déforme pas pendant la construction ; et aussi qu'il offre vers l'eau une pente suffisante pour que le yacht puisse glisser naturellement au moment du lancement. La pente à donner aux cales est très variable, et dépend à la fois des circonstances locales et du poids du bateau à lancer. Cette dernière considération, a même une importance particulière dans le cas des yachts, dont le poids est toujours relativement faible. En général, on cherche à réaliser des pentes de 10 centimètres par mètre, pour les yachts de grandes dimensions, et souvent même 12 à 15 centimètres par mètre, pour les yachts ou les embarcations. Si le terrain de la cale est suffisamment résistant il suffira de le niveler à la pente voulue ; mais si on a affaire à un terrain mou, et qu'on veuille y construire un yacht de grande taille, il pourra être nécessaire de le consolider par un réseau de pilotis réunis par des traverses et des longrines, affleurant à ras du sol.

Cales couvertes. — Il est bon que la cale soit couverte par une toiture, afin de protéger le yacht des intempéries pendant la durée de sa construction. Cette précaution n'est pas toujours prise, et beaucoup de constructeurs de yachts travaillent encore en plein air, mais au détriment de la valeur de l'ouvrage : les ouvriers étant exposés aux alternatives de soleil et de pluie, et parfois même obligés d'abandonner le chantier. Les yachts construits sur une cale couverte, peuvent aussi être exécutés avec plus de soin ; le Lloyd's Register leur accorde, de ce fait, une prolongation de cote, d'une année, à condition que la toiture ait été en bon état pendant toute la durée de la construction, et que le yacht ait été complètement recouvert par elle. Une cale peut être couverte d'une infinité de manières, suivant le capital que le constructeur entend y consacrer. D'habitude ces constructions sont plutôt sommaires.

Mise en chantier. — La cale ayant été bien nivelée à la pente voulue, on place en travers de sa longueur des piles triangulaires de billots en bois appelés *tains*. Les tains (fig. 9) sont formés de tronçons de vieilles poutres saines, afin d'avoir une solidité assurée. Le tain qui forme la base du triangle a environ un mètre de longueur ; les suivants vont en diminuant, en sorte que le dernier, déborde seulement d'environ $0^m,10$ de chaque côté de la quille, pour faciliter l'exécution du travail dans cette région.

La hauteur minima des tains est déterminée, par la condition qu'on pourra facilement engager et frapper les chevilles généralement assez longues qui assemblent la quille, et les couples de la partie centrale, sans qu'on soit obligé de creuser le sol. Cette condition est habituellement réalisée avec des tains variant de $1^m,75$ à $1^m,60$ de hauteur. Ensuite cette hauteur peut aller en augmentant vers les extrémités, suivant le profil ou la pente de la quille.

Les différents morceaux du tain sont réunis entre eux sur chaque face de la pile, par des gardes prises dans des planches hors d'usage, et souvent, pour que le tain ne renverse pas on le consolide par un arc-boutant appuyant sur le tain voisin (fig. 8).

Vue de profil.

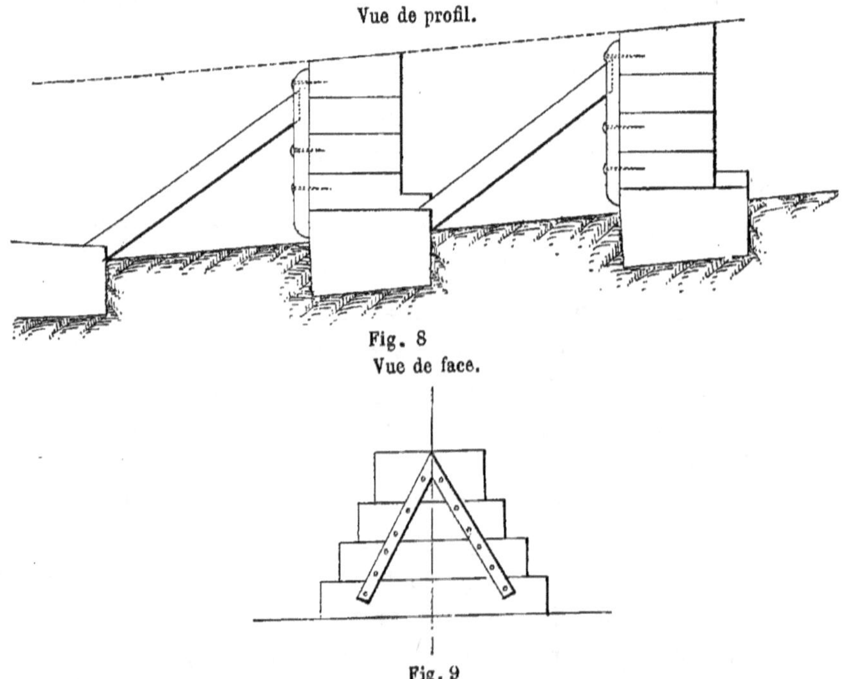

Fig. 8
Vue de face.

Fig. 9

Suivant que la quille du yacht sera droite ou courbe, les sommets des tains se succèderont suivant une ligne droite ou courbe, ne différant de la courbe vraie que de quelques centimètres pour chaque tain, afin que l'on puisse ensuite faire reposer la quille dans sa vraie forme en la calant au moyen de morceaux de bois ou de coins de faible épaisseur.

La cale étant ainsi disposée pour recevoir le yacht à construire, nous examinerons maintenant la construction de chacune des parties essentielles de la coque.

Quille. — En général, la quille est une pièce droite, à section prismatique, dont le travail n'offre aucune particularité à signaler, sinon que sa longueur oblige souvent à la constituer de plusieurs parties réunies bout à bout, par des assemblages appelés *écarts*. Comme le montre la figure 10, les deux

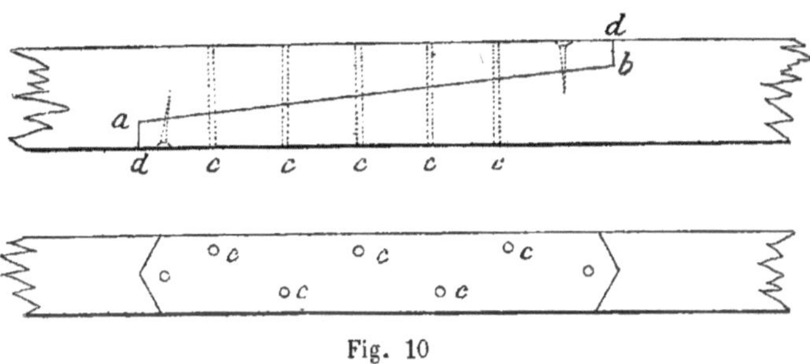

Fig. 10

pièces taillées en sifflet à leurs extrémités sont jointes par la face *ab*, et solidement maintenues par des chevilles *ccc*, rivées sur le dessus et le dessous de la quille. La pratique assigne aux écarts, une longueur de quatre à six fois la hauteur de la pièce, et l'on donne aux abouts *a d*, *b d* une hauteur égale au quart. Quelques constructeurs compliquent la face *a b* de dentelures, de tenons et de mortaises, destinés dans leur esprit à assurer la solidité de l'écart, en empêchant le glissement des deux pièces l'une sur l'autre. L'expérience a montré que ces artifices, compliqués et coûteux sont souvent superflus. Ils ne font que découper et affaiblir la pièce, d'autre part le retrait du bois vient souvent détruire un ajustage même établi avec soin. Il est plus simple, plus solide et moins dispendieux, de construire l'écart comme l'indique la figure, à condition de bien marier les deux pièces par des chevilles de dimensions convenables, en nombre suffisant et bien rivées. La situation des écarts le long de la quille n'est pas indifférente, elle joue au contraire un rôle important dans la solidité générale. Si elle n'est pas donnée par les plans, et laissée à l'initiative du constructeur, celui-ci devra s'attacher à les éloigner, autant qu'il sera possible, des parties du yacht les plus sujettes à la fatigue, et surtout, éviter le voisinage des mâts et de leurs emplantures.

Dans les yachts d'une certaine taille, il devient impossible de trouver des pièces de bois permettant de donner à la quille toute la hauteur indiquée par le devis des échantillons; il faut alors la former de deux parties superposées, dont la jonction et l'adhérence doivent être parfaites. Les deux séries de pièces sont ensuite mariées par des chevilles, rivées sur le dessus et le dessous de la quille d'assemblage ainsi constituée.

Pour obtenir le maximum de solidité d'une quille d'assemblage, il est nécessaire que les divers écarts qu'elle comporte soient aussi éloignés que possible les uns des autres, et aussi comme il a été dit plus haut, du voisinage des mâts et des pieds des couples qui reçoivent l'attache des bassetaques.

Afin d'éviter tout glissement des deux pièces, l'une sur l'autre, on prend souvent la précaution d'encastrer à demi dans les deux surfaces de jonction, des *tampons* ou *dés* en

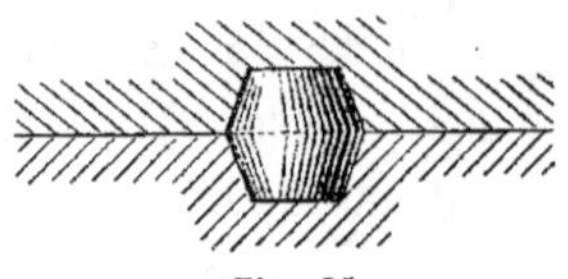

Fig. 11

bois dur (fig. 11), légèrement bi-coniques, qui les empêchent de se déplacer. Souvent on place les dés au passage des chevilles

principales qui alors les traversent, mais cette précaution coû-
teuse qui a pour objet d'empêcher les suintements qui peuvent exister autour d'une cheville, de gagner le joint, ou
vice versa, n'est par conséquent d'aucune utilité si elle n'est
pas généralisée. Habituellement les constructeurs de yachts
se dispensent de l'employer.

Lorsque la pièce a été dégrossie à ses dimensions principales, et les écarts préparés, on trace sur ses deux faces latérales, la division des couples et la râblure. A chaque division, l'ouvrier muni de la planchette des équerrages du fond
de râblure, pratique soigneusement une entaille à l'équerrage
voulu, et fait ensuite tomber le bois qui sépare les entailles
voisines. Il achève enfin la râblure au moyen d'un rabot, en
s'assurant continuellement de l'exactitude de l'équerrage du
fond de la râblure.

Les pièces de la quille ainsi travaillées sont portées sur
les tins, puis assemblées après avoir été bien assujetties
dans leur forme, au moyen de cales ou de coins que l'on
cloue sur le billot supérieur.

Il est d'usage de construire les yachts *en différence* (de tirant d'eau), c'est-à-dire, dans la position qu'ils occuperaient
s'ils étaient à flot. On s'attache donc à monter la quille sur
les tins dans cette position habituellement donnée par le
plan des formes.

On vérifie également, que les axes des diverses pièces
sont bien en ligne droite, et dans l'axe de la cale ; on les
assujettit ensuite au moyen de tasseaux cloués sur les tins,
de chaque côté de la quille.

Lorsque le yacht est muni d'une quille métallique, en fonte
ou en plomb, la pratique des constructeurs diffère parfois.

Ceux qui sont assez bien outillés pour fondre rapidement leurs quilles, préfèrent souvent exécuter d'abord la quille en plomb, qu'ils installent sur les tains pour recevoir ensuite toute la construction. D'autres préfèrent commencer à construire le yacht sans attendre que la quille métallique soit terminée, et ne l'adaptent que plus tard.

La première méthode a l'inconvénient, d'obliger à faire passer dans la quille en plomb presque toutes les chevilles d'assemblage de la quille en bois, et conduit à percer coûteusement, un certain nombre de trous de petit diamètre, inutiles à la tenue de la quille métallique, alors qu'il est possible de la bien relier au reste de la construction par un nombre moindre de boulons de gros diamètre, dont les passages sont plus faciles à percer. D'autre part, il est mauvais qu'une même série de chevilles relie un trop grand nombre de pièces, car les avaries qui peuvent se produire dans leur voisinage ont ainsi plus de chances de se propager et de s'aggraver. Pour ces raisons, la seconde manière de procéder paraît préférable, tant au point de vue, de l'assemblage successif et méthodique des pièces qui intéressent la quille, qu'en considération de l'économie qu'elle peut permettre de réaliser en limitant au maximum le coût du perçage de la quille en plomb, économie très appréciable étant donné les dimensions considérables des quilles métalliques usitées aujourd'hui.

Étrave. — L'étrave se travaille de la même façon que la quille, au moyen du gabarit d'étrave et de la planchette des équerrages de râblure. Toutefois, il est bon de réserver, ainsi que sur la quille d'ailleurs, la portion de la râblure, voisine de l'écart qui les assemble, afin de ne l'exécuter qu'après que les pièces auront été bien assemblées et chevillées.

L'étrave affecte, dans les yachts, les formes les plus diverses ; depuis l'étrave droite du bateau à brion profond jusqu'à l'étrave élancée et plus ou moins infléchie des goëlettes, ou celle du bateau moderne, élancée et convexe, analogue à celle des baleinières.

Contre-étrave. — Lorsque l'étrave appartient à un yacht dit à *étrave droite*, sa courbure est généralement assez modérée, et sa rencontre avec l'extrémité de la quille, a lieu sous un angle presque droit qui ne permet pas d'assembler les deux pièces par un écart. L'étrave et la quille sont alors mariées par un tenon, exécuté sur la pièce d'étrave qui pénètre dans l'extrémité de la quille, percée d'une ou plusieurs mortaises correspondant aux tenons de l'autre pièce. Comme un tel assemblage ne présenterait aucune solidité propre, malgré que le bordé vienne ensuite le consolider et le compléter, on relie encore les deux pièces par une forte courbe intérieure qui décroise suffisamment, sur l'étrave et sur la quille, la longueur occupée par le tenon. Il est souvent fort difficile, sinon impossible, de trouver une pareille courbure dans une seule pièce de bois ; on est obligé de la former de deux ou plusieurs parties assemblées (fig. 12). Si la quille ne comporte qu'un seul plan de bois, la branche horizontale de la courbe, vient simplement reposer par un joint bien ajusté, sur la face supérieure de la quille. Si celle-ci est formée de deux plans superposés, on assemble la branche horizontale avec la pièce supérieure de la quille, au moyen d'un écart. Quand la branche verticale ne franchit

pas suffisamment le tenon de l'étrave, on la complète par
une autre pièce, qu'on fait habituellement remonter tout

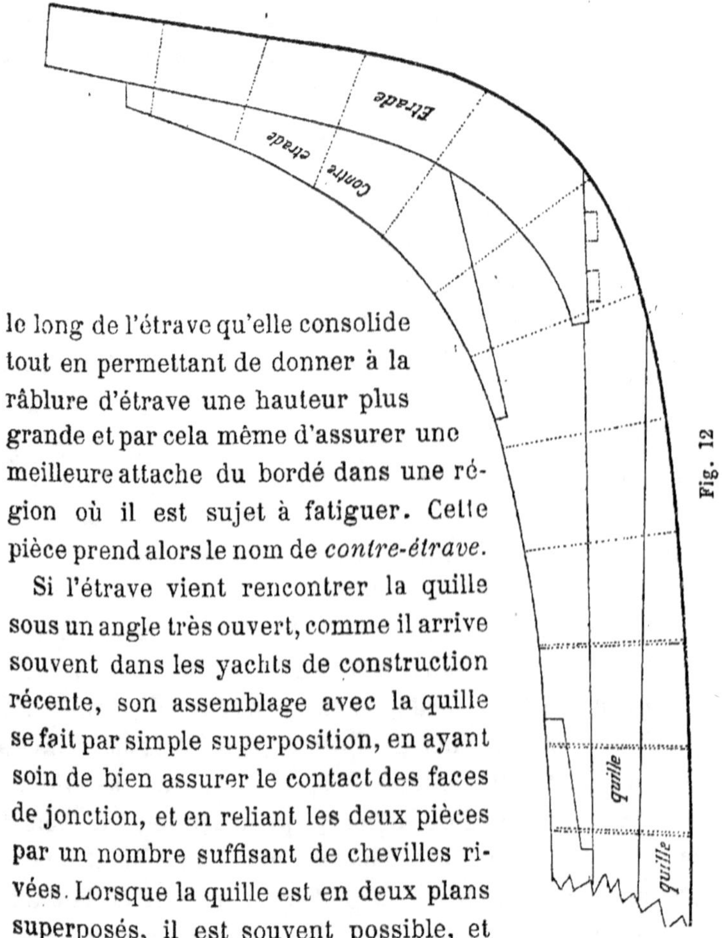

le long de l'étrave qu'elle consolide
tout en permettant de donner à la
râblure d'étrave une hauteur plus
grande et par cela même d'assurer une
meilleure attache du bordé dans une région où il est sujet à fatiguer. Cette
pièce prend alors le nom de *contre-étrave*.

Si l'étrave vient rencontrer la quille
sous un angle très ouvert, comme il arrive
souvent dans les yachts de construction
récente, son assemblage avec la quille
se fait par simple superposition, en ayant
soin de bien assurer le contact des faces
de jonction, et en reliant les deux pièces
par un nombre suffisant de chevilles rivées. Lorsque la quille est en deux plans
superposés, il est souvent possible, et
toujours excellent, d'assembler le bout intérieur de l'étrave
avec le plan supérieur de la quille au moyen d'un écart ; on

réalise ainsi une liaison parfaite. Enfin, il peut arriver que l'étrave ne puisse être tout entière fournie par une même pièce de bois. Il faudra alors la former de plusieurs pièces successives, réunies bout à bout par des écarts, et au besoin consolidées par une superposition de pièces intérieures formant contre-étrave, dont les écarts décroiseront bien les premiers, et en mariant convenablement, par un chevillage judicieux, les deux hauteurs de bois ainsi superposées.

Assemblage et montage de l'étrave. — L'étrave ayant été préparée comme il vient d'être dit, on vérifie qu'elle est exempte de toute déformation latérale, en tendant plusieurs cordeaux réunissant plusieurs points éloignés pris sur l'axe diamétral de chaque pièce, et qui doivent se toucher successivement. On vérifie également sa forme au moyen de son gabarit.

Accores, soles. — Suivant que l'étrave est simple ou d'assemblage, on la lève, assemblée ou par morceaux, au moyen d'appareils simples dont il sera question plus loin, en traitant de la membrure, puis on la soutient au moyen de perches rigides, nommées *accores*, qui butent par la tête sur des taquets cloués sur les faces latérales de la pièce à maintenir, et reposent à terre sur des morceaux de madrier appelés *soles*, qu'on incruste dans le sol. On assujettit ensuite l'accore au moyen de deux coins de bois qui assurent et règlent les contacts. On s'assure à nouveau, comme il vient d'être dit, que les pièces levées n'ont point subi de torsion ou de déformation, que la perpendiculaire A', repérée au moyen du gabarit, tombe bien à la distance voulue de la perpendiculaire milieu, et on procède enfin au chevillage des écarts, ou des plans de l'étrave.

Membrure. — L'importance de la membrure, pour assurer au bateau les formes qui lui ont été assignées sur les plans par l'architecte et le constructeur a été expliquée en parlant du tracé de la salle. Sa construction, c'est-à-dire à la fois sa confection, et la façon dont elle est rattachée au reste de la charpente de la quille, de l'étrave et de l'étambot. présente un intérêt aussi capital, puisqu'elle régit la solidité transversale du navire. — Dans le cas particulier d'un navire à voiles, soumis aux efforts multiples et variés résultant de l'inclinaison due à la voilure, et des mouvements de roulis causés par la mer, la solidité transversale de la coque a une importance relativement plus grande que dans le navire à vapeur, par exemple, seulement soumis aux mouvements rythmiques que la mer lui imprime. Pour le yacht à voiles, la solidité transversale devient encore plus importante, en raison des moyens mis en œuvre pour obtenir une stabilité maxima et conserver, aux inclinaisons les plus grandes, soit par l'emploi du lest placé au plus bas de la cale, sous forme de lest en fonte ou en plomb, soit enfin par l'emploi de plus en plus fréquent aujourd'hui de quilles métalliques de plus en plus lourdes, destinées à concentrer, dans un seul bloc pour le yacht de course, la totalité du lest disponible.

Toutefois, nous nous bornerons dans ce chapitre, à n'examiner que les méthodes *générales* de construction des yachts modernes, nous réservant de revenir au chapitre VI, sur les dispositions spéciales usitées dans les yachts de course, de construction légère ou de forme excentrique, munis de quilles en plomb ou de dérives centrales.

Quel que soit le système de construction en bois, les *couples* ou *membres*, sont formés de deux épaisseurs ou *plans* de bois placés de l'avant à l'arrière, et réunis par des clous ou des boulons. On nomme *premier plan* celui qui regarde le maître-couple, et *deuxième plan* celui qui lui est opposé. Chaque plan est lui-même composé de plusieurs pièces, de forme, de longueur et d'échantillon différents ; la forme étant déterminée par la position de la pièce de bois dans la membrure, la longueur par les dimensions très variables, des bois courbes que possède le constructeur, et enfin l'échantillon par les variations de section indiquées par le devis des échantillons.

Ancien mode de construction et d'assemblage de la membrure. — La manière dont ces deux plans de bois sont formés séparément, puis réunis ensemble et ensuite assemblés à la quille, a donné lieu à plusieurs systèmes de construction. Nous examinerons d'abord un des plus anciens, encore très usité chez les constructeurs de nos côtes pour la construction des bateaux de pêche, bateaux-pilotes et yachts.

Chaque plan du couple est composé :

Au pied, d'une pièce courbe *ab, a'b'* (fig. 13), à branches iné-gales, appelée quartier de varangue, traversant d'un bord à l'autre au-dessus de la quille ; à la suite de ses branches se trouvent les autres tronçons de la moitié du couple, appelés *allonges*, qui montent jusqu'au plat-bord. On les repère : du côté de la grande branche, par les nombres impairs, et du côté de la petite branche par les nombres pairs.

L'autre plan du couple est composé de la même façon, mais symétriquement ; en sorte que les deux plans étant placés l'un sur l'autre, la grande branche de chaque quartier de varangue dépasse d'une certaine longueur *ad'* appelée *empature*, la petite branche de l'autre quartier. Il en est

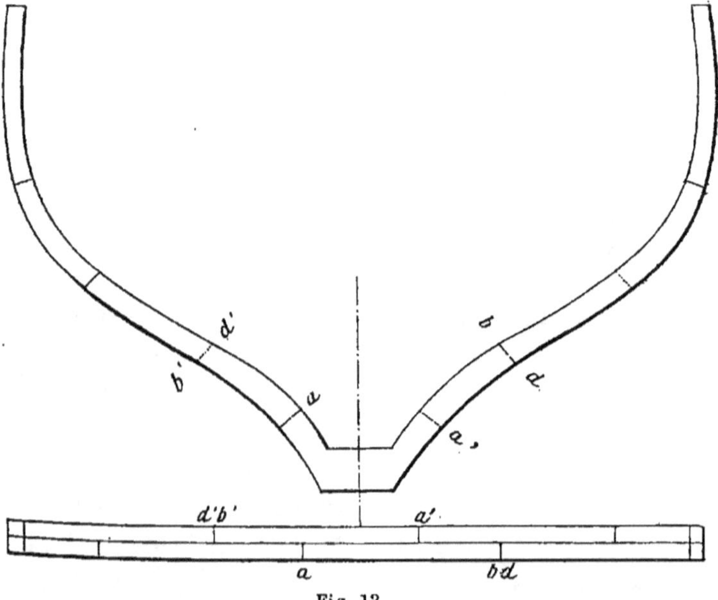

Fig. 13

de même des allonges qui leur font suite, en sorte que, les deux plans une fois assemblés, le couple forme un tout rigide sans solution directe de continuité, et surtout, exempt de point faible dans sa traversée au-dessus de la quille. Vers les extrémités de la coque, les formes deviennent plus verticales, plus aiguës, ou en termes de construction, plus *acculées* ; il devient alors difficile de trouver des bois courbes, propres à fournir les quartiers de varangue. Le couple

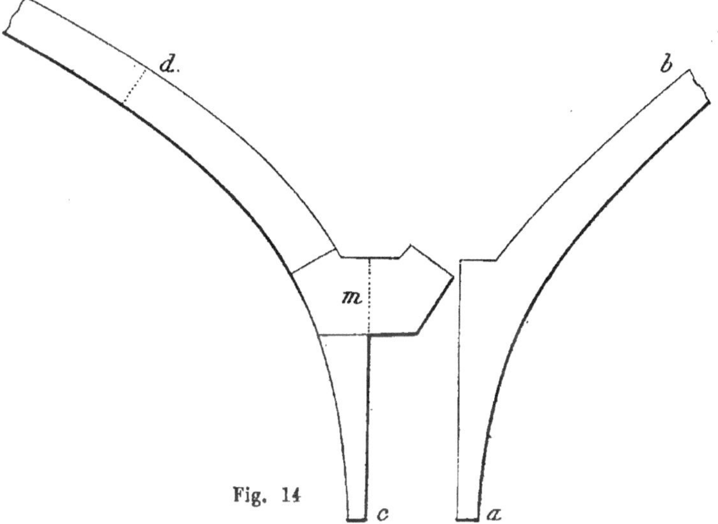

comprend alors : dans le premier plan (fig. 14), deux demi-varangues *ab*, *cd*, qui se joignent dans le plan diamétral. Elles sont réunies par une pièce courte *m* appelée *oreiller* ou *billot*, placée dans le deuxième plan, et sur laquelle vient buter le pied des premières allonges de ce plan.

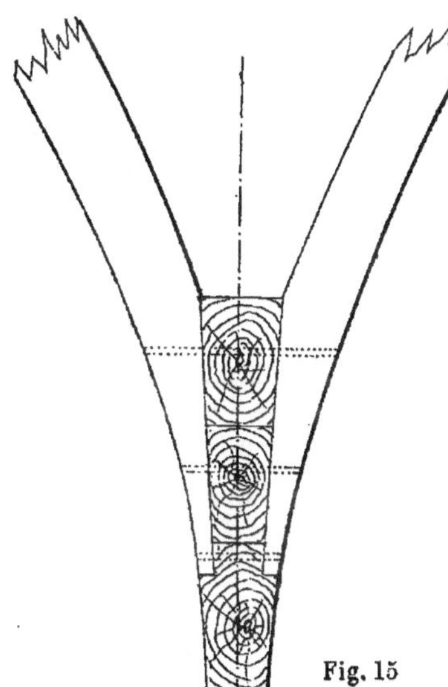

Fig. 15

Enfin, lorsqu'on arrive aux derniers couples des extrémités, placés au-dessus des accumulations verticales des

boisements de la quille appelés *massifs*, on se contente de
demi-varangues chevillées par côté dans ces massifs (fig. 15).

Les différentes pièces qui composent chaque couple, sont
travaillées séparément, de la façon suivante au moyen du gabarit et de la planchette d'équerrage. Chaque allonge ou
varangue est prise dans une pièce de bois courbe, appro-
chant de sa forme, et sciée à l'épaisseur de l'AV à l'AR, indiquée par le devis d'échantillons. Le charpentier pose le gabarit sur le plateau de bois et en trace les contours, extérieur
et intérieur, ainsi que les traces des lisses diagonales marquées sur le gabarit, et (fig. 16) prenant la planchette d'équerrage correspondant au couple dont il s'occupe, il relève avec

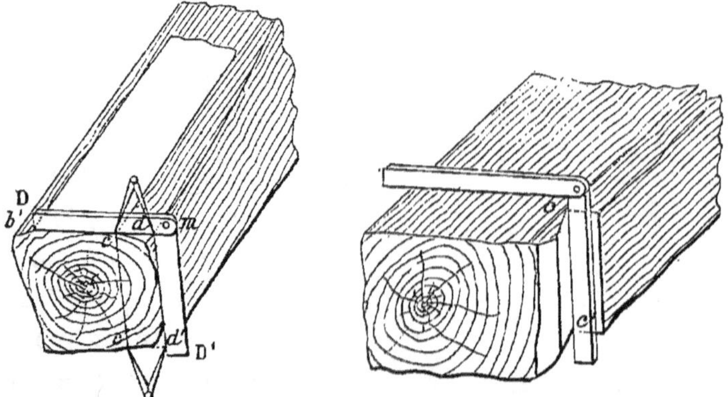

Fig. 16

une fausse équerre, l'équerrage D*m*D' sur la lisse portée sur
le gabarit, puis reporte la fausse équerre sur la pièce à travailler, en la plaçant dans la direction de la lisse tracée.
Ensuite, il mesure la distance *c d*, comprise entre le point *c*
du contour du gabarit et le côté *m d* de l'équerre, et la porte
en dessous de la pièce en *c' d'*. Il n'y a plus qu'à faire à la
hache, une entaille joignant en droite ligne les points *c* et *c'*

et ainsi de suite pour chaque équerrage reporté ; puis à abattre, après le bois qui sépare les entailles voisines. L'ouvrier procède de même, par entailles successives, pour déterminer la surface intérieure de la membrure.

Cette façon de procéder est généralement assez longue et se prête mal au travail des allonges des couples d'échantillon réduit. Il arrive en effet, lorsque l'échantillon est faible, de trouver dans la largeur d'une même pièce, deux ou trois allonges. Il faut alors les dégager d'abord grossièrement à la scie, puis les tracer ensuite. Pour remédier à ces inconvénients, nous avons expérimenté en 1886, dans les chantiers d'Argenteuil, une méthode plus commode et plus expéditive pour travailler les pièces des couples. On a d'abord pris soin d'employer des planchettes d'équerrages, un peu plus larges ou de même largeur que l'échantillon de l'avant à l'arrière, et on s'en sert de la façon suivante (fig. 17): Si la planchette est plus large que l'échantillon, on porte la valeur de celui-ci suivant la largeur de la planchette, et on trace par ce point une ligne B'B' parallèle au bord à partir duquel la distance a été portée. On fait ensuite glisser une équerre ordinaire le long de ce bord, jusqu'au trait à relever a, et avec un compas, on mesure, sur la ligne B'B' ou sur le bord BB la hauteur $b\,c$. Cette hauteur est reportée avec le compas en $b'\,c'$, sur le dessus de la pièce, et à l'extérieur du trait $b'\,b'\,b'$ tracé au moyen du gabarit, et suivant la trace de la lisse correspondante. On joint par un trait la série des points c' ainsi obtenus, et on scie la pièce au carré, exactement suivant les contours extérieurs d' et c'. Il ne reste plus qu'à abattre le petit triangle $b'\,c'\,a'$ et l'équerrage s'exécute avec plus de facilité et de continuité

que dans la méthode ordinaire, l'ouvrier étant guidé rigoureusement par les deux arêtes *c'* et *d'* obtenues dans leur
forme définitive. Retournant la pièce, l'ouvrier trace un trait

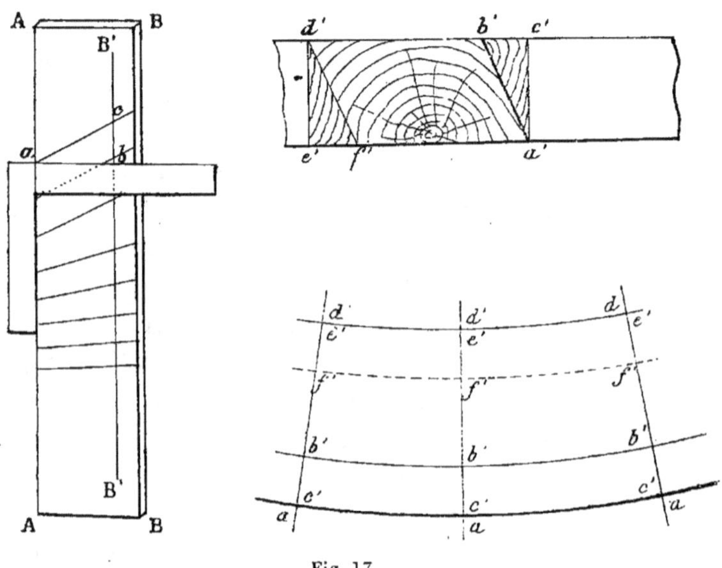

Fig. 17

f' f' f', à une distance du trait *a' a' a'* égale à l'échantillon de
tribord à bâbord et obtient ainsi le tracé de la quatrième
arête *fff* de la pièce; le triangle *d' e' f'* est enfin abattu.
On voit que ce procédé se prête à un emploi rapide et
précis de la scie à ruban, et permet de travailler aisément
les petites membrures des petits yachts. Lorsque l'échantillon d'A' à R est assez grand, on se dispense de faire
la planchette d'équerrage à la même largeur. Il suffit que
la ligne B' B' soit tracée à une distance *a b* du bord AA,
égale à la moitié ou au tiers de la valeur de l'échantillon.

L'ouvrier doit seulement prendre la précaution de porter deux ou trois fois cette distance sur la pièce à partir de b' pour obtenir le point c' à la distance exacte.

Ce travail ne se fait que pour le premier plan du couple, dont on assemble les pièces sur un chantier formé de plusieurs traverses mises dans le même plan. On le vérifie au moyen des gabarits et des règles d'ouverture, puis on superpose au-dessus les pièces du second plan, simplement dégrossies, en les assujettissant au moyen de coins et de cordages appelés *manelles* ou *bridolles*, et on achève le second plan en prolongeant simplement les surfaces déjà équerrées du premier plan. On perce ensuite les trous des clous qui doivent assembler les deux plans, à raison de trois clous par empature : un à chaque about, et le troisième entre les deux. On interpose ensuite un dé ou tampon, ou même une simple clef à mi-bois dans chaque plan, entre les deux demi-varangues et les deux dernières allonges, afin d'éviter tout glissement des deux plans, l'un par rapport à l'autre.

Anguilliers. — Les couples sont ensuite empilés les uns sur les autres dans l'ordre de leur numérotage, en attendant qu'on les lève sur la cale et après qu'on a creusé sur la face extérieure du pied des varangues de petits canaux appelés *anguilliers*, destinés à assurer la circulation des eaux qui séjournent toujours près de la quille.

Le chevillage des couples doit être fait avec des clous carrés préalablement zingués et enfoncés à bout perdu. L'emploi de clous zingués pour ce travail est nécessaire dans la construction généralement soignée d'un yacht. Les clous en fer seraient attaqués par l'acide gallique que renferme le chêne dont on fait les membrures, et il en résulterait que, d'une part, la cheville se corroderait lentement, diminuerait de section et à la longue pourrait disparaître ; et, d'autre part, que le gallate de fer ainsi formé imprégnerait et détruirait le bois dans la région de la cheville. Or, arrivé à cet état, le chevillage n'aurait plus aucune tenue, et la membrane serait complètement déliée.

Système anglais. — Nous avons fait remarquer que le système de construction précédent devenait d'un emploi difficile avec des varangues acculées. En 1858, à la suite de l'affinement croissant des fonds, ou acculement de la varangue des yachts anglais, Dan Hatcher, célèbre constructeur de yachts à Southampton, imagina le système suivant (fig. 18), dont l'emploi est, pour ainsi dire, devenu classique en Angleterre.

Chaque plan de couple est formé d'une demi-varangue a et d'allonges successives. Les demi-varangues de chaque plan ont seulement des longueurs suffisamment différentes pour fournir une bonne empature aux deux premières allonges. Les pieds de varangue sont fixés de chaque côté de la quille, soit dans une entaille $f g h$, appelée *margouillet*, préparée pour recevoir chaque couple, soit dans une haute feuillure courant d'un bout à l'autre de la quille (et de l'étrave si elle est très élancée), et un peu au-dessus du trait supérieur c de la râblure, de façon que toutes les varangues viennent reposer sur le fond $g h$ des *margouillets* ou de la feuillure.

Les faces de jonction $f g$ de la feuillure et du pied de la varangue étant bien dressées, afin que les pièces soient bien

jointives, les demi-varangues de chaque bord sont assemblées
à travers la quille, par des chevilles rivées, et ensuite définitivement consolidées par une courbure en fer *n n n*, boulonnée
avec la quille et avec les varangues à travers le bordé. Cette

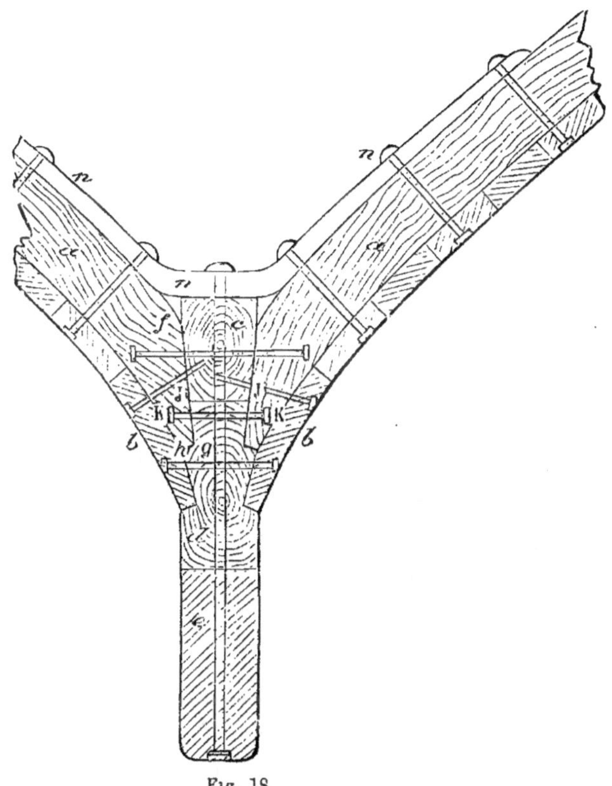

Fig. 18

courbe en fer reçoit quelquefois aussi les boulons d'attache
de la quille métallique si le yacht en possède une. Le premier
bordage inférieur *b*, nommé *galbord*, achève enfin la liaison
en mariant à nouveau les pieds des couples avec la quille.

Ce système conduit à l'emploi de quilles assez hautes, formées de deux plans superposés comme on l'a vu en s'occupant de la quille. Pour simplifier le travail, quelques constructeurs limitent la hauteur de la pièce inférieure au fond $g\,h$ de la feuillure ou des margouillets. Dans ce cas, la pièce supérieure est très sensiblement moins épaisse que la pièce inférieure, et la construction est plus économique. Mais en cas d'échouage et de fatigue en travers, la partie inférieure de la quille n'étant reliée au couple que par le galbord, se trouve exposée à la fatigue et à l'arrachement. Aussi est-il préférable de remonter le joint J J des deux plans de la quille vers l'intérieur de la coque, au-dessus du fond des margouillets ou de la feuillure. Les talons de varangues peuvent ainsi recevoir une cheville K K, passant dans le plan inférieur, qui se trouve plus solidement relié à la membrure.

Dans les yachts jaugeant moins de 40 tonneaux, ce système peut être simplifié de la façon suivante (fig. 19), sans trop altérer la solidité générale. La quille formée d'une seule pièce assez large et assez épaisse, reçoit les pieds des couples dans des margouillets, de profondeur presque égale à la hauteur des demi-varangues. Celles-ci sont reliées par une cheville rivée $s\,s$, traversant la quille d'un bord à l'autre, et par une courbe-varangue en cornière passant au-dessus de la quille et boulonnée avec elle, ainsi qu'avec les demi-varangues de chaque bord. Ces courbes reçoivent quelquefois aussi, l'attache des boulons de la quille métallique s'il en existe une. Le trait inférieur de râblure doit être tenu à quelques centimètres en dessous du bas des margouillets, afin que le galbord fasse obstacle au passage des suintements qui autrement pourraient se frayer un chemin par le margouillet, et donner lieu à de petites voies d'eau. Il est également nécessaire que la face de jonction *e f* du fond du margouillet et de la demi-

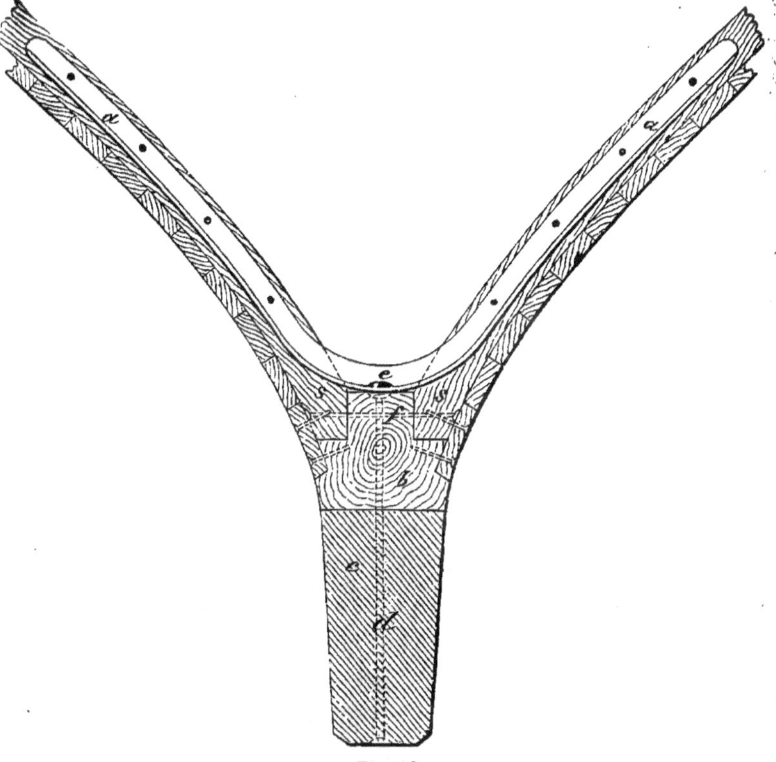

Fig. 19

varangue, soit verticale, afin que l'on puisse aisément dégager la varangue de son margouillet en cas de réparation.

Carlingue. — Afin d'accroître la rigidité longitudinale de la partie inférieure de la construction, on dispose habituellement, intérieurement, au-dessus des varangues, (en bois dans l'ancien système, ou en fer ou acier, dans les systèmes modernes), une longue pièce de bois *s*, sorte de quille intérieure de fort échantillon, nommée *carlingue* (fig. 20). Comme la quille,

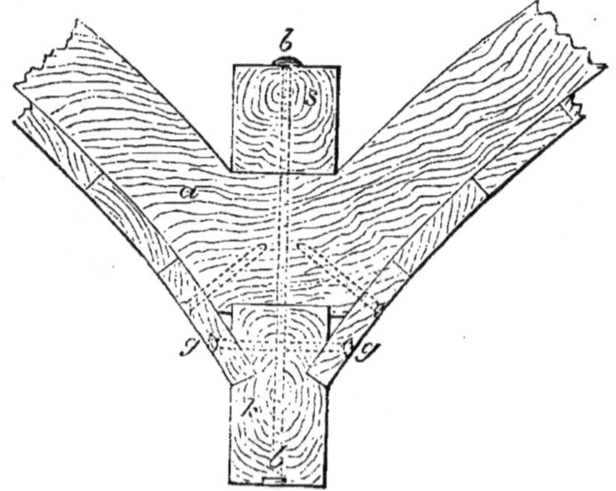

Fig. 20

la carlingue est formée de tronçons réunis par des écarts, et lui est solidement reliée par des chevilles verticales. Souvent, l'intervalle existant entre la carlingue et la quille est rempli par une pièce de bois allant d'une varangue à l'autre et butant exactement sur elles, de façon que l'ensemble de la quille, des varangues, des remplissages et de la carlingue forment un tout parfaitement relié. Lorsque le yacht est muni d'une quille métallique, on fait monter les boulons d'attache jusqu'au-dessus de la carlingue, qui leur sert ainsi de support.

Marsouins. — Les extrémités de la carlingue se relèvent dans l'encolure des varangues à l'*AV* et à l'*AR* en prenant le nom de *marsouins*.

Levage des couples. — Les deux principaux systèmes de construction étant maintenant connus, nous continuerons la description du travail sur le chantier.

La quille et l'étrave ayant été montées sur les tains comme il a été dit; il faut amener les couples à la position qu'ils doivent occuper sur la quille, par l'opération appelée *levée des couples*. Par suite des dimensions toujours assez faibles des yachts en bois, cette opération se fait assez simplement. On sait déjà que les couples assemblés et assujettis dans leur forme exacte, par les planches d'ouverture ont été empilés dans leur ordre de succession sur la quille. Il s'agit donc de les transporter à bras d'homme, auprès de la quille et de les dresser ensuite au-dessus d'elle. Les couples de yachts sont rarement assez lourds, pour que ces opérations présentent quelque difficulté. Le levage s'effectue au moyen d'une sorte de chèvre appelée *bigue* (analogue à celle dont se servent à terre les charpentiers).

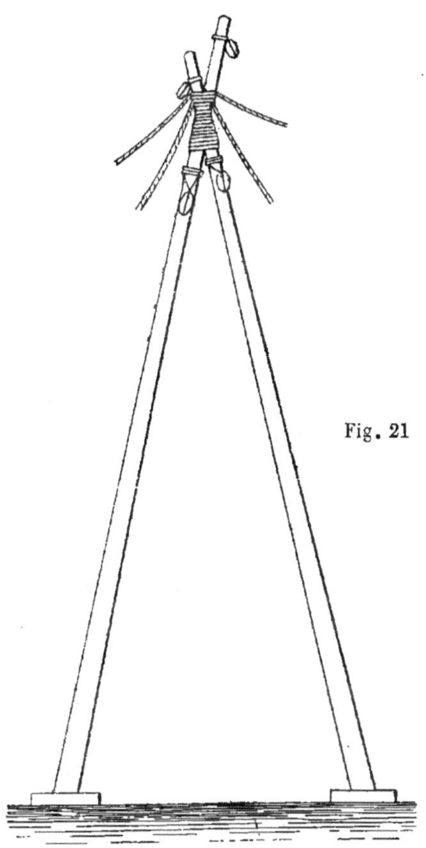

Fig. 21

La bigue (fig. 21) est composée de deux espars, de hauteur et de grosseur appropriées, aux dimensions et au poids des pièces à enlever. Ces deux espars placés chacun d'un côté de la quille et suffisamment écartés sont croisés en triangle et réunis à leur tête, par un amarrage en filin, appelé *portugaise*. Au point de croisement sont frappées les deux poulies hautes de deux palans dont le filin ou garant fait retour par un de ses bouts, dans deux autres poulies frappées au pied de chaque espar, afin que les hommes de manœuvre puissent haler horizontalement en s'éloignant de la quille, pour ne pas encombrer inutilement le chantier où les charpentiers auront à diriger l'opération. Des taquets de tournage fixés ad hoc sur les espars permettent de tourner les garants. La bigue repose sur le sol, par l'intermédiaire de deux *savates* ou *semelles* formées d'un morceau de planche large et épaisse que l'on peut traîner sur le sol. Elle est maintenue par le haut au moyen de deux *bras* en filin attachés quelque part, vers les extrémités de la cale. La bigue ayant été amenée près de la place que doit occuper le couple ; celui-ci est saisi de chaque côté par les palans, à la hauteur de la planche d'ouverture. En embraquant simultanément sur les deux palans, on enlève le couple, en même temps qu'un ou deux hommes le soulèvent et le dirigent par le pied pour l'amener dans la position qu'il doit occuper. On le descend ensuite légèrement, et on le place dans ses margouillets, (s'il y en a pour le recevoir), en cherchant à le maintenir aussi verticalement que possible, en agissant convenablement sur les bras de la bigue. Ensuite on le maintient provisoirement au moyen de fausses accores ; on largue les palans, et la bigue glissée jusqu'à l'emplacement du couple suivant, se trouve de nouveau prête à répéter l'opération.

Dès qu'un certain nombre de couples sont levés, on les réunit provisoirement par des amarrages, avec des pièces de bois longues, à section rectangulaire, assez flexibles appelées *lisses*, qui sont la représentation matérielle des lignes tracées à la salle, précisément sous le même nom, et marquées sur les couples. Les fausses accores sont alors enlevées et remplacées par des accores définitives, installées comme il a été dit en parlant du montage de l'étrave.

Balancement et perpignage. — Lorsque les lisses et les accores ont été mises en place, on procède au *balancement* et au *perpignage*. Le *balancement* consiste à placer les axes de tous les couples dans le plan diamétral, en agissant sur les accores. On y parvient, au moyen de fils à plomb suspendus au milieu (préalablement repéré) de la planche d'ouverture supérieure ; ces fils doivent se dégauchir, c'est-à-dire se cacher les uns les autres quand on les regarde des extrémités de la construction, et tomber exactement sur l'axe de la quille et de l'étrave. Ensuite, on procède au *perpignage* ; opération qui a pour but d'amener les couples dans le plan transversal qu'ils doivent occuper par rapport à la quille. Comme en général et ainsi qu'il a été dit au commencement de ce chapitre, le bateau est construit dans la position qu'il occupera lorsqu'il flottera, et que l'usage général aujourd'hui, est de placer les couples dans des plans verticaux, il suffira de s'assurer en premier lieu que les fils à plomb tombent sur un repère préalablement marqué sur une des varangues, ou sur la quille. On amène le couple dans cette position en agissant sur les amarrages qui le fixent provisoirement aux lisses.

Pour mettre les couples dans des plans perpendiculaires au diamétral, on procède d'abord sur un nombre restreint de couples équidistants. Il suffit d'obtenir, en agissant sur les amarrages, que deux points symétriques du couple pris sur une même ligne d'eau ou même lisse, se trouvent bien à distance égale, d'un point quelconque choisi sur l'axe de la quille. On divise ensuite en parties égales, la distance de ces couples, mesurée le long des lisses, et on amène les couples placés entre eux à passer par ces points. La forme des couples est encore vérifiée et rectifiée une dernière fois, s'il est nécessaire. Les lisses sont alors fixées sur la membrure au moyen de vis à bois, ou mieux de gros pitons, ainsi que les coins des accores sur leurs savates; afin de garder la carcasse dans sa forme.

Maille, Couples de remplissage. — L'intervalle de deux couples consécutifs, se nomme *maille*. En général, par raison d'économie, tous les couples ne sont pas exécutés par les procédés géométriques dont il a été question, et il reste à établir dans la maille des couples de levée, de nouvelles membrures appelées *couples de remplissage*, souvent plus légers que les premiers et que l'on confectionne seulement après que les opérations précédentes ont toutes été exécutées. Si les couples de remplissage doivent être construits de la même manière que les couples de levée, on exécute le travail au moyen de gabarits et d'équerrages relevés sur place, en s'appuyant sur les lisses. Si, comme il arrive très fréquemment, les couples de remplissage sont constitués par des bois de faible échantillon, ployés à la vapeur, ceux-ci sont amenés dans leur forme sur des moules installés habituellement de la façon suivante. Le contour du couple de remplissage est relevé à la salle ou à bord

au moyen de gabarits sommaires, puis reporté sur une plateforme formée de traverses et de madriers. On cloue solidement tout le long de ce contour, (généralement vers l'intérieur du couple), une suite de tasseaux en bois, assez rapprochés les uns des autres (fig. 22). Cela fait, on chauffe dans
l'étuve à bordages, qui sera décrite, une pièce de bois flexible,
de dimensions convenables pour fournir ensuite le couple
terminé, et on l'amène sur la plateforme. Une de ses extré-
mités est coincée entre un des tasseaux extrême et un nouveau que l'on cloue contre la pièce; puis agissant rapidement au moyen de palans et de crics, on la fait ployer à toucher les tasseaux, et au fur et à mesure de sa flexion, on la maintient par des taquets t, cloués de l'autre côté. Au besoin, on achève de lui faire épouser le contour voulu, en chassant

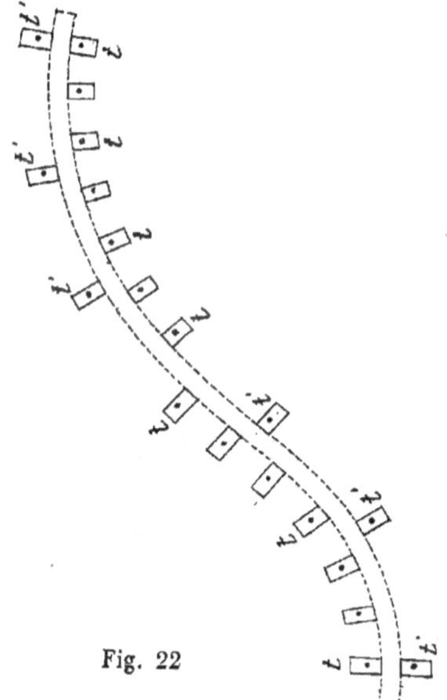

Fig. 22

des coins entre les taquets de retenue. Ensuite on laisse le
couple sécher sur la plateforme.

La plateforme peut recevoir en même temps plusieurs
membrures à courber, et l'opération s'exécute assez rapidement. Après que les bois ont été ainsi mis en forme, on les
présente à leur place, et on marque les équerrages le long

des lisses; les livets etc., et la pièce retourne au chantier, où on achève de l'équerrer avant de la mettre en place définitivement.

Dans les yachts de petite dimension, (en général jusqu'à dix tonneaux), l'échantillon est assez réduit pour que l'on puisse ployer le couple de remplissage sur place, suivant la pratique des constructeurs d'embarcations. Pour cela on travaille le pied du couple à la forme qu'il doit avoir pour s'encastrer dans le margouillet, puis on le porte à l'étuve. Quand il est convenablement assoupli, on l'amène vivement à bord; on engage le pied dans le margouillet et, prenant des points d'appui sur les lisses et sur les couples voisins, on l'amène au moyen de liens en filin à venir toucher exactement toutes les lisses, qui dans ce cas doivent être assez nombreuses et assez rapprochées, pour que le couple représente après l'opération une courbure continue, et qu'on soit certain qu'il viendra ensuite en contact avec le bordé.

Enfin, on peut constituer le couple de remplissage, comme l'a fait le premier croyons-nous, M. Augustin Normand, dans quelques bateaux-pilotes et dans le yacht *Goelo* de quarante tonneaux, par des planches larges d'environ $0^m,15$ et épaisses de $0^m,020$ à $0^m,030$, ployées à bord comme il a été dit plus haut. Cette disposition ingénieuse, a pour avantage de réduire la maille et de soutenir convenablement le calfatage. De plus, la possibilité qui en résulte de pouvoir river ces membrures plates avec le bordé au moyen de deux ou quatre rivets écartés, assure à la coque une meilleure résistance aux flexions longitudinales. Ces couples de remplissage, ont été adoptés par nous avec avantage, dans la construction semi-composite du vingt tonneaux de course *Bettina*.

Quand toute la membrure a été mise en place il est bon de la bien relier par une forte lisse placée à hauteur du plat-bord. On règle ainsi d'une façon certaine et invariable, le contour du plat-bord, et la courbure de la tonture. La continuité et la pureté de ces deux lignes jouent un rôle considérable dans l'aspect du yacht à flot, et on ne saurait trop s'attacher à en régulariser la courbure. Avant que la membrure reçoive le bordé, on devra examiner la courbure de toutes les lisses, et, si elles présentent des irrégularités, on devra les faire disparaître, jusqu'à ce que toutes les lisses présentent un contour très pur, exempt de plats et de jarrets. D'ailleurs, si le tracé à la salle, le travail et le montage de la membrure, ont été bien exécutés, ces corrections devront n'être qu'insignifiantes. Dès ce moment la membrure peut recevoir le bordé ; mais auparavant nous avons à examiner la construction de l'arrière du yacht, terminé par la voûte.

Etambot (fig. 23). — L'arrière du yacht est terminé par une pièce droite (plus ou moins inclinée), appelée *étambot*, qui reçoit l'aboutissement du bordé, sert de point d'attache au gouvernail et supporte le tableau qui termine les œuvres-mortes ou la voûte qui la prolonge en arrière de la flottaison.

L'étambot est une pièce à contours rectilignes, qui s'assemble avec la quille, par un tenon et une mortaise. Cet assemblage est consolidé par une sorte d'équerre intérieure appelée *courbe d'étambot,* dont une branche s'applique et s'assemble avec la quille, et dont l'autre se relève le long de l'étambot, avec laquelle elle est solidement mariée

par de fortes chevilles. La courbe d'étambot
peut être construite d'une pièce unique ou
formée d'assemblages comme la contre-
étrave.

Massif arrière. — Mais la plupart du
temps, les façons arrières des yachts sont
tellement évidées, dans la coulée, qu'elles
se réduisent à une simple *cloison*, trop
mince pour qu'on puisse songer à la
construire comme le reste de la
coque. On remplit donc l'espace
compris entre la quille et l'étambot, par un empilage de bois qui
s'élève jusqu'à la naissance de
la varangue. Cet empilage
appelé massif arrière, est

formé de blocs *m*, hauts et peu épais,
écarvés les uns avec les autres (fig. 23),

et traversés par de longues chevilles rivées, qui les assem·
blent solidement avec la quille et l'étambot. De chaque bord,
l'*étambot* porte une râblure, dans laquelle le bordé vient
aboutir à l'arrière. Cette râblure se raccorde par le pied, avec
celle de quille et se termine par le haut à la naissance de
la voûte, un point où le gouvernail sort de la coque par un
trou J appelé *jaumière*.

Voûte. — A cette hauteur, l'étambot porte deux pièces
inclinées sur l'horizontale, qui, sous le nom d'*allonges de
voûte* supportent toute la charpente en porte-à-faux de
l'arrière du yacht. Cette charpente comporte naturellement
la suite des membrures qui déterminent la forme de cette partie, en s'assemblant de chaque côté des allonges de voûte, par
un tenon simple ou en queue d'hironde, engagé dans une
mortaise de forme correspondante, pratiquée dans le dessous des allonges. Les constructeurs écossais se bornent
habituellement à faire simplement buter contre les allonges
les deux moitiés du couple en les mariant ensuite par dessus les allonges, au moyen d'une courbe en fer. Le dessus
des allonges porte près de l'étambot, une sorte de râblure
destinée à recevoir deux fortes planches qui montent
jusqu'au pont, laissant entre elles (fig. 23) un espace vide,
fermé transversalement en arrière par une cloison L
réunissant les deux côtés de l'espèce de boîte ainsi formée et appelée *louve* ou *boîte d'étambot*. L'espace compris
entre les parois de la boîte d'étambot, laisse passer la partie
cylindrique, ou *mèche* du gouvernail. Comme elle est appelée à être souvent remplie d'eau, soit en raison de sa position
quelquefois située en dessous de la flottaison, soit par suite

des mouvements de tangage à la mer, il est nécessaire
que tous ses joints soient très soigneusement calfatés, pour
lui assurer une étanchéité absolue. La louve n'est pas toujours construite comme il vient d'être dit. Nous avons adopté
en 1886 une disposition, suivie depuis dans les chantiers

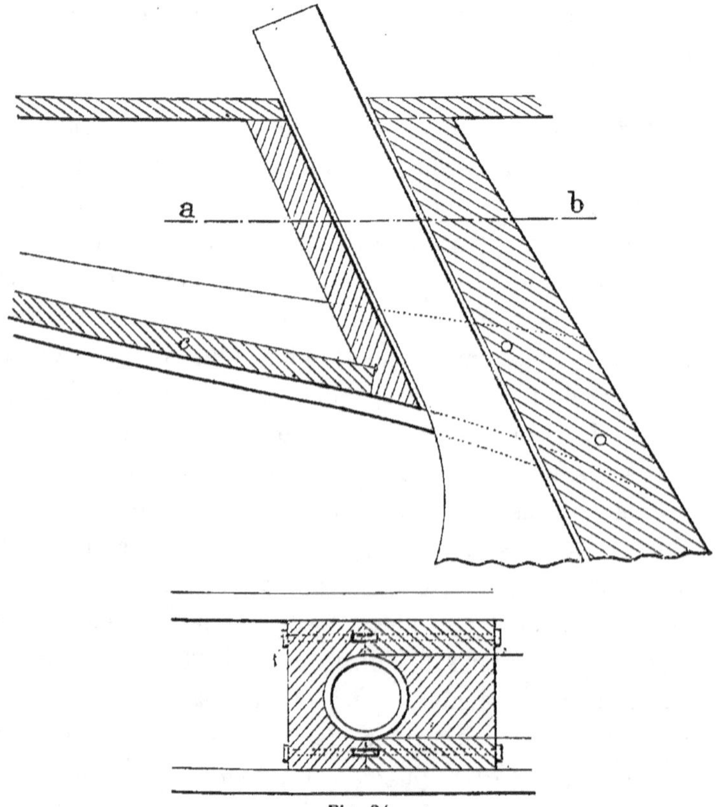

Fig. 24

d'Argenteuil, qui procure pour les petits yachts toutes
les garanties d'étanchéité désirables et n'a jamais donné de
mécomptes. Dans cette disposition (fig. 24), la tête de l'étam-

bot porte encore deux joues rapportées, solidement rivées de part en part comme précédemment; elles se prolongent presque vers l'axe de la mèche du gouvernail. La partie arrière de la louve est formée par une pièce massive, creusée pour laisser passer la mèche et boulonnée d'avant en arrière avec les joues de l'étambot. L'étanchéité du joint est assurée, par une languette qui la coupe dans toute sa hauteur, et aussi par la précaution prise de le noyer de peinture épaisse au moment de l'assemblage des deux pièces.

Les joues d'étambot, ainsi que l'arrière de la boîte, descendent jusqu'au bordé auquel elles fournissent une sorte d'épaulement continuant la râblure et servant au clouage. La pièce de remplissage C (fig. 25) qui marie les allonges et reçoit le clouage des abouts de bordé, vient buter sur la face arrière de la louve, soit simplement, soit dans une feuillure ; ce joint très court, est le seul qui exige d'être calfaté.

Nombre de yachts, souvent parfaitement étanches au bassin, font de l'eau en quantité appréciable à la mer, par suite du défaut d'étanchéité de la louve.

Des deux dernières membrures de l'arrière (fig. 25) partent deux pièces courbes Q appelées *quenouillettes de cornière* qui se relèvent brusquement en traversant le plat-bord pour supporter l'arète du bordé des pavois et du tableau ou *couronnement* de l'arrière. Entre les deux *quenouillettes de cornière*, d'autres pièces courbes J, équidistantes et parallèles à l'axe longitudinal, nommées *jambettes* ou *batayolles du tableau* ou *de couronnement*, se relèvent également en traversant le plat-bord du couronnement, et servent à la fois de membrure au bordé du

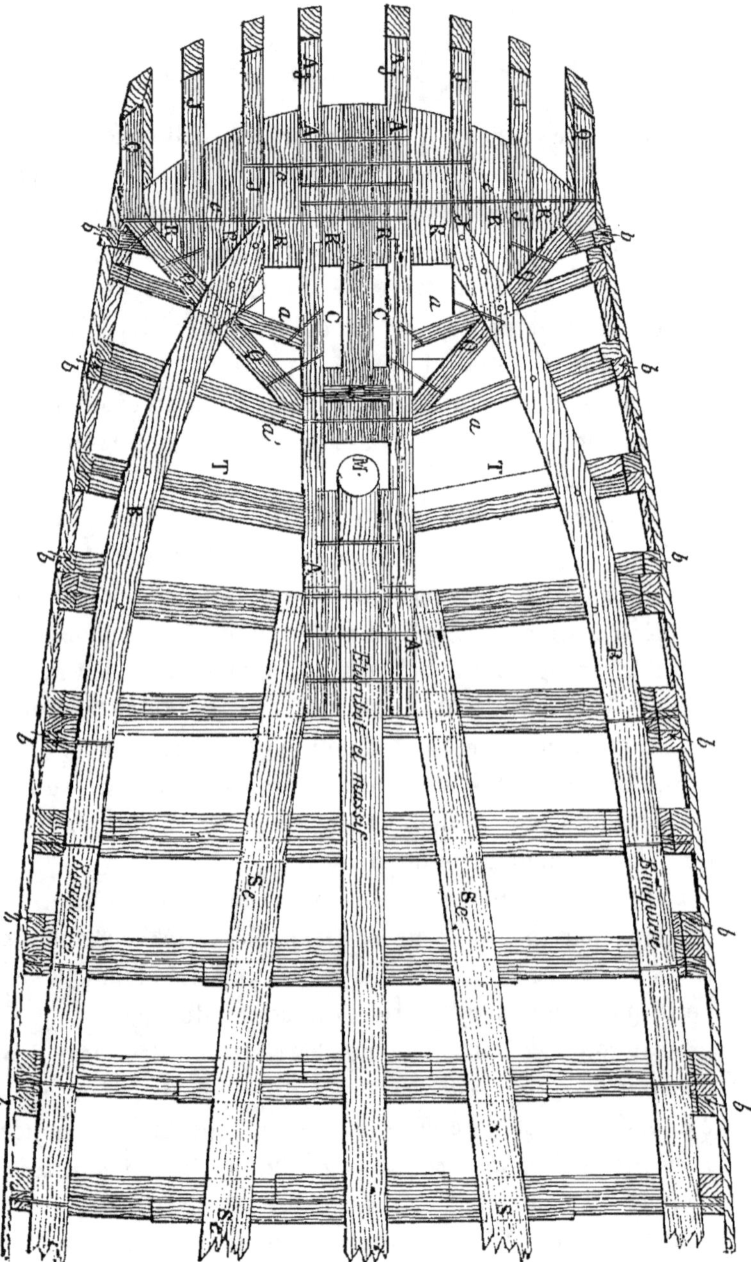

Fig. 25.

tableau, et de support, à la pièce arquée, qui, reliant et fermant le contour des deux lisses de main courantes, est appelée *lisse de couronnement*. Les jambettes du tableau viennent buter par le pied, sur la dernière membrure intérieure ou sur la branche des *quenouillettes de cornière*. En dessous du pont, les intervalles qu'elles laissent entre elles, sont remplis de blocs de bois R ajustés entre leurs faces latérales, la surface hors membrure, et le dessous du plat-bord. De longues chevilles transversales marient cet ensemble de pièces, qui terminent la charpente de l'arrière. En C se trouve une pièce de remplissage qui souvent occupe la partie inférieure de l'espace laissé entre les allonges; elle a pour objet de recevoir le clouage des abouts du bordé.

Souvent on assemble les allonges de voûte avec l'étambot, avant le lever sur la quille. Quelquefois même, quand il s'agit de petits yachts, on construit à terre toute la charpente de la voûte, que l'on lève ensuite toute montée. Quelle que soit la manière dont on procède, dès que l'étambot aura été mis en place, on devra aussitôt vérifier la distance de la perpendiculaire arrière à la perpendiculaire milieu ; s'assurer que l'étambot est bien dans le plan diamétral ; et quand la carcasse de la voûte sera montée, la relier au reste de la membrure de l'arrière, par des lisses prolongeant celles qui règlent déjà la charpente de l'arrière. On s'assurera alors qu'il y a continuité parfaite des lisses jusqu'au couronnement ([1]).

(1) Pour simplifier l'exposé de la construction nous avons supposé que la membrure était mise en place avant l'étambot. Il peut en être ainsi, mais en général on monte d'abord la quille, l'étrave et l'étambot, et on n'exécute la charpente de la voûte que comme suite du levage des couples de l'arrière.

S'il s'agit de très petits yachts; on assemble souvent la quille, l'étrave et l'étambot, à plat sur le sol, et on lève ensuite le tout avec les bigues.

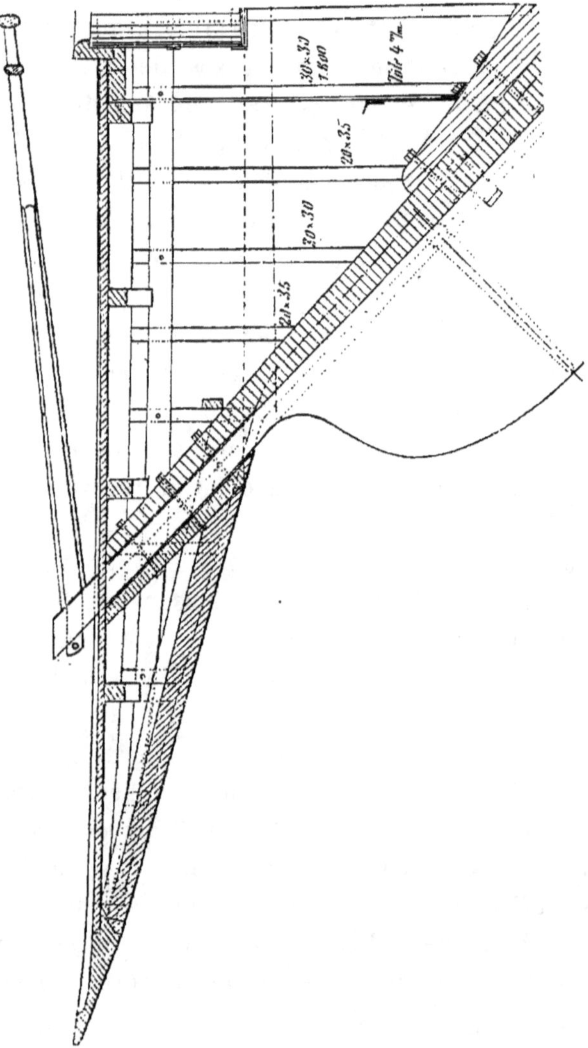

Fig. 26

Construction du couronnement dans les petits yachts. — La construction du couronnement de la voûte, n'est pas aussi compliquée dans les petits yachts, c'est-à-dire jusqu'à dix tonneaux environ. L'absence de pavois proprement dits, ou bien leur faible hauteur dispense de l'emploi de quenouillettes de cornière et de jambettes ou batayolles de tableau, qui n'ont tout au plus qu'à supporter une lisse de couronnement très courte. Toute la charpente d'assemblage, qui suit la dernière membrure de la voûte, est simplement remplacée (fig. 26) par une pièce massive façonnée en dessous suivant l'aboutissement des formes du bordé, qui vient se relier avec elle dans une sorte de râblure Le bordé du pont aboutit également dans une feuillure ou râblure ménagée sur sa face supérieure.

Les deux allonges de la voûte et la pièce de remplissage s'engagent dans de profondes mortaises, et y sont chevillées à bout perdu. Cette disposition ne présente, évidemment pas la même solidité que la première, le clouage du bordé y contribuant pour une part très importante; mais comme on n'applique ce système qu'aux yachts de petite dimension, cette solidité est encore très suffisante. Les batayolles de couronnement ne sont plus alors que de simples courbes de faible échantillon, faiblement entaillées dans la face supérieure de la pièce de couronnement. Quelquefois même, les pavois étant réduits à une simple *fargue* ou bordage cloué sur champ, de quelques centimètres de hauteur seulement, la lisse de couronnement est simplement posée à plat sur la pièce de couronnement et clouée avec elle.

Parage extérieur et intérieur. — Après que le yacht a été lissé jusqu'à l'arrière, on vérifie une dernière fois le balancement pour s'assurer que la carcasse est bien symétrique des deux bords; puis, on procède au parage extérieur et intérieur en rectifiant d'abord la membrure au passage des lisses, ainsi qu'il a été dit précédemment, puis en la régularisant entre les lisses consécutives, qu'on démonte au besoin. On exécute de même un parage intérieur en s'assurant de la continuité de la surface intérieure des membres au moyen de lattes que l'on fait passer dans diverses directions.

Si la coque doit recevoir un certain nombre de lattes obliques en fer ou en acier destinées à accroître sa résistance aux déformations longitudinales, on procède à leur mise en place à l'extérieur de la membrure, que l'on entaille au passage de la latte, afin que celle-ci ne fasse aucune saillie sur la surface hors membres et ne gêne pas la mise en place du bordé.

On fixe ensuite les lattes sur les couples au moyen d'une vis à tête fraisée dans chaque plan de bois. Les mêmes raisons qui font qu'on emploie le fer zingué pour le chevillage des couples demandent que les lattes diagonales et leurs vis soient également galvanisées.

Bordé. — Le bordé de la coque n'a pas seulement pour but de recouvrir la membrure d'une enveloppe étanche, il joint les couples entre eux, et, comme on l'a déjà vu, il achève la liaison des membrures avec la quille par l'intermédiaire du galbord et résiste aux efforts de déformation longitudinale.

D'ailleurs, il ne comporte pas seulement l'enveloppe exté-rieure aux membres ; les liaisons longitudinales de l'inté-rieur qui dérivent du même rôle en sont le complément et s'exécutent en même temps et par les mêmes moyens (fig. 27).

Le bordé est constitué par la superposition d'une série de bandes longitudinales, s'étendant de l'étrave à l'étambot, de-puis la quille jusqu'au plat-bord. Ces bandes ont reçu le nom de *virures ;* certaines virures portent des noms particuliers. La virure inférieure, qui est assemblée avec la quille par l'inter-médiaire de la râblure, porte le nom de *virure de galbord,* ou plus simplement *galbord.* Les deux virures qui succèdent au galbord portent le nom de *ribords.* Les virures qui règnent au niveau des varangues ont reçu le nom de virures des *petits fonds.* On trouve ensuite les virures des *fonds*, les virures des *bouchains* à l'endroit où le couple s'arrondit ; puis les virures de la *muraille*, et enfin les *préceintes* dont la der-nière, qui termine le bordé au plat-bord, porte le nom de *carreau.*

Serres, Vaigrage. — Les virures du bordé intérieur comprennent les *serres*, bordages d'échantillon relativement important, qui servent à renforcer la liaison longitudinale des couples, déjà réalisée en partie par le bordé de la coque ; puis les virures du *vaigrage*, simple revêtement intérieur en bois mince, qui n'a qu'une action moindre sur la soli-dité (fig. 27).

Les serres comprennent : les *serres d'empature* qui cou-rent d'un bout à l'autre de la coque à la hauteur des extré-mités des premières et deuxièmes allonges, et à la hauteur des bouchains dans les yachts de plus de 70 tonneaux ; puis

Echelle 1/24
Barrot de pont
courbe en fer
2e allong.t
voigrage
2e allonge
Barrot de plateforme
1er allonge
Sommet de la varangue
Ribords.
Galbord

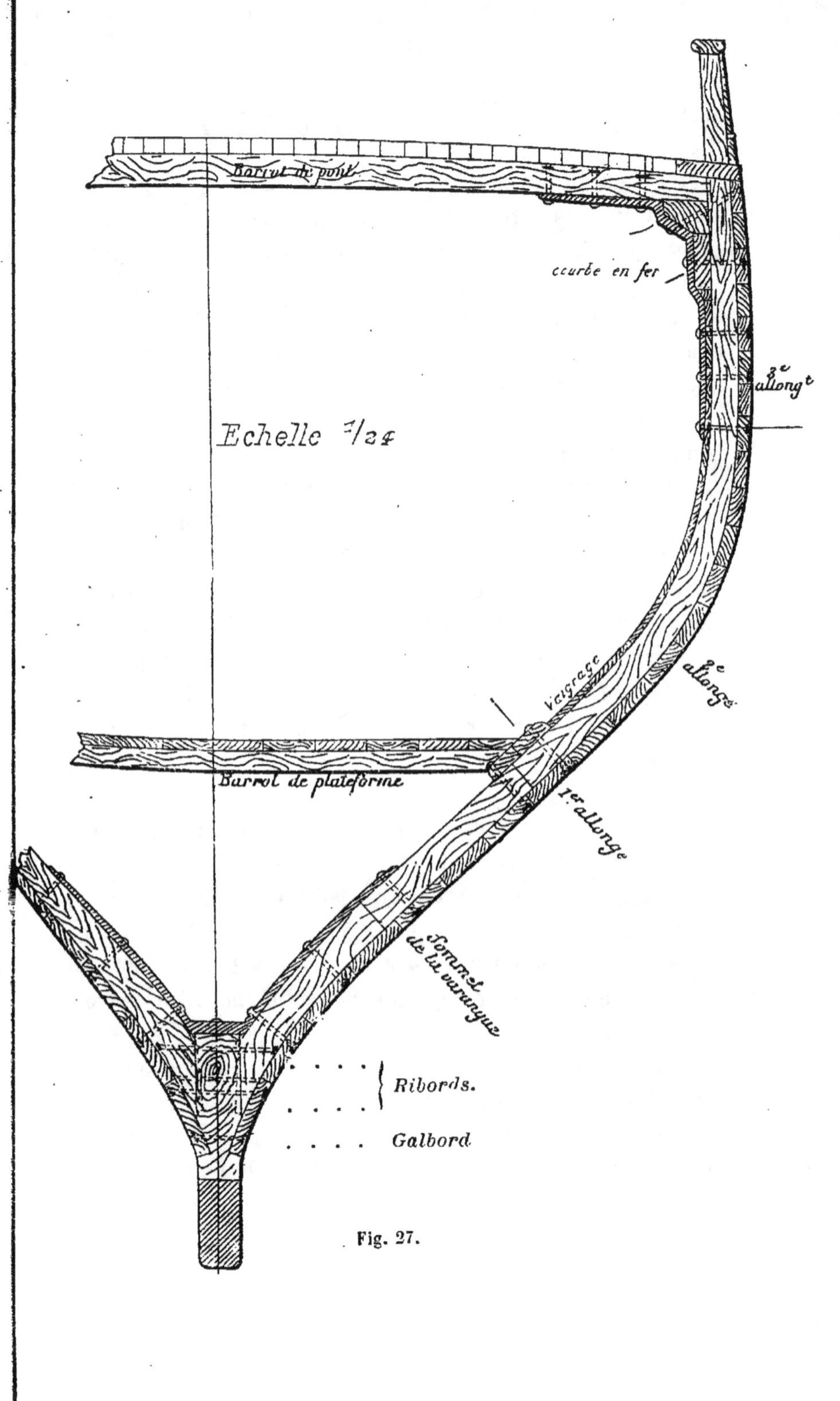

Fig. 27.

les *serres bauquières* qui comprennent : la *bauquière*, virure servant de support et de point d'attache aux barrots du pont, renforcée dans les yachts au-dessus de 20 tonneaux d'une seconde virure appelée *sous-bauquière* placée au-dessous d'elle pour renforcer l'appui en fournissant un chevillage suffisant.

Les travaux du bordé, tant extérieur qu'intérieur, s'exécutent simultanément et de la même façon. Généralement, le bordé extérieur des yachts conserve la même épaisseur d'un bout à l'autre de la coque, et de bas en haut depuis la quille jusqu'au plat-bord. Toutefois, on renforce souvent légèrement les galbords et les ribords ; quelquefois aussi les préceintes et le carreau.

Division du bordé. — Avant de commencer à border, il est bon, et même dans un yacht qui appelle forcément une construction soignée, il est nécessaire de s'occuper de la direction que prendront les lignes des joints des bordages ; direction, qui restant toujours plus ou moins apparente par la suite, peut être agréable ou désagréable à l'œil. On commence par diviser le contour du maître-couple en autant de parties qu'il devra y avoir de virures. La largeur des virures a forcément une limite : d'abord en considération de la solidité et du bon contact sur la membrure, qui diminuerait rapidement si la virure devenait trop large sur les parties très arrondies des couples ; ensuite, pour satisfaire au bon aspect du yacht, qui réclame des virures de largeur modérée. On ne dépasse guère les largeurs de $0^m,20$ pour les grandes constructions et $0^m,10$ pour les petites. Le galbord est souvent tenu un peu plus large, afin de lui donner une empature suffisante, à la fois sur la quille et sur les talons des varangues, pour les raisons développées précédemment. Dès que la division du maître-couple a été effectuée, on passe une latte par le point supérieur du galbord, et, tenant compte de la largeur des bois qui le fourniront, on trace sur les couples le dessus du galbord, qu'on fait remonter aussi haut que possible vers les extrémités.

On trace de même le dessous du carreau, en lui gardant une hauteur à peu près constante d'un bout à l'autre. Cela fait, on divise le contour de chaque couple (ou de deux en deux couples s'ils sont très rapprochés) en autant de parties égales qu'il en reste sur le maître-couple. Mais il arrive le plus souvent que dans les yachts à quille très inclinée ou à brion très relevé, la division ainsi faite conduirait à des largeurs ridiculement petites à l'avant et trop fortes à l'arrière. Il faut alors arrêter un certain nombre de virures inférieures avant d'arriver à l'extrême avant, et tâtonner pour arriver à un effet satisfaisant. On force également, autant que la largeur des bois le permet, la hauteur des ribords sur l'étambot, ainsi que celle des deux ou trois virures qui leur font suite. On s'assure d'ailleurs du bon aspect de la division, en passant, de cinq en cinq virures par exemple, des lattes qui donnent la représentation grossière de la direction générale des joints du bordé.

Travail des bordages. — D'après ce qui vient d'être dit, la largeur des virures varie d'une façon continue d'un bout à l'autre. D'autre part, au moment de la mise en place, les bordages ont à subir une flexion pour s'appliquer sur la membrure, une torsion pour suivre les formes et enfin une nouvelle flexion de bas en haut pour venir s'appliquer sur le bordage précédent, déjà mis en place, ou suivre les points de division du bordé.

Si les virures avaient même largeur d'un bout à l'autre, il suffirait de les travailler comme des planches ordinaires et de les mettre en place en prenant certaines précautions, pour ne pas les rompre par cette double flexion et la torsion. Mais on vient de voir qu'on s'astreint dans les yachts à n'employer que des virures de largeur variable. On les exécute au moyen de l'opération suivante appelée *brochetage*.

Le contour d'un bordage *mnpq* (fig. 28), étant tracé par la membrure, on y applique une latte flexible AB comprise tout entière entre les arêtes *mp*, *nq*, en ayant soin de lui laisser prendre la direction naturelle. On vient alors y clouer transversalement au droit de chaque membrure de petites règles *cc'*, *dd'* appelées *biquettes*, sur lesquelles on marque les points de passage du contour du bordage.

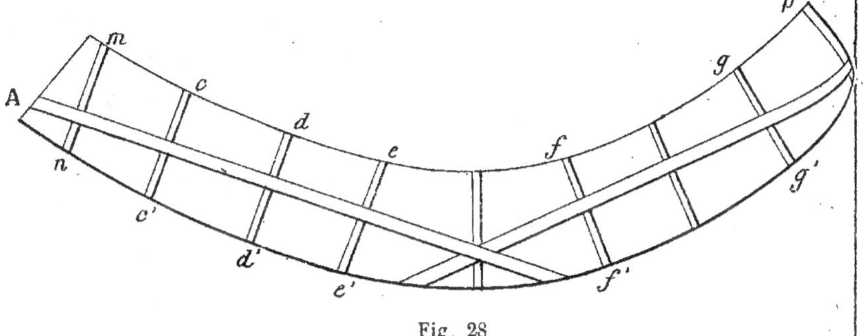

Fig. 28

On enlève alors la latte et ses biquettes et on l'applique sur la face du bordage à tailler.

Les points marqués sur les biquettes y sont reportés et déterminent le contour de la pièce que l'on n'a plus qu'à tracer, découper et mettre en place. Si une seule latte ne peut tenir tout entière dans l'intérieur du contour à relever, on en cloue une autre à sa suite, faisant avec elle un angle qu'on prend soin de mesurer, afin de vérifier après l'enlèvement de l'ensemble, qu'il est bien conservé.

Étuvage. — Les bordages ainsi préparés n'ont plus à subir qu'une flexion et une torsion, qu'ils peuvent, ou ne peuvent supporter sans danger, si ces déformations sont trop prononcées. Dans le dernier cas, on les assouplit par un séjour de quelques heures dans la vapeur d'eau à 100 degrés contenue dans une longue caisse fermée appelée *étuve*, construite en madriers calfatés. Cette caisse est fermée à ses deux bouts par des portes et mise en communication avec une petite chaudière installée *ad hoc*, qui déverse de la vapeur. L'étuvage produisant toujours par la suite une légère contraction ou retrait, on a soin de forcer légèrement à l'avance l'échantillon des bordages qui auront à le subir ; on les achève ensuite après avoir été présentés sur place et mis à la forme désirable.

Les bordages sont mis en place en commençant par le carreau, et en descendant progressivement. On les amène à joindre exactement les uns contre les autres, principalement par leur arête intérieure, d'abord au moyen de ligatures en filin, qu'on fait passer en plusieurs tours par-dessus le carreau et en dessous du bordage, puis ensuite en resserrant à bloc l'amarrage dont on tord le garant avec une barre de bois appelée *tourniquet*. On se sert aussi pour effectuer définitivement le contact, d'accores placés sous le bordage et enfin de presses en fer, qui l'amènent à joindre exactement avec le dessous de la virure supérieure, ainsi qu'à plaquer exactement sur la membrure.

Bordé à claire-voie. — Les constructeurs d'Argenteuil procèdent d'une façon un peu différente, dans la construction des petits yachts. Les bordages, brochetés comme il vient d'être dit, au lieu d'être mis en place par virures successives, en partant du carreau, sont fixés de deux en deux virures en partant du galbord, sur les couples de levée ou sur leurs gabarits. La coque est ainsi bordée à moitié, du haut en bas, à *claire-voie*. Les constructeurs s'en servent dans cet état, pour ployer sur place la membrure de remplissage. Ce procédé paraît simple et expéditif, mais présente de grands inconvénients. D'abord, vers l'intérieur, l'effort de traction exercé sur le bordé pendant le ployage de la membrure de remplissage, le déforme très sensiblement, lui enlevant toute continuité et transformant les lignes courbes en lignes très légèrement polygonales. Ensuite, le brochetage et la mise en place du bordé de remplissage, demandent beaucoup de soins, pour que la virure de remplissage ait le contact nécessaire avec celles qui sont placées au-dessus et au-dessous d'elle.

Abouts. — Les bordages n'ont qu'une fraction de la longueur de la virure, qui se trouve ainsi composée de plusieurs bordages successifs, placés bout à bout. Les joints suivant lequels les bouts des bordages d'une même virure viennent se rencontrer, portent le nom d'*abouts*. Les abouts forment une solution de continuité de la virure, qui perd totalement à cet endroit la faculté de résister aux efforts de flexion et de traction. Il serait donc dangereux d'accumuler un trop grand nombre d'abouts dans un même voisinage. Il est bon que les abouts voisins soient séparés au moins par trois virures consécutives, et horizontalement distants l'un de l'autre d'au moins 1ᵐ,50. Les abouts sont toujours amenés sur un couple, de préférence sur un couple en deux plans, qui offre plus de largeur de clouage et par conséquent une meilleure tenue (fig. 29). Le joint est rejeté un peu en dehors du plan de jonction du couple, afin d'en fermer le fond, pour assurer l'efficacité du calfatage. Les bouts des bordages sont

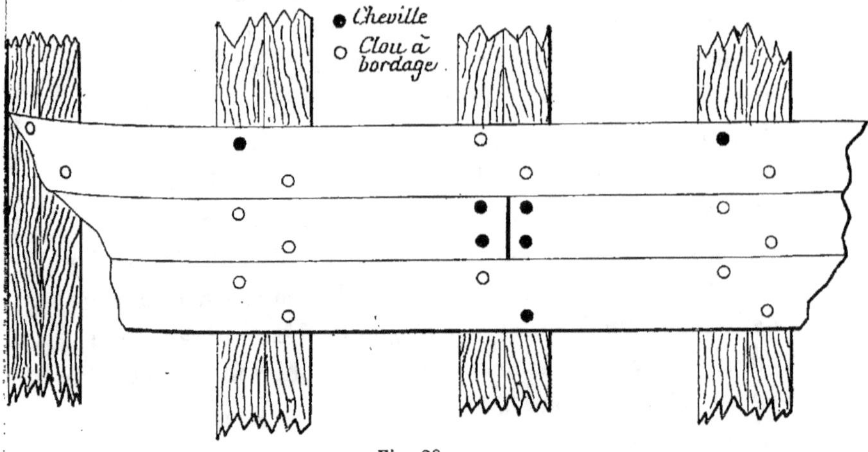

Fig. 29

solidement cloués sur le couple en passant pour chaque bordage, au moins une cheville traversant la membrure et rivée à l'intérieur, principalement pour les abouts de la moitié centrale de la coque.

Tenue du bordé. — Le bordé est fixé sur la membrure au moyen de chevilles ou de clous, habituellement à section carrée, et aussi par des *gournables* ou chevilles en bois dur (fig. 29). On n'emploie dans les yachts que les chevilles et clous en cuivre ou bronze pour le bordé de la carène, et souvent par économie, le fer zingué au-dessus de la flottaison. Les gournables ne sont guère employées que pour les yachts jaugeant plus de cent tonneaux.

Les bordages dont la largeur excède $0^m,30$, doivent recevoir, au moins deux chevilles à chaque couple. Au-dessus de $0^m,20$ ils doivent recevoir au moins deux chevilles, de deux en deux couples, et une au couple intermédiaire, Au-dessous de $0^m,20$, il faut au moins une cheville par couple. Les couples qui ne reçoivent qu'une cheville, doivent recevoir également un clou, ayant une longueur au moins égale à deux fois l'épaisseur du bordé.

Liaisons et revêtements intérieurs. — Les liaisons et revêtements intérieurs, s'exécutent en même temps que le bordé extérieur, et par les mêmes procédés. Toutefois, les différents tronçons qui composent les serres sont assemblés les uns aux autres par des écarts, afin d'altérer le moins possible la continuité de leur résistance. On suit pour leur chevillage les mêmes règles que pour le bordé, mais en prenant soin que les chevilles qui les intéressent soient enfoncées par l'extérieur le bordé étant mis en place, puis rivées intérieurement sur des bagues de même métal que la cheville. A l'avant, et si cela est possible à l'arrière, les serres, bauquières et serres d'empature, ont leurs extrémités réunies par des courbes en bois ou en fer appelées *guir-*

landes solidement chevillées avec l'étrave ou l'étambot, de façon à bien relier les extrémités de la coque avec la partie centrale.

Parage du bordé. — Lorsque le bordé a été complètement mis en place, on s'occupe de régulariser sa surface extérieure par un rabotage convenable, en vérifiant la parfaite continuité de sa surface, soit avec une latte flexible pour les parties concaves, soit avec un cordeau que l'on tend dans toutes les directions. La parfaite exécution de ce travail, joue un grand rôle dans l'aspect futur du yacht et l'on doit y apporter les plus grands soins.

Construction du pont. — Le pont achève de fermer la coque, en reliant entre eux les deux flancs du navire. Afin de lui donner une plus grande aptitude à résister aux poids qui le surchargeront, et aussi pour faciliter l'écoulement de l'eau sur sa surface, on lui donne une forme légèrement convexe d'un bord à l'autre.

Bouge. — La hauteur dont cette courbure diffère au milieu de la ligne droite qui joindrait les deux plats-bords, se nomme *bouge*. Elle est en général de 20 à 25 millimètres par mètre de largeur du yacht ; mais dans les petits yachts, cette règle conduirait à une courbure trop peu appréciable, et on arrive jusqu'à doubler cette proportion.

Tracé de la courbe des barrots. — Le moyen, le plus simple et le plus exact, de tracer la courbe des barrots est connu de tous les constructeurs, sous le nom de construction par le *quart de nonante* (fig. 30). Avec la hauteur du bouge

AB pour rayon, on décrit un quart de circonférence BB', que l'on partage au moins en quatre parties égales, ainsi, que le rayon horizontal AB', et on joint les points de division de

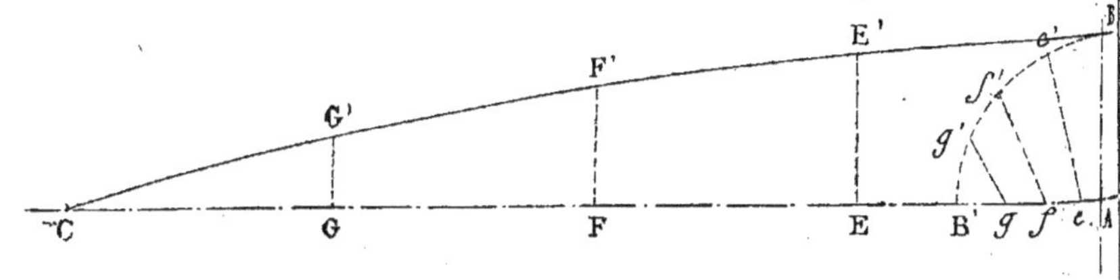

Fig. 30

l'arc et du rayon par les droites *ee'*, *ff'*, *gg'*. On divise pareillement en quatre parties égales la ligne droite AC, égale au demi-bau et on porte aux points correspondants, perpendiculairement à la ligne AC, les hauteurs EE' = *ee'*, FF' = *ff'*, GG' = *gg'*. Un trait continu fait à la latte, et passant par les points BE' F' G' C, donne la courbe cherchée pour la moitié du barrot.

Barrots. — Le pont est formé par un bordé analogue au bordé de la coque, supporté par une charpente de pièces *b* appelées *barrots*, allant d'un bord à l'autre s'appuyer et se fixer sur les deux murailles, par l'intermédiaire des *bauquières c* qui supportent leurs extrémités.

Les barrots reposent sur la bauquière, s'engageant dans des entailles de même largeur que leur épaisseur et sont assemblés avec elle par des chevilles verticales rivées sur bague contre sa face inférieure (fig. 31). Pour mieux assurer la tenue du barrot sur la bauquière, on complète l'assemblage, soit en interposant entre les faces de jonction du barrot et de la bauquière, un dé (*l*) semblable à ceux dont on s'est servi dans l'assemblage de la quille et des membrures. On peut également et plus simplement, remplacer le dé par une *clef* prismatique en bois dur, traversant le barrot à mi-bois,

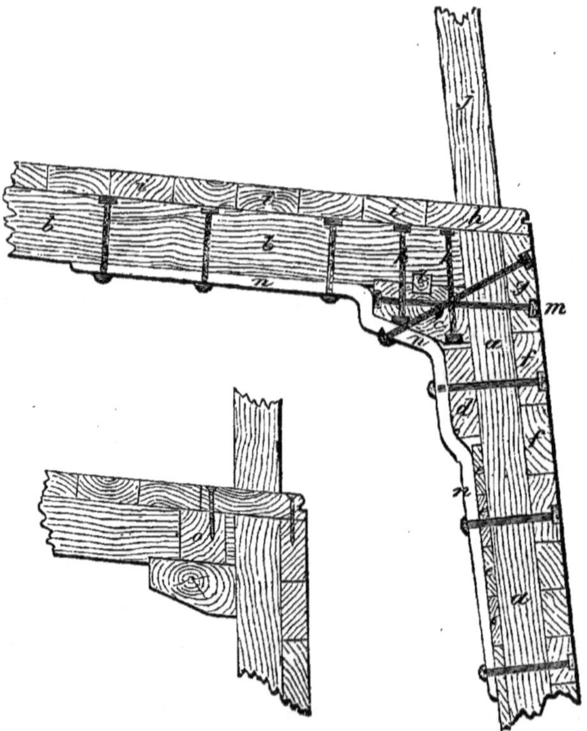

Fig. 31

et encastré de même dans la bauquière. Certains barrots situés en des endroits soumis à un supplément de fatigue, reçoivent un complément de liaison avec la muraille, au moyen d'une courbe en fer *n*, dont une branche est fixée sur la membrure, par des chevilles chassées par l'extérieur du bordé, et rivées intérieurement sur la courbe. L'autre branche, appliquée sous le barrot est également assujettie par des chevilles rivées chassées par le dessus du barrot, avant que la partie de pont qui les recouvre ait été mise en place. L'angle formé par le pont et la muraille tendant à subir des déformations, on donne à la courbe une section suffisante pour leur résister à l'angle de ses branches ; on doit se garder de faire passer aucune cheville dans cet endroit, au détriment de la section qui doit y être conservée maxima. Ces courbes se placent aux barrots situés à l'avant et à l'arrière des mâts, et à ceux qui subissent la fatigue due à la traction des bassetaques, des efforts du guindeau ou du cabestan. Suivant la taille du yacht, on en ajoute davantage, au nombre indiqué dans le tableau n° 3, page 96. La liaison du pont à la muraille, est encore renforcée par des courbes en bois ou en fer, analogues aux précédentes, placées horizontalement sous le pont par côté des barrots principaux.

Au-dessous de 20 tonneaux, on n'emploie généralement que la bauquière, qui offre au pont un appui suffisant. On peut alors lui conserver la forme indiquée sur la figure 31 ou bien la réduire, comme on le fait très fréquemment, à un simple bordage montant jusqu'au plat-bord, et chevillé à plat sur la membrure comme l'indique la figure 43. Dans ce cas, les extrémités des barrots sont complètement logées dans des entailles en queue d'hironde ; mais cette disposition leur donne beaucoup moins de résistance à l'arrachement que la première, qu'il est toujours préférable d'employer ; elle n'est à conserver, que dans les petits yachts jaugeant au plus dix tonneaux.

Travail des barrots. — Les barrots, pris autant que possible dans des bois naturels se rapprochant de leur courbure, sont travaillés au moyen du *gabarit de bouge*, dont la courbe a été tracée suivant la méthode déjà indiquée. La plupart des constructeurs se servent du même gabarit pour tracer tous les barrots, dont l'exécution ne donne lieu ensuite à aucune remarque particulière. Cette manière de procéder a l'inconvénient de donner des barrots un peu surbaissés à l'AV et à l'AR, de telle sorte qu'une lisse placée à leur sommet fournit souvent une courbe infléchie d'un mauvais aspect. Mais l'exécution des barrots courbés proportionnellement à leur ouverture, conduisant à un travail trop long et sans grand avantage pratique les constructeurs s'en tiennent à l'emploi d'un gabarit unique.

Élongis, barrotins. — Les barrots mis en place, reçoivent ensuite les *élongis* : pièces de bois rectilignes, parallèles à l'axe du yacht, qui forment les côtés des ouvertures, appelées *écoutilles*, ménagées dans le pont pour accéder à l'intérieur de la coque, ou servir à son éclairage et à son aération. Les élongis sont entaillés à mi-bois avec les barrots et chevillés avec eux. Ils servent de support aux extrémites intérieures de petits barrots appelés *barrotins*, qui supportent le pont dans la longueur des écoutilles. Les barrotins sont d'un échantillon plus faible que celui des barrots, choisi de manière à permettre leur assemblage avec les élongis.

Etambrais, Entremises.— Les barrots reçoivent également les pièces destinées à servir au passage des mâts, à travers une ouverture circulaire ou octogonale E (fig. 32) nommée *étambrai*, pratiquée dans le pont ; ces pièces assemblées à un bois sur les barrots, à la façon des élongis. On réunit également les barrots deux par deux de la même manière par des pièces de bois, appelées *entremises* allant de

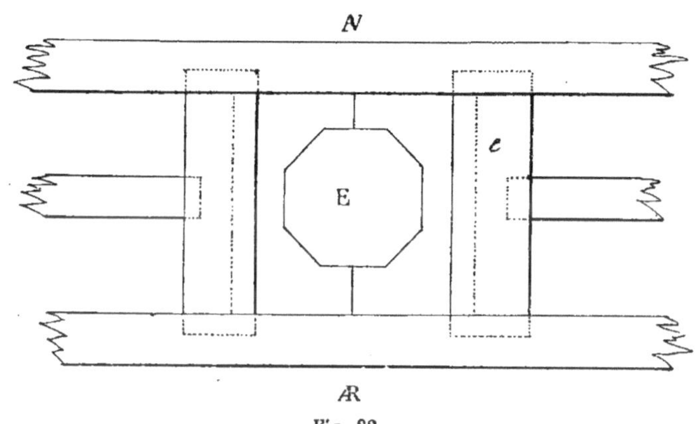

Fig. 32

l'une à l'autre, principalement à l'endroit, où deux pièces verticales appelées *bitte de beaupré*, reposant sur la quille, traversent le pont à l'avant pour servir de point d'attache au mât de beaupré, et supportent le treuil ou guindeau destiné à relever l'ancre.

Lissage des barrots. — Les barrots sont ensuite réunis par des lisses, afin de vérifier que leurs faces supérieures appartiennent bien à une surface continue, et on procède enfin à un parage analogue à celui qui a été fait pour la membrure, pour faire disparaître toutes les inégalités qui pourraient se présenter et obtenir que les deux arêtes supérieures touchent exactement les lisses, et qu'il en soit de même avec le dessous du bordé du pont.

Quelques constructeurs procèdent avant de commencer le
pont, à la mise en place de toutes les pièces de l'accastillage
qui s'attachent directement sur les barrots : panneaux des
capots de descente, des claires-voies, bittes de tournage,etc.,
dont il sera parlé au chapitre IV.

Panneaux d'écoutilles. — Les panneaux d'écoutilles
sont de simples cadres en bois de couleur, destinés à
entourer les ouvertures pratiquées dans le pont, et à les surélever pour que l'eau ne puisse pénétrer à l'intérieur, lorsqu'on navigue à la mer (fig. 33). Les côtés c de ces cadres

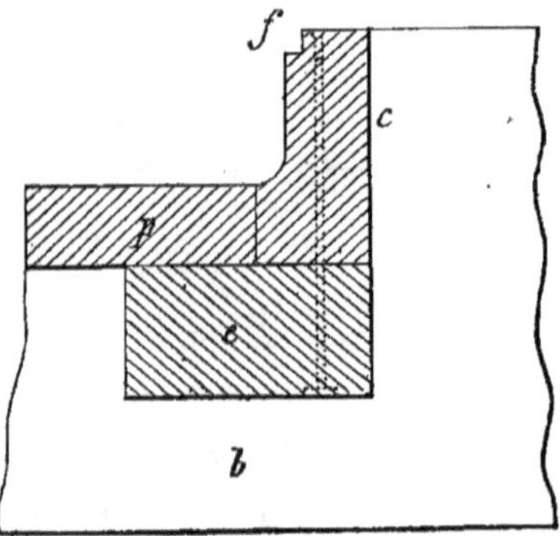

Fig. 33

sont assemblés par des tenons en queue d'hironde. Leurs
bords supérieurs, situés dans un même plan, portent une
feuillure f destinée à recevoir les capots de descente ou les
claires-voies qui les surmonteront. Les deux grands bords
inférieurs qui reposent sur les élongis, sont rectilignes, et les
bords AV et AR découpés suivant la forme des barrots. On
ajuste bien le panneau sur les élongis e et les barrots b, et
on le fixe solidement, au moyen de chevilles verticales le

traversant de toute sa hauteur. L'épaisseur des côtés du cadre étant moindre que celle des élongis et des barrots, ceux-ci forment autour un épaulement qui sera recouvert ensuite par le bordé du pont, et permettra d'exécuter le calfatage autour des écoutilles dans de bonnes conditions.

Travail et mise en place du plat-bord. — Le plat-bord est mis en place aussitôt que le parage des barrots a été exécuté. Il est formé de plusieurs tronçons découpés et réunis les uns aux autres par des écarts, tantôt disposés suivant sa largeur, tantôt disposés en sifflet suivant l'épaisseur. La position des jambettes de pavois a été reportée sur le plat-bord, et les entailles destinées à leur passage ont été exécutées avant la mise en place du plat-bord qui n'offre alors aucune difficulté. Son bord extérieur est vissé ou cloué avec le can supérieur du carreau. Il est également vissé sur les extrémités des barrots. Comme il ne serait pas supporté d'un barrot à l'autre, on place quelquefois sur la bauquière de petites *entremises*, sans liaison avec les barrots et destinées seulement à servir de soutien au bord intérieur du plat-bord sur lequel on la cloue. On profite alors de la présence de cette pièce, pour faire également reposer sur elle le can extérieur du premier bordage de pont, de manière à obtenir pour ce joint un meilleur calfatage.

Les vis qui servent à la tenue des plats-bords sont toutes introduites par l'extérieur, et afin de les dissimuler, leurs têtes sont noyées au fond d'une petite cavité cylindrique laissant au-dessus de la tête un vide de 8 à 10 millimètres que l'on rebouche par un tampon en bois enduit de colle.

Certains constructeurs, dès que le plat-bord est posé

mettent en place les jambettes de pavois, ou batayolles et montent la lisse de main-courante, ainsi que les fileux et râteliers qu'elles supportent. Outre l'avantage que cette habitude procure, au point de vue de l'avancement du travail, il en résulte un garde-corps, pour les hommes qui travaillent ensuite à la mise en place du pont.

Travail du pont. — Quelquefois, le pont est composé de bordages d'égale largeur d'un bout à l'autre. Dans ce cas, le travail se réduit simplement à raboter les bordages sur les quatre faces, et à les clouer sur les barrots, après avoir façonné sur place les extrémités qui viennent en contact avec le bord intérieur du plat-bord. Habituellement, les virures du pont vont en diminuant aux extrémités et forment en quelque sorte de longs fuseaux. Il devient alors nécessaire de tracer la division du pont, afin d'obtenir les largeurs à donner aux bordages, de barrot en barrot. Cette division peut s'opérer de deux manières : soit directement sur les barrots au moyen de longues lattes, soit à la salle. Le premier procédé présente des difficultés, pour les ouvriers qui ne peuvent se mouvoir que difficilement de barrot en barrot et travailler convenablement et rapidement. Aussi, le premier moyen lui est préférable si la salle à tracer n'est pas engagée. D'ailleurs, cette opération effectuée à la salle ne demande que peu de temps, et peut être faite dans l'intervalle qui s'écoule entre la mise en chantier et le moment où commence la construction du pont ce qui permet d'en préparer à l'avance les bordages.

Les largeurs de chaque virure à chaque barrot, sont portées sur une planchette dont le charpentier se sert pour débiter et raboter les bordages

Clouage du pont. — Le pont est fixé sur les barrots au moyen de pointes, au moins zinguées, mais de préférence en cuivre. Ces pointes sont enfoncées obliquement par la face latérale du bordage, afin de n'être pas apparentes à l'extérieur, on chasse ensuite leur tête dans le bordage pour que le fer du calfat ne puisse les rencontrer par la suite (fig. 34).

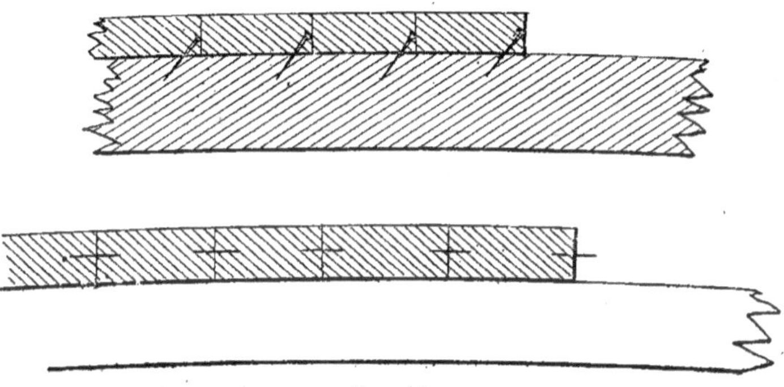

Fig. 34

Entre les barrots, on se sert de clous à double pointe, qu'on enfonce normalement à moitié dans le bordage déjà mis en place, et qu'on fait ensuite pénétrer dans le bordage suivant en frappant par côté sur celui-ci. Le abouts doivent toujours tomber sur un barrot, afin d'en assurer la solidité et le calfatage.

Souvent, pour éviter que les virures du pont, taillées en sifflet aigu à leur arrivée contre le plat-bord, ne conduisent à un travail de calfatage désagréable à l'œil, et d'une étanchéité douteuse, on fait aboutir ces virures dans des édentements préparés dans le bord du plat-bord. La profondeur de ces dents est d'environ un tiers de la largeur du bordage.

Calfatage. — L'opération du calfatage consiste à remplir tous les joints que laissent entre eux les bordages, par de l'étoupe goudronnée que l'on comprime fortement dans le joint jusqu'à le remplir entièrement. Il est donc nécessaire, pour que le calfatage s'exécute dans de bonnes conditions, que les arêtes intérieures des bordages soient parfaitement en contact, afin que l'étoupe ne puisse *cracher* à l'intérieur, sans que l'on puisse la comprimer suffisamment. Le calfatage s'exécute au moyen d'une série d'outils appelés *fers à calfater*, dont le calfat se sert : d'abord, pour ouvrir l'extérieur du joint, afin d'y pouvoir introduire l'étoupe, et ensuite pour l'y enfoncer et la comprimer.

Couture. — Le serrage de l'étoupe dans le joint a une importance très grande, et demande à être fait très également sur tous les points du joint calfaté qui prend alors le nom de *couture*. Aussi emploie-t-on un nombre aussi restreint que possible de calfats, pour réaliser, autant que faire se peut, l'égalité désirable.

Brayage. — Aussitôt que les *coutures* sont terminées on les *braye*, en faisant couler dans le joint au moyen de cuillers, du brai rendu liquide par la chaleur. Le brayage ne s'exécute que pour les coutures de la carène, c'est-à-dire pour celles qui sont au-dessous de l'eau ou du doublage ; mais comme le brai a la propriété d'altérer et de tacher la peinture qui le recouvre, on ne peut s'en servir pour les parties peintes de la coque. On ne peut donc brayer les yachts non doublés qui doivent recevoir un enduit de peinture. Les coutures et les trous de clous et de chevilles, sont alors bouchés avec du mastic à base de blanc d'Espagne afin de rendre la surface du bordé aussi unie que possible, en s'efforçant de faire disparaître la trace des coutures.

Calfatage du pont. — Le calfatage du pont se fait avec une mèche de coton au lieu d'étoupe goudronnée, afin d'avoir des joints plus étroits. Le brayage se fait avec de la glu marine, au lieu de brai. Cette substitution a pour but de donner au calfatage une plus grande élasticité, le coton exerçant un serrage moindre que l'étoupe, et la glu marine ne se solidifiant jamais complètement peut suivre sans se briser et sans cesser d'être adhérente aux deux faces du joint, toutes les alternatives de dilatation et de contraction que subissent les coutures des ponts faites dans des bois spongieux exposés à l'air, à l'eau et au soleil, sans être protégés par aucun enduit, vernis ou peinture.

Le calfatage du pont demande une habileté de main toute particulière, de la part du calfat, afin de garder à la couture une largeur uniforme et aussi faible que possible sur toute l'étendue calfatée.

Les tableaux suivants I, II, III, fournissent les échantillons principaux pour des yachts jaugeant de 3 à 250 tonneaux, calculés au moyen de la formule $\dfrac{L\,B\,C}{3,8}$ dite jauge des constructeurs, dans laquelle L est la longueur mesurée sur le pont supérieur, de la face AV de l'étrave à la face AR de l'étambot ; B, la largeur extrême hors membrure ; C, le creux mesuré du dessus de la quille à la ligne droite du bau ⌀.

Ces échantillons peuvent être remplacés au choix du constructeur, à la condition que les sections soient équivalentes à celles qui correspondent au tableau.

TABLEAU I

DIMENSIONS DES PRINCIPALES PIÈCES DE CHARPENTE DES YACHTS DE 3 A 250 TONNEAUX

$$\text{Jauge } \frac{L\,B\,C}{3,8}$$

	3	5	10	20	30	40	50	75	100	125	150	200	250
Ecartement des membrures y compris la largeur des couples	0,350	0,375	0,400	0,450	0,450	0,500	0,500	0,525	0,550	0,580	0,600	0,600	0,600
Largeur des varangues	0,055	0,060	0,075	0,090	0,100	0,110	0,125	0,130	0,145	0,155	0,160	0,170	0,180
Hauteur à l'encolure des varangues	0,070	0,075	0,090	0,105	0,125	0,145	0,155	0,175	0,190	0,200	0,210	0,220	0,230
Hauteur à la tête des varangues.	0,050	0,060	0,070	0,075	0,090	0,100	0,105	0,115	0,125	0,135	0,145	0,160	0,170
Largeur des couples au plat-bord	0,095	0,100	0,120	0,130	0,140	0,150	0,170	0,190	0,210	0,220	0,230	0,240	0,250
Hauteur » »	0,040	0,050	0,055	0,065	0,070	0,075	0,080	0,085	0,085	0,090	0,090	0,100	0,100
Epaisseur de la quille, de l'étrave, de l'étambot et des massifs .	0,090	0,100	0,110	0,120	0,135	0,150	0,175	0,185	0,200	0,215	0,225	0,230	0,235
Longueur des écarts de quille .	0,800	0,900	1,000	1,100	1,150	1,170	0,190	1,200	1,230	1,250	1,300	1,350	1,400
Hauteur et largeur de la carlingue	0,090	0,110	0,120	0,130	0,150	0,175	0,200	0,215	0,230	0,240	0,250	0,260	0,270
Longueur des écarts de carlingue	0,750	0,800	0,850	0,900	0,980	1,040	1,120	1,200	1,280	1,360	1,440	1,520	1,600
Epaisseur du bordé, de la quille à la préceinte ou au plat-bord .				0,035	0,038	0,045	0,050	0,050	0,055	0,060	0,060	0,060	0,060
S'il n'y a pas de préceinte . .	0,025	0,028	0,032										
Epaisseur du bordé de préceinte.				0,038	0,045	0,050	0,050	0,055	0,060	0,060	0,065	0,070	0,075
Epaisseur du plat-bord et du pont	0,030	0,030	0,035	0,038	0,045	0,050	0,050	0,055	0,055	0,060	0,060	0,065	0,070
Section de la serre bauquière	0,003	0,005	0,0065	0,0075	0,009	0,011	0,013	0,016	0,020	0,023	0,026	0,029	0,032
Epaisseur des ceintures intérieures, serres de bouchain, sous-bauquières, etc.	0,025	0,025	0,030	0,035	0,045	0,050	0,050	0,055	0,060	0,060	0,065	0,070	0,075
Diamètre de la mèche du gouvernail.	0,065	0,080	0,100	0,130	0,140	0,150	0,160	0,175	0,190	0,205	0,225	0,245	0,260
Vaigrage	0,010	0,010	0,012	0,015	0,018	0,022	0,025	0,028	0,030	0,035	0,042	0,050	0,055

TABLE

TABLE DES ÉCHANTILLONS DU CHEVILLAGE.

TONNAGE $\dfrac{L\,B\,C}{3,8}$	Boulons ou chevilles d'assemblage de la quille avec les courbes et massifs de l'étrave et de l'étambot. — Diam. en millimètres	Chevilles de carlingue (cône traversant la quille à chaque varangue), d'encolure de l'arcane des guirlandes et des courbes du faux-pont. — Diam. en millimètres	Écarts de la quille, bras des guirlandes et des courbes de ponts, aiguillettes de guirlande; des chandeliers des porques; chevilles d'encolure des courbes de barrot, des serres bauquières, et des bras des courbes de barrot du faux-pont. — Diam. en millimètres	Chevilles de varangues blés par côté quille ou des chevilles des bauquières supérieur, des courbes et de pont pour les ... — Diam. en millimètres	Chevilles d'about des bouchains — Diamètre en millimètres	Autres chevilles d'about et clouage du bordé — Diamètre en millimètres	Gournables — Diamètre en millimètres	Aiguillots du gouvernail — Diamètre en millimètres	Femelots du gouvernail — Épaisseur en millimètres	Boulains de la quille en plomb, en bronze ordinaire — Centraux — Diamètre	Centraux — Écartement	Latéraux — Diamètre	Latéraux — Écartement
3	10 à 12	10	10	8	10	8	—	16	8	20	0,750	—	—
5	11 à 13	12	11	9	10	8	—	18	9	20	0,800	—	—
10	12 à 14	14	12	10	10	8	—	20	10	22	0,800	16	0,800
20	13 à 16	16	13	11	10	8	—	22	11	30	0,450	20	0,450
30	14 à 17	17	13	13	11	9	—	22	12	30	0,480	22	0,480
40	15 à 19	17	14	14	12	9	—	24	13	32	0,500	24	0,500
50	16 à 20	19	14	15	12	9	—	24	13	34	0,520	26	0,520
75	17 à 21	19	15	15	12	10	—	26	14	38	0,540	28	0,540
100	18 à 22	19	17	16	13	11	22	26	14	42	0,560	30	0,560
125	19 à 24	19	17	16	13	12	22	28	15	46	0,580	32	0,580
150	20 à 25	20	18	16	14	13	24	28	15	50	0,600	34	0,600
200	22 à 25	22	18	16	14	13	24	30	16	55	0,620	36	0,620
250	23 à 25	22	18	16	14	14	25	30	16	60	0,650	36	0,650

TABLE III

DIMENSION ET ÉCARTEMENT DES BARROTS DE PONT

LARGEUR au maître couple	Écartement	Barrots du pont dans la partie centrale comptée pour les trois quarts de la longueur de l'étrave à l'étambot mesurée sur le pont.		Barrots du pont aux extrémités — Hauteur et épaisseur	Barrots du faux-pont
		Hauteur et épaisseur	Hauteur en abord		
1.500	0,550	0,060	0,055	0,055	—
1,800	0,550	0,070	0,060	0,060	—
2,100	0,575	0,080	0,070	0,070	—
2,400	0,600	0,090	0,075	0,075	—
2,700	0,630	0,095	0,080	0,080	—
3,000	0,650	0,100	0,090	0,090	—
3,300	0,700	0,105	0,095	0,095	—
3,600	0,750	0,110	0,100	0,100	—
3,900	0,800	0,120	0,105	0,105	0,110
4,200	0,850	0,130	0,115	0,115	0,125
4,500	0,900	0,140	0,125	0,125	0,135
4,800	0,950	0,150	0,135	0,135	0,140
5,100	0,950	0,160	0,140	0,140	0,145
5,400	1,000	0,170	0,145	0,145	0,150
5,700	1,000	0,180	0,150	0,150	0,155
6,000	1,050	0,185	0,155	0,155	0,160
6,300	1,110	0,190	0,160	0,160	0,170
6,600	1,110	0,195	0,165	0,165	0,175
6,900	1,115	0,200	0,170	0,170	0,180
7,200	1,115	0,205	0,175	0,175	0,190
7,500	1,200	0,210	0,180	0,180	0,195
7,800	1,200	0,215	0,185	0,185	0,205
8,100	1,200	0,220	0,190	0,190	0,220
8,400	1,200	0,225	0,195	0,195	0,225
8,700	1,200	0,230	0,200	0,200	0,230
9,000	1,200	0,235	0,205	0,205	0,235

NOMBRE DE COURBES DE BARROTS DE CHAQUE BORD

Tonnage	Pont	Faux-pont	Tonnage	Pont	Faux-pont
3	3	—	100	7	—
20	4	—	150	8	—
40	5	—	200	10	—
75	6	—	250	12	2

CHAPITRE III

—

GÉNÉRALITÉS SUR LA CONSTRUCTION DES YACHTS EN FER OU EN ACIER

—

Construction composite.

Malgré tous les soins que l'on puisse apporter à sa construction, le navire en bois ne présente jamais qu'un ensemble d'une solidité médiocre. Le bordé, composé d'un nombre considérable de virures coupées par les abouts, et susceptibles de glisser les unes sur les autres, n'offre qu'une disposition très imparfaite pour résister aux efforts de flexion de la coque, qui se traduisent, pour elles, par des efforts alternativement de traction et de compression. Les virures sont bien reliées les unes aux autres par la membrure, mais celle-ci, composée elle-même de pièces, multiples et discontinues, imparfaitement assemblées, quoiqu'on fasse, par le chevillage, n'est guère plus apte à bien supporter les efforts de flexion transversale qu'elle est appelée à subir. Ce défaut de continuité dans la constitution des éléments de la construction, ne s'atténue qu'au prix d'un chevillage multiplié qui, tout en assurant la liaison des pièces, diminue notablement leur section et par conséquent leur résistance. On se trouve ainsi conduit à leur donner des échantillons beaucoup plus forts que si les pièces étaient continues, et il en résulte que le navire en bois est forcément lourd. D'autre part, les bois, si bien choisis qu'ils aient été, sont exposés à se détériorer rapidement par la pourriture, et la durée des navires en bois peut en être encore diminuée, bien que la déliaison soit la cause la plus fréquente de sa déchéance.

Ces considérations principales ont conduit les constructeurs à recourir au métal, qui peut offrir toute la continuité désirable pour les éléments constitutifs de la coque d'un navire.

Le bordé, alors formé d'une série de feuilles de tôle assemblées les unes aux autres, tant de l'avant à l'arrière que de la quille au carreau, forme une sorte de demi-tube parfaitement capable de résister à tous les genres d'efforts qui affectent le navire. La membrure ne joue plus ensuite qu'un rôle moindre dans la solidité générale, et n'a surtout pour but que d'assurer la forme de la coque.

De cette plus grande facilité à établir l'harmonie entre les efforts et les dimensions des pièces, jointe à la résistance incomparablement plus grande du fer ou de l'acier par rapport au bois, résulte : que les coques en fer peuvent être plus légères que les coques en bois, tout en étant plus solides. D'autre part, les divers éléments de la construction n'étant plus affectés de causes de destruction en soi, aussi intenses que la pourriture pour les bois, ne sont plus exposés qu'à l'affaiblissement qui pourrait résulter de leur oxydation. Encore, cette altération ne pouvant exister qu'à la surface, il est toujours facile de la constater et d'y remédier par une simple couche de peinture.

Par contre : spécialement au point de vue du yacht de plaisance, la construction en fer présente certains désavantages sur la construction en bois. Par suite de la conductibilité du métal pour la chaleur, l'équilibre s'établit rapidement entre la température extérieure et la température de l'intérieur du bâtiment ; en sorte que l'intérieur d'un yacht en fer est chaud en été, froid en hiver, et subit dans une même journée, des variations de température capables d'amener des condensations de la vapeur d'eau atmosphérique sur les parois intérieures de la coque, et donner de l'humidité dans les aménagements. Au contraire, la construction en bois, par la mauvaise conductibilité des matériaux se prête mal à la transmission de la chaleur à l'intérieur, par l'intermédiaire des œuvres mortes de la coque ; la température y est beaucoup plus stable, moins élevée en été et plus haute en hiver.

Un autre désavantage réside dans la nécessité d'entretenir la carène par de fréquentes peintures effectuées en cale sèche, sous peine de subir un déchet de vitesse plus qu'appréciable.

La construction en fer n'a guère été appliquée qu'aux yachts à vapeur, dont les dimensions et les proportions réclament des liaisons parfaites ; et surtout, par suite de l'utilité qu'il y a de réaliser des coques légères (afin de pouvoir n'employer que la moindre force motrice, et partant, de réduire le coût d'achat et surtout d'exploitation) ainsi que très aptes à résister aux trépidations engendrées par la machine, trépidations qui, dans les navires en bois, sont une cause très active de déliaison. Cependant, la nécessité de réaliser des coques de yachts de course à voiles de moins en moins lourdes, a conduit, dès 1848, à adopter la construction en fer pour le cutter *Mosquito* de 60 tonneaux. Depuis, l'exemple n'a été que peu suivi, et parmi les rares yachts à voiles construits en fer ou en acier, nous n'avons guère à citer que les yachts de course : *Mischief*, construit en Amérique en 1878 ; le cutter écossais *Vanduara*, en 1880 ; le cutter anglais *Galatea*, de 90 tonneaux, en 1886 ; le yawl *Wendur* actuellement *Viking* en 1883 ; le cutter écossais *Vreda*, de 20 tonneaux, en 1888 ; le grand sloop américain *Volunteer*, en 1889, et enfin, les sloops américains *Navahoc, Colonia* et *Vigilant*, construits en 1894, le yacht français *Arlequin*, de 10 tonneaux construit par Oriolle en 1889 (¹).

Nous ne décrirons donc que très sommairement, ici, la construction des yachts à voiles en fer.

Quille, Etrave, Etambot. — La quille étant appelée à recevoir le lest, forme habituellement une sorte de caisse en tôle à dessous arrondi. Vers les extrémités, les parois se rapprochent suivant la forme de la coque, et viennent enfin se river sur l'étrave et l'étambot formés de barres de fer à section rectangulaire, forgées suivant les formes assignées par le plan.

Membrure, Cornières. — Sur le fond et les côtés de la caisse formant quille, s'attache la membrure, formée de barres de fer ou d'acier, laminées suivant la forme d'une équerre à branches égales ou inégales et appelées *cornières*. Les cornières sont forgées suivant le contour des couples, et leurs côtés appelés *ailes* mis à l'angle voulu pour l'équerrage ; l'un d'eux restant toujours dans un plan perpendiculaire au plan longitudinal. Si une seule cornière ne suffit pas au développement de la membrure, on lui soude, sans l'affaiblir, le supplément nécessaire.

(1) Puis dernièrement en France le côtre en aluminium *Vendenesse*, le premier yacht à voile construit de ce métal.

Varangues (fig. 35). — Le pied du couple est consolidé par une tôle qui réunit les deux bords de la membrure,

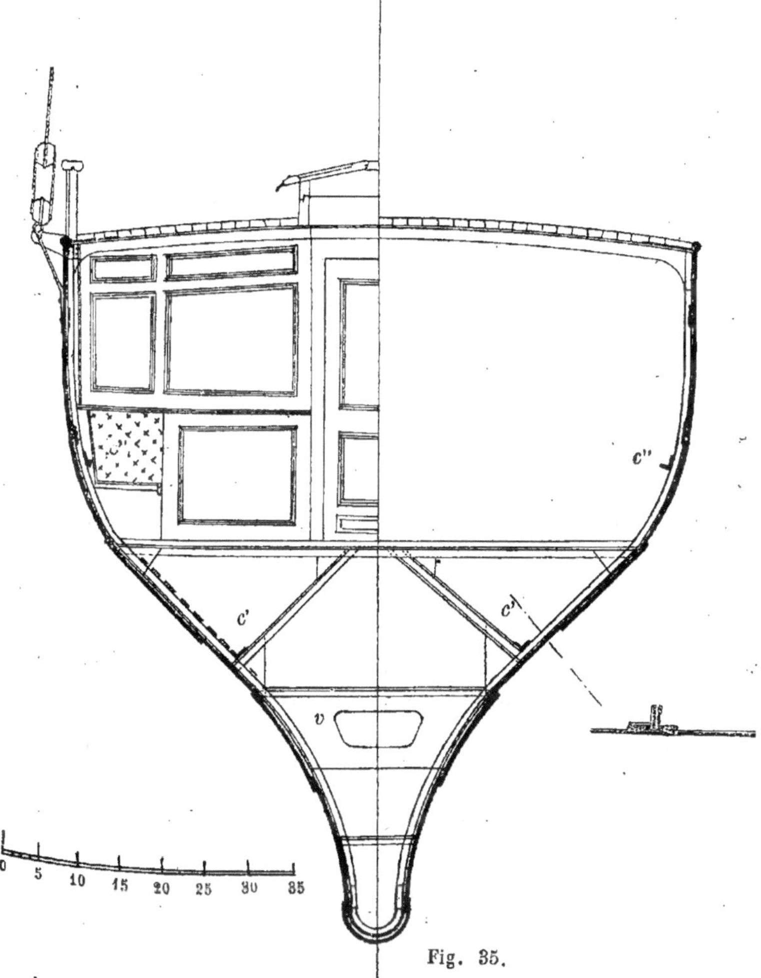

Fig. 35.

étant rivée sur son pourtour avec l'aile transversale de la membrure. Afin de réduire le poids de cette tôle, en ne lui

donnant que la section suffisant à sa solidité, on l'évide généralement d'une ouverture *a* appelée *alégie*. Son bord supérieur est habituellement bordé d'une cornière appelée
cornière-varangue, rivée par son aile verticale, du côté de
la tôle opposé à celui de l'aile de la cornière membrure qui
plaque sur le bordé. De cette façon, la cornière-varangue
peut remonter le long de la cornière-membrure jusque sous
la serre d'empature. La section complète des deux cornières
ainsi rivées ensemble, forme ainsi une sorte de Z (fig. 35).

Barrots. — Les barrots sont également formés de cornières cintrées suivant le bouge, et rivées sur les têtes des
couples. Pour donner plus de solidité à cette attache, la
hauteur de l'aile verticale du barrot est triplée ou qua-
druplée par une pièce (fig. 35) appelée *gousset*, soudée à la
forge, qui permet de placer les rivets en nombre suffisant
pour assurer une bonne attache. Généralement, les barrots
sont placés de deux en deux couples.

Couples. — Les couples sont levés sur cale tout assemblés, comme il vient d'être dit, y compris le barrot qui remplace la planche d'ouverture dans les opérations de montage. Souvent, les barres qui soutiennent la plateforme des
aménagements, sont également assemblées avec le couple
au moment du levage. Le montage sur cale se fait par les
mêmes procédés généraux que pour les navires en bois.

Liaisons intérieures. — Les liaisons intérieures se
réduisent à des serres d'empature quelquefois appelées *carlingues latérales* qui courent d'un bout à l'autre de la coque,
en s'appuyant sur la tête des cornières-varangues, avec les-

quelles elles sont rivées. Les carlingues latérales sont formées, tantôt d'une seule cornière, tantôt de deux cornières rivées dos à dos, en forme de T renversé. Si les dimensions du yacht, l'exigent, on place deux autres carlingues latérales à mi-chemin entre l'axe de la coque et celle dont il vient d'être question. Enfin, on rencontre, rarement dans les yachts à voiles, mais toujours dans les yachts à vapeur, une *carlingue centrale,* formée d'un assemblage de deux cornières rivées dos à dos, ou d'une tôle et de quatre cornières assemblées en forme de double T.

Il n'existe pas dans les constructions en fer, de serres analogues à la bauquière des constructions en bois : la solidité de l'attache directe des barrots sur les couples étant toujours assurée ; et la section de la bauquière qui contribuait à la résistance longitudinale de la coque en bois, se retrouvant compensée par la résistance supérieure de la virure de carreau du bateau en fer.

Bordé. — Le bordé des navires en fer s'exécute de deux manières : à *clins* ou à *franc-bord* (fig. 36).

Dans le bordé à clin, les virures se superposent de deux en deux, et s'assemblent à recouvrement par leurs bords

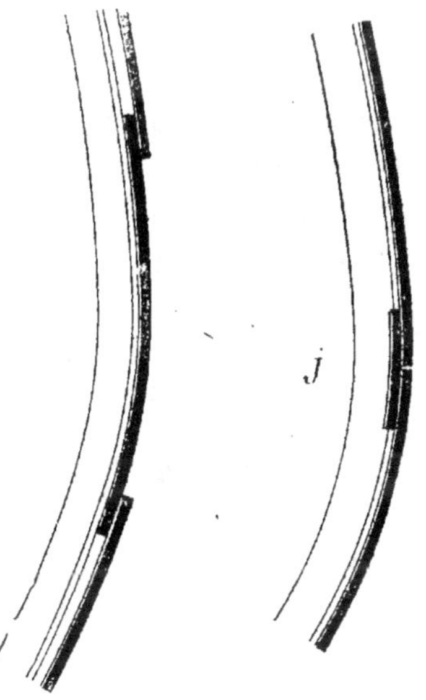

Fig. 36

supérieurs et inférieurs. Dans ce système, presque exclusivement employé d'ailleurs, les virures sont apparentes et leur division doit être faite avec la préoccupation de l'aspect futur de la coque. Dans le système à franc-bord, les virures se touchent exactement par leurs bords, et l'assemblage se fait par l'intermédiaire d'une bande longitudinale intérieure *j* appelée *couvre-joint*. On conçoit que ce travail soit plus délicat et plus dispendieux que le premier; aussi, n'y recourt-on que très rarement, et pour les œuvres mortes seulement (sloop *Vigilant*).

Travail du bordé. — Les tôles du bordé sont découpées et brochetées d'après des gabarits relevés par le même procédé de brochetage que celui déjà employé pour la construction en bois. Les trous des rivets sont marqués sur le gabarit, et la tôle est travaillée et mise à la forme, convexe ou concave, qu'elle doit avoir, par un travail d'emboutissage exécuté à froid ou à chaud à l'atelier de chaudronnerie. Les tôles sont ensuite mises en place et rivées aux cornières et aux tôles adjacentes déjà placées. Longitudinalement, les tôles successives d'une même virure sont assemblées à franc-bord, au milieu des mailles, afin qu'on puisse placer et river à l'intérieur le couvre-joint vertical qui les assemble.

Tôle-gouttière, cornière-gouttière (fig. 37). — La liaison longitudinale est complétée extérieurement par plusieurs virures placées sur les barrots : la première G, analogue au plat-bord des yachts en bois, est nommée virure de *gouttière;* elle est rivée sur chaque cornière-barrot et réunie, par des rivets étanches, à la virure de carreau, par l'intermédiaire d'une cornière *g*, appelée *cornière-gouttière*.

On doit prendre soin de reporter à l'avance la position des
jambettes de pavois sur la
tôle-gouttière, afin de dé-
foncer à l'atelier, avant la
mise en place des tôles,
les passages qu'elles né-
cessitent. La cornière-
gouttière est placée : l'ouverture de l'angle tournée
vers le haut (fig. 35), ou
tournée vers le bas (fig. 37).

Virures d'hiloire. —
Entre les deux tôles-gouttières, qui suivent le contour extérieur du pont, se
trouvent au moins deux
bandes de tôles étroites
appelées *virures d'hiloire*,
qui courent d'un bout à
l'autre du pont sur les
barrots, et viennent se

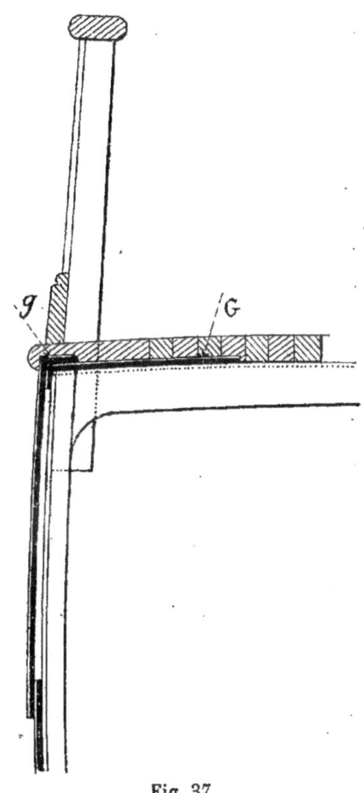

Fig. 37

réunir aux tôles-gouttières qu'elles rencontrent à l'avant et
à l'arrière.

Plat-bord. — La tôle-gouttière est recouverte par un
plat-bord en bois boulonné sur elle ; l'étanchéité de la jonction de la muraille avec le pont étant déjà réalisée par la
cornière-gouttière et ses rivures étanches. Avant la mise en
place définitive des divers tronçons du plat-bord, on a relevé

sur place les entailles faites dans la tôle-gouttière pour le passage des jambettes de pavois, et on les exécute à l'atelier comme dans la construction en bois.

Pont. — Les bordages du pont sont tenus sur les barrots par des vis à bois courtes, à tête carrée, appelées *tire-fond*, qu'on visse par l'intérieur. La division du pont a dû être faite à la salle, et les barrots ont été percés d'avance à l'atelier d'après les planchettes qui serviront ensuite à réaliser la diminution des bordages (voir chapitre II).

Echantillons des yachts en fer. — Les échantillons des yachts en fer peuvent être déterminés au moyen des tableaux suivants, d'après la valeur des deux modules qui déterminent : le premier les échantillons des pièces transversales, le second les pièces longitudinales.

Le premier module (Table IV) est obtenu en faisant la somme du demi-bau extrême hors membrure du creux, de la loque droite des baux au-dessus de la quille de la longueur développée du demi-maître-couple, mesurée depuis la quille jusqu'au livet du pont supérieur.

Le second module (Table V) est obtenu en multipliant le premier par la longueur mesurée sur le pont supérieur entre l'avant de l'étrave et la face arrière de l'étambot.

Les tableaux qui suivent ne sont applicables qu'aux yachts dont la longueur n'excède pas sept fois la largeur et onze fois le creux. Les nombres qu'ils renferment peuvent ne pas correspondre exactement aux profils ou aux épaisseurs des matériaux dont dispose le constructeur, il est alors nécessaire que les échantillons choisis équivalent aux moins à ceux qui sont indiqués.

Virure de cuveau
Virure de bouchain
Virure gouttière du faux-pont
Tôle carlingue intercostale
Cornières verticales
Tôle varangue
Cornières carlingue inférieures
Tôle quille
Fausse quille en plomb
Épontille
Varangue
Tôle Carlingue
Cornière
Cornière renversée
Barrots du faux-pont
Cornière membrure
Vaigrage
Goussets
Cornière gouttière
Virure de gouttière
Virures d'hiloue

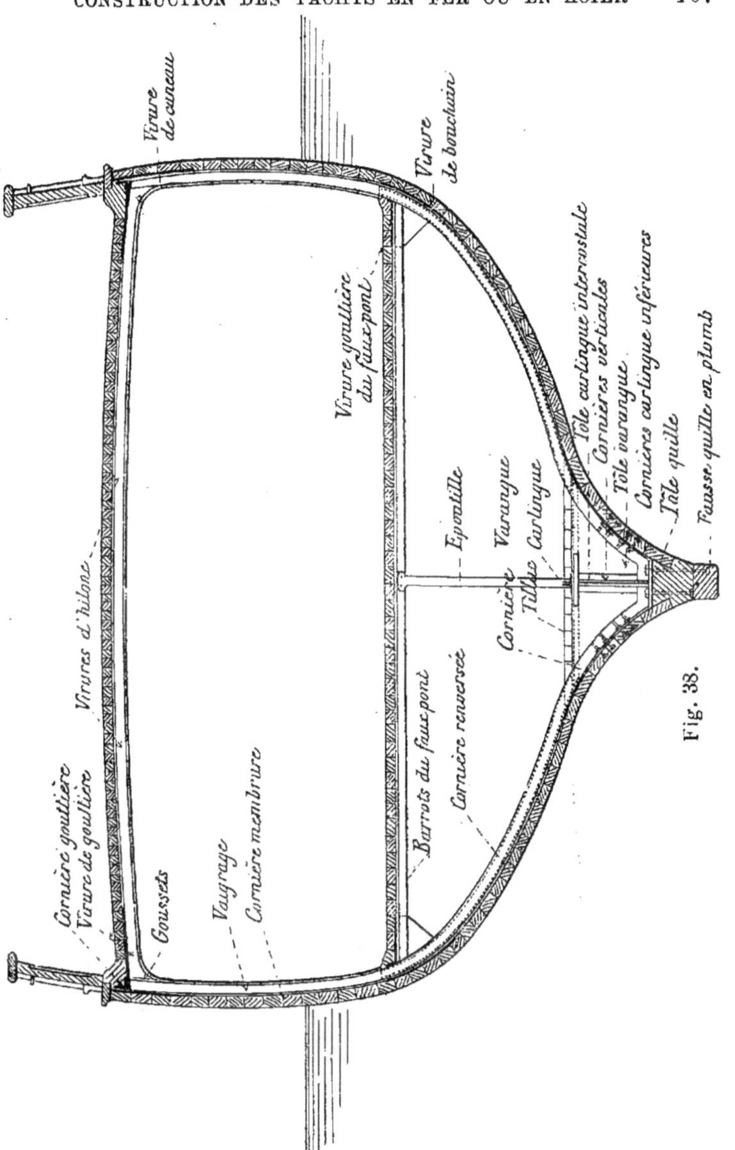

Fig. 38.

TABLE IV

ÉCHANTILLONS MINIMA DES CORNIÈRES DE MEMBRURE, VARANGUES, TOLES VARANGUES
ET CLOISONS ÉTANCHES POUR YACHTS CONSTRUITS EN FER.

SOMME $\frac{1}{2}l + c + \frac{1}{2}d$ en mètres	GABARIAGE	ÉCHANTILLON DES CORNIÈRES DE MEMBRURE EN MILLIMÈTRES			VARANGUES			CLOISONS étanches
		Partie centrale 0,6 L	Extrémités AV et AR	Cornières renversées	Partie centrale	Extrémités AV et AR	Hauteur	
6,5	0,450	40 × 40 × 6	40 × 40 × 6	40 × 40 × 4	6	5	0,180	
7	0,450	45 × 45 × 6	45 × 45 × 6	40 × 40 × 4	6	5	0,200	
7,5	0,475	50 × 50 × 7	50 × 50 × 7	40 × 40 × 4	6	5	0,225	
8	0,475	50 × 50 × 8	50 × 50 × 7	45 × 45 × 5	7	6	0,250	
9	0,500	55 × 55 × 8	55 × 55 × 7	50 × 45 × 5	7	6	0,275	3
10	0,500	60 × 60 × 8	60 × 60 × 7	50 × 50 × 50	8	7	0,300	3,5
11	0,520	60 × 60 × 8	60 × 60 × 7	50 × 50 × 6	8	7	0,310	4
12	0,530	70 × 60 × 8	70 × 60 × 7	55 × 50 × 6	8,5	8	0,325	4,5
13	0,540	75 × 60 × 8	75 × 60 × 7	55 × 55 × 6	8,5	8	0,350	5
14	0,550	75 × 65 × 9	75 × 65 × 8	60 × 55 × 6	8,5	8	0,375	5,5
15	0,560	75 × 65 × 9	75 × 65 × 8	60 × 60 × 6	9	8,5	0,400	5,5
16	0,560	75 × 70 × 10	75 × 70 × 9	65 × 60 × 6	9	8,5	0,410	5,5
17	0,570	75 × 70 × 10	75 × 70 × 9	65 × 65 × 6	10	9	0,425	6
18	0,570	80 × 75 × 10	80 × 75 × 9	70 × 65 × 7	10,5	9	0,450	6
19	0,580	80 × 75 × 10	80 × 75 × 9	70 × 70 × 8	11	9,5	0,475	6
20	0,580	90 × 75 × 10	90 × 75 × 9	75 × 70 × 9	11,5	10	0,500	6,5
21	0,580	100 × 75 × 11	100 × 75 × 10	75 × 75 × 10	12	10,5	0,525	6,5
22	0,580	110 × 75 × 11	110 × 75 × 10	75 × 75 × 11	12,5	11	0,550	6,5

Les échantillons inscrits dans ce tableau sont les échantillons théoriques auxquels devront équivaloir les échantillons dont le constructeur peut disposer.

TABLE V

ÉCHANTILLONS MINIMA DES PIÈCES DE FORGE: QUILLE, ÉTRAVE, ÉTAMBOTS, CARLINGUES, SERRES CORNIÈRES, GOUTTIÈRES, DES YACHTS CONSTRUITS EN FER

PRODUIT $\left(\frac{1}{2}l + c + \frac{1}{2}d\right)$ L en mètres	QUILLE ÉTRAVE ÉTAMBOT	CADRE des yachts à hélice	CARLINGUE centrale courant au-dessus des varangues	CORNIÈRES des carlingues et serres	DIAMÈTRE de la mèche du gouvernail
80	110 × 15	110 × 30		50 × 50 × 6	38
100	120 × 18	120 × 40		60 × 55 × 6	50
125	125 × 20	125 × 45		60 × 60 × 6,5	55
170	130 × 25	130 × 50	fer à boudin 160 × 8	65 × 60 × 6,5	67,5
225	135 × 30	135 × 55	tôle 190 × 8	65 × 65 × 6,5	70
280	140 × 32	140 × 60	210 × 9	70 × 65 × 7	75
375	150 × 34	150 × 65	225 × 9	70 × 70 × 7	80
500	155 × 35	155 × 70	240 × 10	75 × 70 × 7,5	85
650	160 × 40	160 × 80	250 × 11	75 × 75 × 7,5	90
800	170 × 45	170 × 90	300 × 12	80 × 75 × 8	100
950	175 × 50	175 × 100	325 × 13	80 × 80 × 8	110
1100	200 × 55	180 × 110	350 × 14	100 × 85 × 10	120
1200	200 × 55	190 × 115	375 × 15	110 × 90 × 11	125
1400	220 × 60	200 × 120	460 × 16	115 × 95 × 12	130
1600	210 × 60	210 × 120	425 × 17	120 × 100 × 13	140

TABLE VI

ÉCHANTILLONS DES TOLES DES YACHTS EN FER

PRODUIT $\left(\frac{1}{2}l + c + \frac{1}{2}d\right)$ L	VIRURE de galbord	VIRURE de carreau	AUTRES virures du bordé	VIRURES de gouttières du pont supérieur	VIRURES de gouttière aux extrémités et à la partie centrale du faux-pont	VIRURES d'hiloires
80	4 mill.	4	4	200 × 4	150 × 4	
100	5 mill.	5	5	250 × 6	200 × 6	100 × 6
125	500 × 6	500 × 6	6	300 × 7	225 × 7	125 × 7
170	500 × 7	500 × 8	6 et 7	350 × 7,5	250 × 7,5	150 × 8
225	550 × 8	550 × 9	8 et 6	400 × 8	300 × 8	160 × 9
280	600 × 9	600 × 10	8,5 et 6,5	500 × 8,5	350 × 8,5	170 × 10
375	650 × 9,5	650 × 11	9,5 et 8	550 × 9,5	400 × 9	180 × 11
500	700 × 11/9,5	700 × 12,5/9,5	10 et 8,5	625 × 10	450 × 9,5	190 × 11,5
650	750 × 12,5/11	750 × 14/12,5	11 et 9,5	700 × 11	500 × 10	200 × 12
800	775 × 13/11	775 × 14/12,5	11 et 10	775 × 11,5	600 × 10,5	210 × 12,5
950	800 × 14/12,5	800 × 15/13	12 et 10,5	850 × 12	650 × 11	220 × 13
1100	825 × 14/12,5	825 × 16/13	12,5 et 11	925 × 12,5	700 × 11,5	230 × 13,5
1200	850 × 16/14	850 × 17/14	13 et 11,5	1,000 × 13	750 × 12	240 × 14
1400	875 × 16/14	875 × 18/16	14 et 12,5	1.100 × 13,5	800 × 12,5	250 × 14,5
1600	900 × 17/15	700 × 19/17	15 et 13	1,200 × 14	850 × 13	275 × 15

Les échantillons doubles indiquent l'épaisseur dans la partie centrale et aux extrémités.

Les premiers chiffres de la première colonne indiquent l'épaisseur dans la vergue centrale, les seconds indiquent l'épaisseur aux extrémités. Les premiers nombres indiquent également l'épaisseur des virures de recouvrement, les seconds l'épaisseur des virures de placage de la partie centrale.

TABLE VII

DIMENSIONS DU BARROTAGE DES
YACHTS EN FER

LARGEUR maxima hors-membrure		
2.50	*Cornière* 60 × 50 × 6	
2.75	70 × 50 × 6	
3.00	75 × 50 × 7,5	
3.25	80 × 55 × 8	
3.50	85 × 60 × 8,5	
3.75	90 × 65 × 8,5	
4.00	95 × 70 × 9	
4.25	100 × 75 × 9,5	
4.50	105 × 75 × 9,5	
4.75	110 × 75 × 10	
5.00	115 × 75 × 10,5	
5.25	120 × 80 × 11	
5.50	125 × 80 × 11	*Cornière double*
5.75	*Fer à boudin* 125 × 8	50 × 50 × 8
6.00	125 × 8,5	55 × 55 × 8
6.25	130 × 9	60 × 60 × 8
6.50	130 × 9,5	60 × 60 × 8,5
6.75	130 × 10	60 × 60 × 8,5
7.00	140 × 10	60 × 60 × 9
7.25	145 × 10	60 × 60 × 9,5
7.50	150 × 10	60 × 60 × 10
7.75	155 × 10,5	65 × 65 × 10
8.00	160 × 10,5	70 × 70 × 10
8.50	165 × 11	75 × 75 × 10
9.00	170 × 12	75 × 75 × 10

Construction composite. — Afin de tirer parti des avantages respectifs des deux genres de construction, on construit également des navires et des yachts, partie en bois, partie en fer, dites : *composites*. Le bordé en bois est conservé en raison de ses avantages au point de vue de l'habitabilité du yacht ; mais l'ossature transversale et les liaisons longitudinales sont exécutées en métal, en raison de la plus grande continuité, jointe à l'augmentation de place disponible qui en résulte à l'intérieur.

En effet, la membrure d'un yacht d'environ 60 tonneaux, qui en bois aurait une épaisseur de 12 centimètres, se réduit à une hauteur de cornière de 5 centimètres, procurant un gain de largeur de 14 centimètres pour les deux bords ; pour un yacht de 300 tonneaux, le gain est d'environ 20 cent. (fig. 38). Là réside, d'ailleurs, un des plus grands avantages de la construction composite au point de vue du yacht de plaisance. Toutefois elle n'a guère été appliquée qu'à la construction des yachts de course, en raison de sa plus grande solidité, qui a permis d'obtenir des coques plus légères qu'avec le bois ; ou pour la construction des grands yachts à vapeur destinés à des voyages dans les pays chauds, pour la raison déjà expliqué.

La quille, l'étrave et l'étambot s'exécutent comme dans la construction en bois. De même, la membrure se fait comme celle d'un bateau en fer, ainsi que les liaisons longitudinales de l'intérieur et du pont. Toutefois les liaisons longitudinales extérieures sont complétées : par une tôle à bords relevés placée sur la quille en bois (fig. 39). Le bord relevé est obtenu par une cornière (fig. 40), quelquefois prolongée par une virure en tôle (fig. 41). Cette disposition a pour objet,

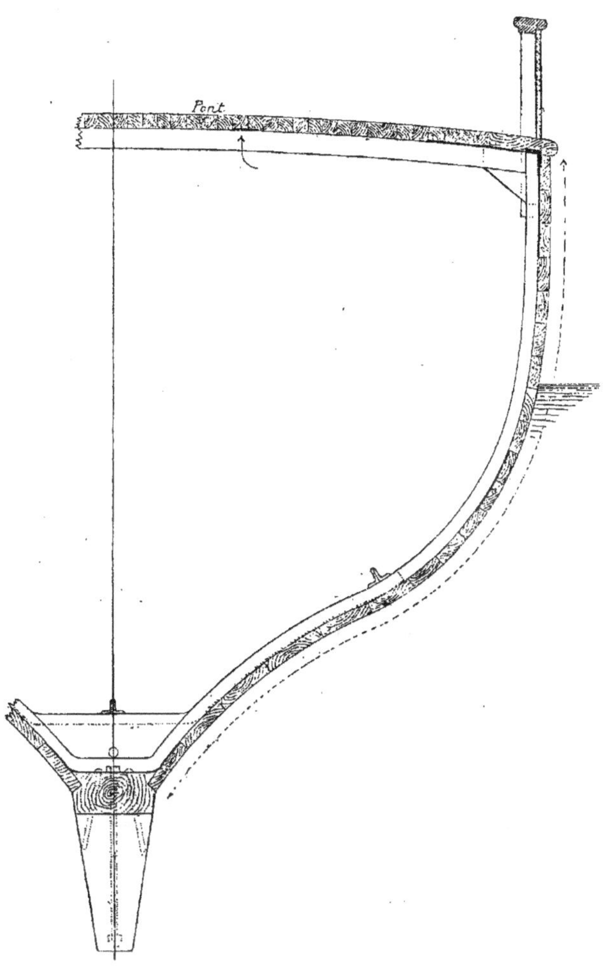

Fig. 39

Liaison longitud.le
Pont
Liaison longitud.le principale
Liaison de la préceinte
Bois
" MILLY "
Bois
Liaison des bouchains
Bois
Orme Américain
Carlingue
Varangue
renfort de quille
Orme américain
Quille en plomb

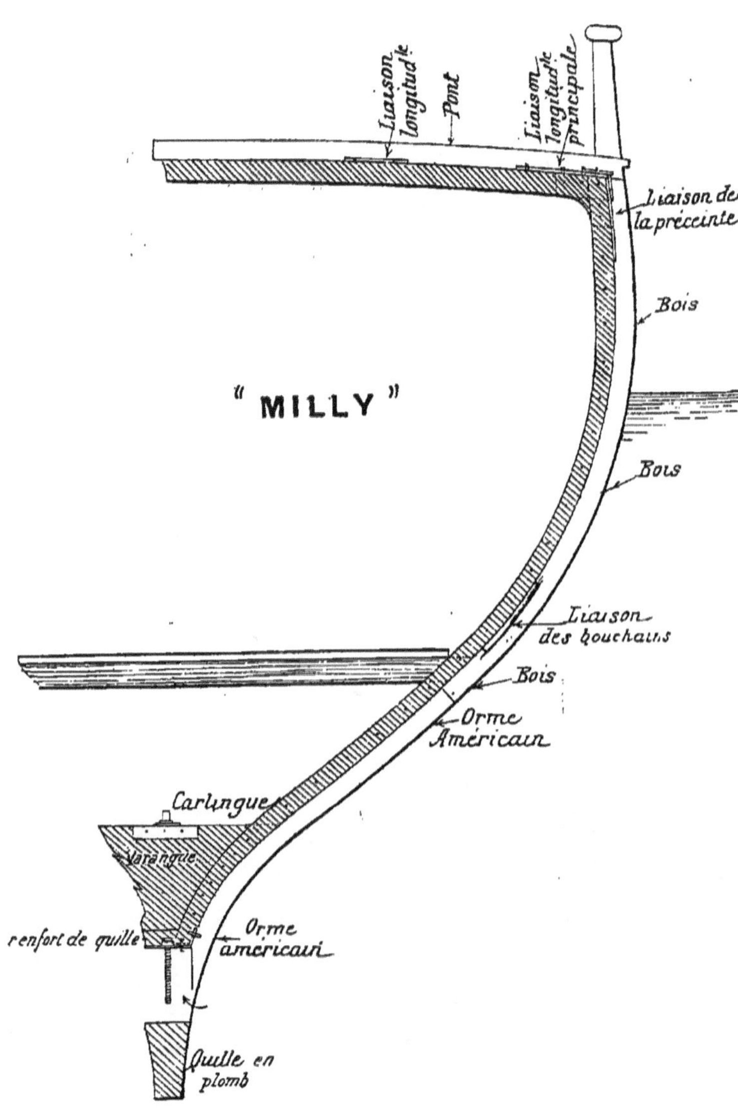

Fig. 40

d'assurer la liaison des pieds de couple, indépendamment de la quille en bois. Ensuite par une virure de carreau, en tôle, dissimulée sous le bordé en bois ; et enfin par les liaisons longitudinales du pont des coques en fer. Souvent aussi,

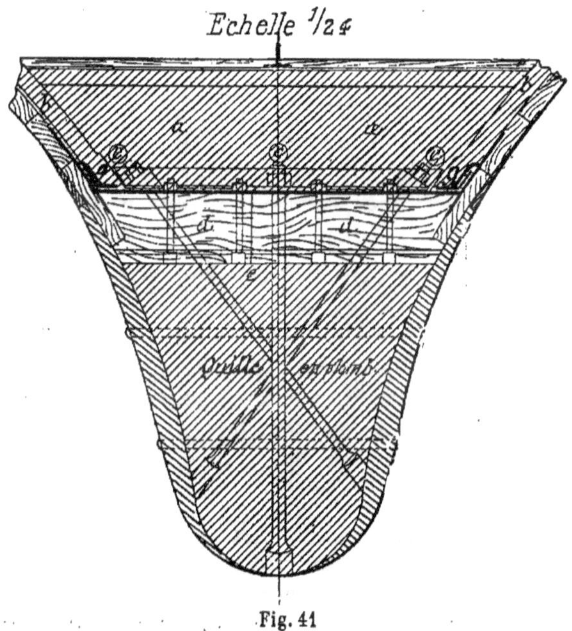

Fig. 41

la virure de carreau,et la tôle de quille sont réunies par un réseau de lattes diagonales croisées, plaquées sur la membrure (fig. 42). La cornière, toujours étroite, qui forme les membrures, offre moins de support au calfatage que la membrure en bois, aussi, pour éviter que les joints ne soient exposés à ouvrir on tient la membrure des constructions composites un peu plus rapprochée que celle des coques en fer de même dimension. Néanmoins, la maille reste souvent plus grande que dans la coque en bois, et le bordé doit être mis en place avec tous les soins possibles, afin qu'on puisse réaliser le calfatage dans de bonnes conditions et assurer l'étanchéité.

Dans les yachts de moins de 20 tonneaux, la membrure est rarement construite entièrement en cornières, et, les

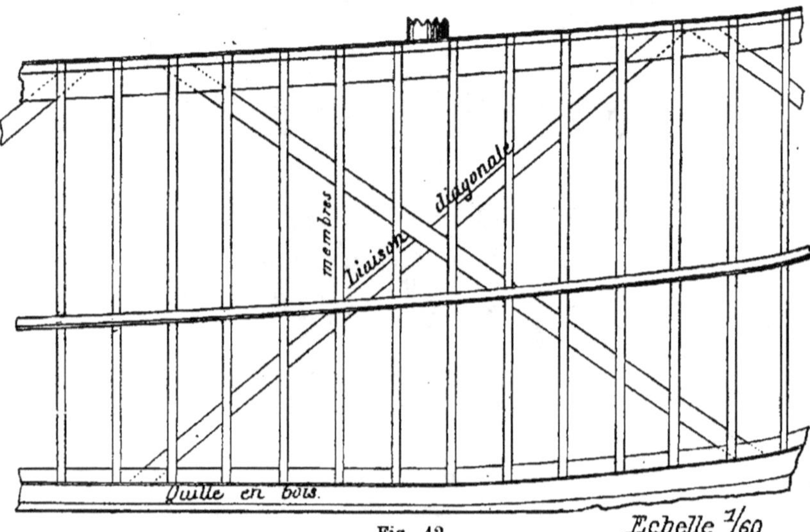

Fig. 42   Echelle 1/60

constructeurs ont adopté un système mixte, qui participe à la fois de la construction composite ordinaire, et de la construction en bois. (*Paco. Bettina. Oona*). Les couples de levée sont alors seuls exécutés en cornière, avec barrots en fer (*Bettina*), ou sans barrots (*Paco*); et la maille des couples de levée reçoit un certain nombre de couples en bois ployé; deux sur « *Paco* » (fig. 43), et trois sur « *Bettina* », dont un premier couple de fort échantillon à mi-maille, et ensuite deux couples larges et minces au milieu des deux nouvelles mailles.

10 tonneaux "Paco"
Coupe au maître N°.
Epais. 50
Ep. 80/50 aux extrémités
Lisse 35/15
Banquière Chêne 18/40
Le carreau en chêne
Courbe fer plat
60 × 8
aux barrots N et R
du mât, entre le
expat et la claire-voie
Liaisons extrêmes :
guirlande d'étrave 60×10×400
guirlande au couronn. 60×10×800
Étrave : épaisseur 110.
étambot, épaisseur 110
Diamètre de la mèche :
à la louve   100.
au talon   66
Vaigrage 10 m/m
Ancres et Chaines
1 ancre 45 Kg
1 ancre 20
chaine 100 m 9 m/m
grelin 85 m/m 0,190 (tour.)
grelin 85 m/m 0,065
3 membrures orme ployé 50×50
entre les couples en cornière.
La membrure milieu reçoit la
courbe varangue et le boulon
central.
Le galbont et 8 virures en orme
Le reste en pitch-pin
ep. 30
tôle varangue
1 courbe
40×15
1 boulon central à
chaque courbe, bronze
90 %. 30 m/m
8 boulons à chaque couple en
acier 25 m/m. Bronze 90 %
1 boulon de 30 aux extrémités

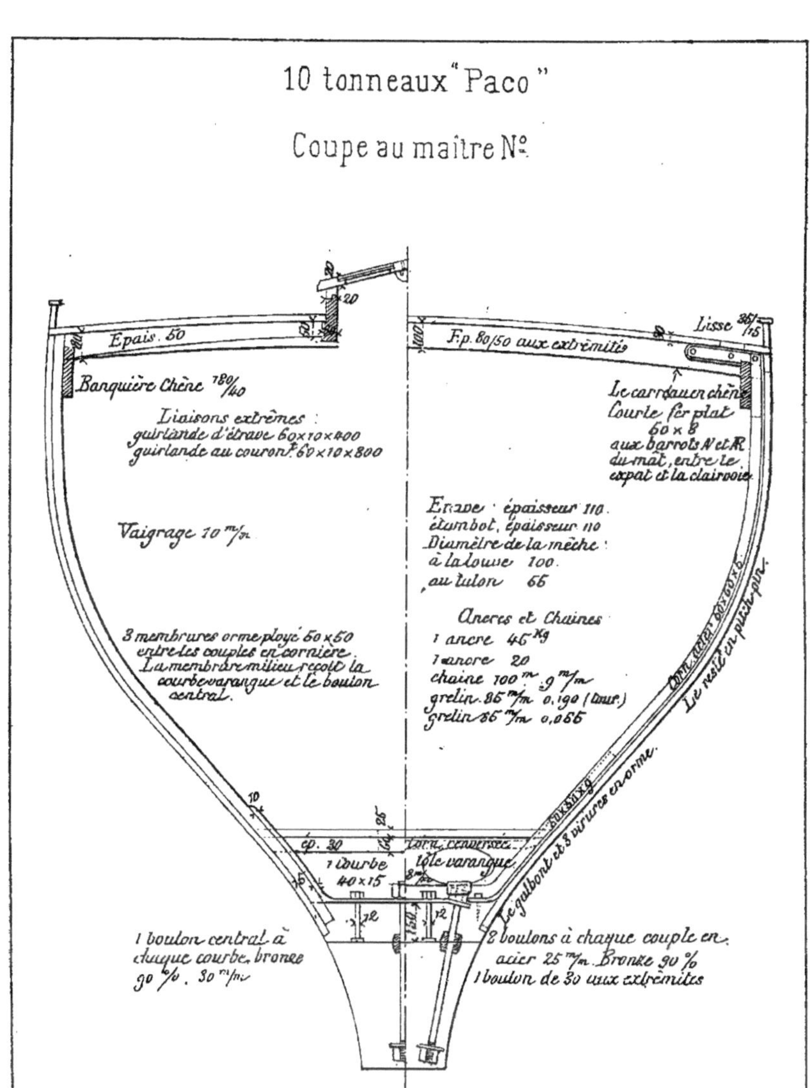

Fig. 43.

Dans ce système mixte, la bauquière est souvent conservée pour recevoir le barrotage en bois (*Paco*) ou seulement les barrotins (*Bettina*). L'écartement des couples de levée ne permettant pas d'établir dans de bonnes conditions, ni une virure de carreau, ni une virure de gouttière, celles-ci sont supprimées. En somme, ce système de construction qui tient du mode composite ne diffère guère de la construction en bois, que par la simple substitution des couples de levée en fer, aux couples en bois à deux plans. Il est moins coûteux que le système rigoureusement composite, mais aussi moins parfait.

Bordé, division, chevillage. — La tenue du bordé se fait au moyen de boulons en bronze riche ou en métal de Muntz; mais on conçoit qu'il soit nécessaire que la cornière ait été percée d'avance à l'atelier. Pour y arriver, dans de bonnes conditions d'exécution et d'économie, on effectue la division du bordé sur un modèle en bois de dimensions suffisantes, sur lequel on trace les couples. La division sur chaque couple est relevée à l'échelle, et inscrite; de sorte qu'on la reporte à l'atelier, sur le couple travaillé, on marque les trous des boulons et on les perce. Le bordé est percé à bord, par l'intérieur, en se servant du trou préparé dans la cornière; on chasse ensuite le boulon par l'extérieur. Ces boulons doivent avoir la tête noyée de 10 à 12 millimètres dans le bordé, sur une cravate enduite de céruse, destinée à faire l'étanche; le vide restant au-dessus de la tête est ensuite bouché avec du ciment. Suivant les dimensions de la coque, et suivant qu'il s'agit de la partie centrale ou des extrémités, on place deux ou un boulon à chaque couple,

en plaçant ceux-ci en quinconce, c'est-à-dire : alternativement près du haut et près du bas de la virure, dans le dernier cas.

Abouts. — Les abouts se font au milieu de la maille, sur
un couvre-joint en tôle analogue à celui des constructions en
fer (fig. 44) ; mais sa hauteur n'est pas limitée à celle de

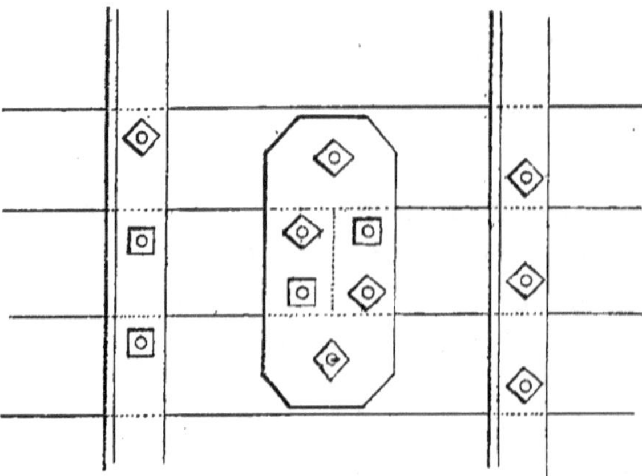

Fig. 44

sa virure, et on le fait couvrir les deux virures adjacentes
pour les visser sur elles.

Pont. — Le pont s'exécute ainsi qu'il a été dit pour les
constructions en bois et en fer.

Cloisons étanches. — L'emploi de la membrure métallique permet de réaliser dans une coque bordée en bois, des
cloisons étanches, divisant le navire en compartiments indépendants. Afin de ne pas entraver la circulation dans les

aménagements, et compliquer ceux-ci de portes métalliques à fermeture étanche, on se borne dans les yachts à voiles de dimension moyenne, à n'employer que des demi-cloisons limitées à la hauteur de la plateforme des aménagements. A défaut de l'efficacité d'une cloison complète, on est au moins maître de limiter les voies d'eau de faible importance, au compartiment des petits fonds où elle se produit.

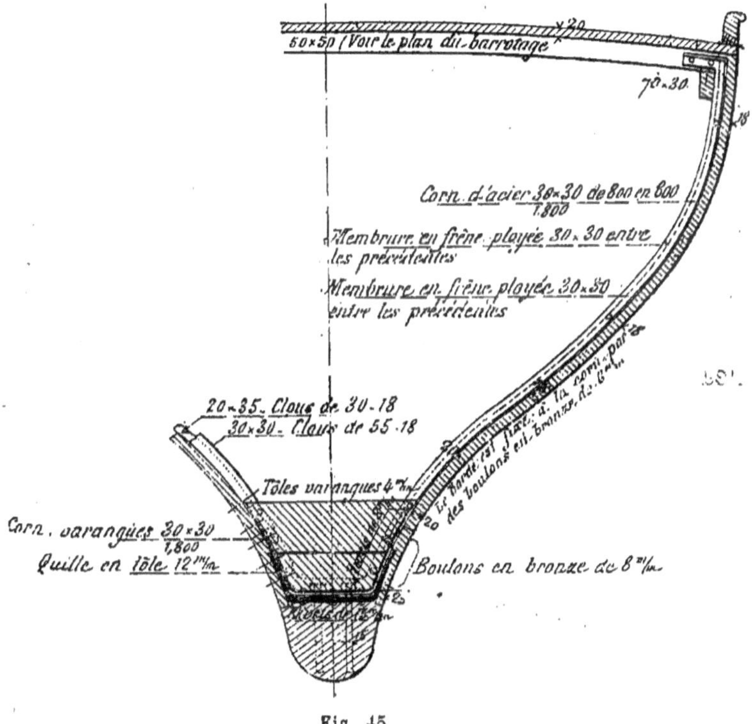

Fig. 45

La figure 45 montre une disposition de la partie inférieure de la coque, que nous avons réalisée sur le yacht « *Thomas* » afin de supprimer la quille en bois. La membrure en acier est fixée sur une quille en tôle à bords relevés, qui porte directement la quille en plomb. La virure de galbord rivée sur les rebords de la quille en fer, bute sur la quille qui lui sert de fond de râblure. Le reste du bordé s'élève au-dessus du galbord, en virures ordinaires. Dans le « *Thomas* », le lest placé dans la quille en plomb n'était que d'environ la moitié du lest total ; le reste était placé entre les tôles varangues sur la semelle en tôle. Cette disposition n'a donné lieu à aucun mécompte et aucun suintement, malgré des échouages répétés. (Voir aussi la pl. 16).

Echantillons des yachts composites. — L'échantillon des pièces métalliques est calculé au moyen des tableaux IV, V, VI, VII, en supposant que la coque doive être construite entièrement en fer. Les échantillons de la construction en bois sont calculés de même comme si la coque était entièrement construite en bois, au moyen des tableaux I, II, III.

CHAPITRE IV

ACCASTILLAGE ET ACCESSOIRES DE LA COQUE

On entend par *accastillage*, l'ensemble des ouvrages, généralement en bois de couleur, qui sont installés sur le pont : pavois ou fargues, capots des descentes ou de la soute à voiles, claires-voies, caillebotis, râteliers de tournage des manœuvres, bittes de tournage, bittes de beaupré, taquets, etc.

Pavois, Batayolles, Lisse d'appui. — Le pont est limité et surmonté, suivant tout son contour, par un bordé nommé *pavois*, fixé sur de courtes membrures encastrées dans le plat-bord, appelées *batayolles*, qui supportent également une pièce servant d'appui faisant le tour du navire et terminant le bordé à sa partie supérieure, sous le nom de *lisse d'appui* ou *de main-courante*.

Le bordé des pavois n'ayant à supporter aucun effort, et ne contribuant pas à la solidité genérale du yacht, est d'une épaisseur beaucoup moindre que celle du bordé des préceintes. Pour la même raison, les batayolles sont d'un échantillon moindre que celui de la membrure de levée, et aussi beaucoup plus espacées; elles ne sont pas constituées par l'extrémité de la dernière allonge du couple (cette construction rendrait fort difficile le travail et la mise en place du plat-bord), mais bien formées de pièces indépendantes traversant le plat-bord et venant s'encastrer dans l'espace libre qui existe entre le carreau et la serre-bauquière. Il est ainsi facile de leur donner un écartement quelconque, sans aucun rapport avec celui de la membrure.

Les batayolles sont soigneusement ajustées dans les passages ménagés dans le plat-bord, pour que l'étanchéité puisse être ensuite assurée par un léger calfatage.

On a déjà vu que le bordé du tableau qui joint, à l'arrière, les pavois des deux bouts, était supporté par des batayolles appelées jambettes, dont l'attache à la coque a été indiquée en parlant de la construction de la voûte. Les batayolles sont travaillées séparément, et, si besoin est, d'après des gabarits relevés sur place ou à la salle à tracer, de façon qu'elles forment bien la suite de la courbure des couples. Elles sont terminées à leur partie supérieure par un tenon destiné à recevoir la lisse de main-courante.

Lorsque les batayolles ont été placées dans leurs logements, on les réunit par la tête au moyen d'une forte lisse ; et comme la lisse d'appui doit déterminer deux des contours les plus importants, au point de vue de la beauté du yacht, la tonture et le contour du pont, on balance les batayolles en les enfonçant plus ou moins dans le plat-bord et en réglant leur ouverture par des cales engagées convenablement entre elles, le carreau ou la bauquière. Quand la lisse qui les réunit présente la continuité et l'aspect recherchés, tant au point de vue de la tonture que du contour du pont, on les fixe définitivement par des chevilles chassées par l'extérieur du carreau. La lisse de main-courante travaillée à la courbure du contour, au moyen de gabarits relevés sur place, soit que les tronçons dont elle est formée aient été ployés à la vapeur, soit qu'ils aient été travaillés à la scie, est alors présentée sur les batayolles, pour qu'on y marque la position des mortaises qui recevront les tenons. Elle est ensuite achevée au profil déterminé, puis mise en place et vissée définitivement sur les tenons des batayolles, en prenant la précaution de noyer suffisamment les têtes des vis, pour qu'on puisse les recouvrir d'un tampon de même bois que la lisse, enduit de colle forte et placé bien dans le fil du bois, afin de le rendre aussi peu apparent que possible.

Les différents tronçons de la lisse sont assemblés par des écarts à plat.

Coupée. — L'accès à bord se fait du dehors par un passage appelé *coupée* ménagé dans les pavois dans l'intervalle de deux batayolles situées par le travers du capot de descente. A la mer, ce passage est refermé par un panneau mobile coulissant de haut en bas si les pavois n'ont pas une hauteur trop grande pour qu'on puisse le manœuvrer ; ou alors, formé de deux vantaux à charnière fixés sur les batayolles de la coupée.

Dalots. — Il est nécessaire que l'eau qui embarque sur le pont, soit par suite des embruns, soit par un coup de mer, puisse s'écouler rapidement, pour ne pas charger le pont au point de compromettre la sécurité du yacht. Dans ce but, la virure inférieure des pavois est percée d'une série d'ouvertures rectangulaires appelées *dalots*, placés dans la partie centrale la plus basse du pont et fermés par de petits volets à charnière ouvrant soit de bas en haut, soit de l'arrière à l'avant. Ces volets sont soigneusement ajustés et logés dans les ouvertures afin d'être aussi peu apparents que possible lorsque le yacht est au bassin. La nécessité de percer des dalots dans la virure inférieure des pavois explique la plus grande épaisseur qui lui est donnée habituellement.

Si les pavois se réduisent à une simple fargue de peu de hauteur, il est difficile d'installer les dalots; mais comme, d'autre part, la quantité d'eau qui pourrait charger le pont devient minime, on se borne à ménager entre la fargue et le plat-bord une série de lumières de 5 à 6 millimètres de hauteur.

Liston. — La première virure des pavois porte, de plus, une goujure appelée *liston*, courant parallèlement au plat-bord destinée à recevoir dans un creux qui la protège la dorure du liston doré qui forme un des ornements principaux de la coque.

Râteliers. — Après que les batayolles et la lisse ont été mises en place, on procède souvent au montage des râteliers de tournage, pièces de bois dur de faible échantillon, réunissant en abord des mâts deux ou trois batayolles consécutives à mi-hauteur entre le pont et la lisse d'appui, afin de recevoir un certain nombre de chevilles de bois appelées *cabillots*, plantées verticalement dans la traverse du râtelier, de façon à le dépasser suffisamment, en dessus et en dessous, pour que l'on puisse fixer efficacement (ou suivant le terme marin « tourner ») les manœuvres du gréement du mât auquel les deux râteliers de chaque bord sont affectés (fig. 46).

Les cabillots ont habituellement la forme d'une poignée; dans la moitié située au-dessus du râtelier et la partie infé-

rieure cylindrique, d'un diamètre inférieur à celui de la poignée, afin qu'il ne puisse traverser le râtelier, tomber et se
perdre sur le pont. Tantôt les cabillots sont en bois dur,

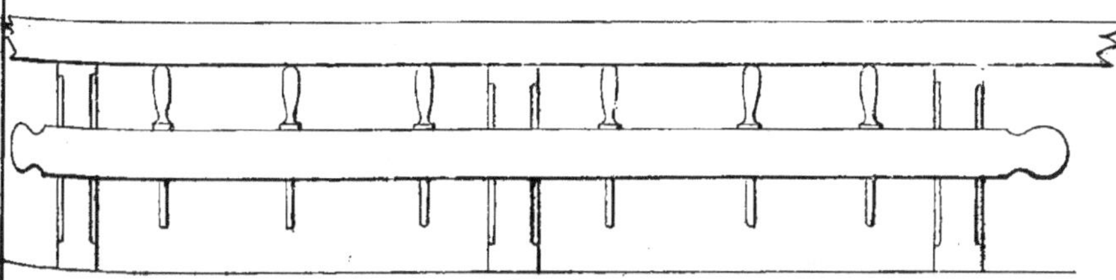

Fig. 46

acacia, frêne ou orme blanc ou teak, tantôt en fer zingué,
laiton ou bronze, suivant le degré de luxe que doit compor-
ter le yacht.

Fileux. — Les batayolles reçoivent également d'autres
pièces nommées *fileux* destinées au tournage des autres
manœuvres du gréement.

Quelquefois les fileux se composent simplement d'une
simple petite traverse en bois mince fixée par deux chevilles
rivées sur la face intérieure de la batayolle, tantôt parallèlement au pont, tantôt avec une certaine inclinaison destinée
à faciliter l'amarrage (fig. 47). En général, cette disposition offre

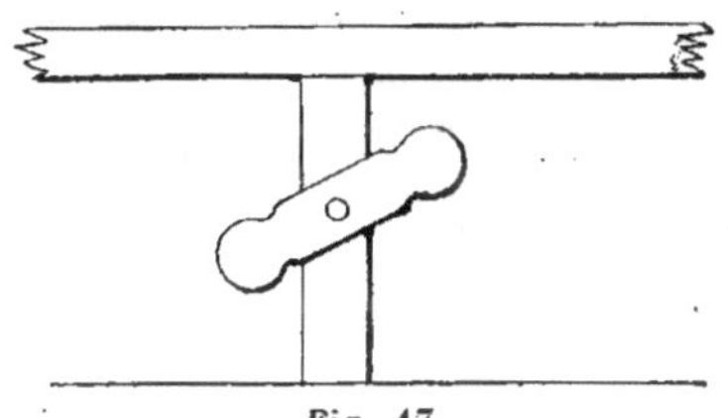

Fig. 47

peu de solidité et présente l'inconvénient de fatiguer une
seule des batayolles; aussi, à moins que ces dernières ne

soient déjà d'une certaine dimension et trop espacées, préfère-t-on réunir deux batayolles par une traverse les dépassant à l'avant et à l'arrière de 10 à 12 centimètres (fig. 48).

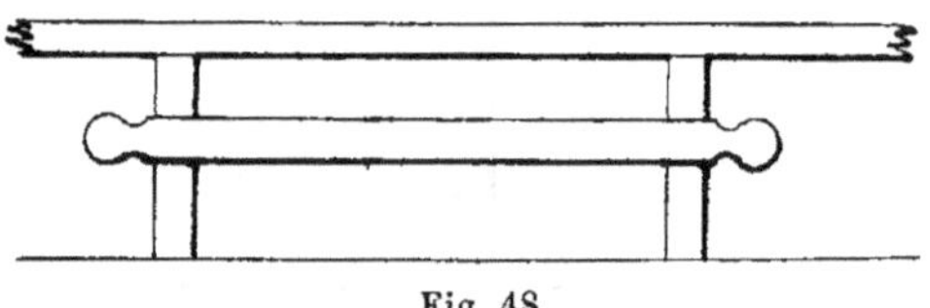

Fig. 48

Afin de permettre le tournage, et pour que celui-ci se
fasse aisément dans de bonnes conditions, les deux extrémités de la traverse sont façonnées en forme de tête de poupée, à angles bien arrondis pour que le bois n'offre aucune
arête susceptible de couper le filin.

Quand les batayolles ont reçu les râteliers, les fileux et la
lisse on peut procéder à la mise en place du bordé des pavois.

Sur les yachts de petite dimension, où les pavois n'ont
pas une hauteur suffisante pour que le tournage des manœuvres puisse s'effectuer commodément sur des fileux,
ceux-ci sont remplacés par des *taquets* en bois (fig. 49) bou

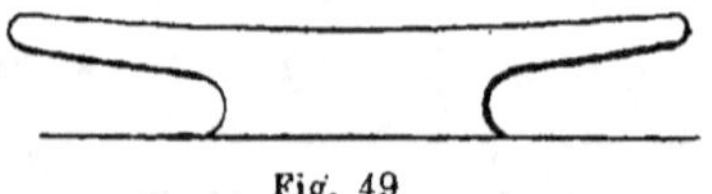

Fig. 49

lonnés sur le plat-bord. Les râteliers de tournage sont alors
construits en fer et fixés sur le pont, comme on le verra à la
fin de ce chapitre.

Bittes. — Les dispositions prises pour le tournage sont
complétées par des *bittes*, sortes de pièces en bois, verticales, fixées sur le pont, solitaires ou réunies par une

traverse (fig. 50). Les bittes servent au tournage des manœuvres principales, telles que les drisses de mât et les

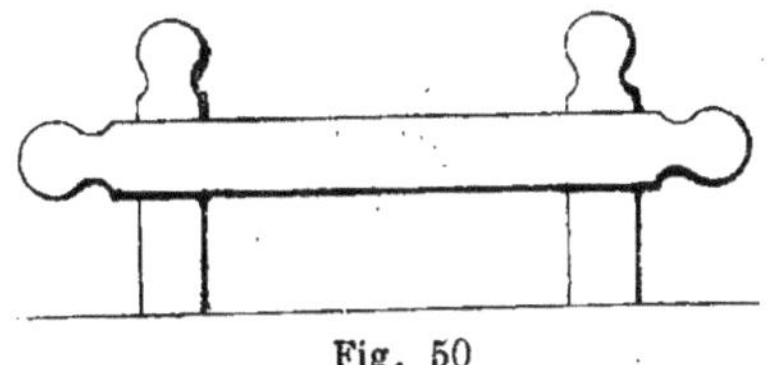

Fig. 50

drisses de foc, qui ont chacune leur bitte au pied du mât ;
quelquefois aussi la grande écoute en possède une paire,
lorsque les pavois ne permettent pas l'installation d'un fileux
suffisamment solide. Les bittes affectées au tournage des
manœuvres du mât sont placées à 15 ou 20 centimètres sur
l'arrière de celui-ci, l'une à tribord, l'autre à bâbord, et réunies par une traverse en bois, terminée à ses extrémités
par deux têtes de poupées, pour faciliter le glissement du
filin sur la bitte pendant qu'on tient les manœuvres « à retour », avant de les amarrer définitivement. Les bittes de
pied de mât portent souvent sur le côté, un réa maintenu
extérieurement par une pièce nommée *joue de vache*, ou-
verte en dessous pour permettre d'engager ou de désenga-

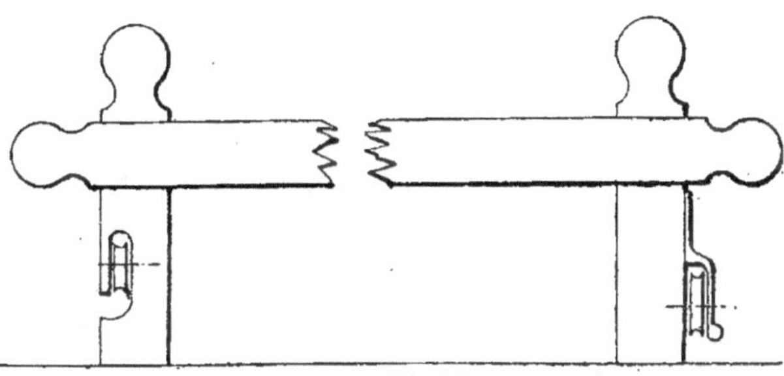

Fig. 51

ger instantanément le filin (fig. 51). Ces bittes doivent être attachées très solidement sur le barrot placé en arrière du mât; en général, on les boulonne sur ses faces avant ou arrière.

La bitte qui sert au tournage de la drisse de foc se compose d'une simple pièce verticale portant une petite traverse en croix (fig. 52). Si la drisse de foc est en filin, cette traverse est en bois et ses deux bras façonnés en forme de tête de poupée; mais si la drisse est en chaîne, la traverse est remplacée par une broche en fer zingué traversant la bitte; souvent même, la bitte entière est remplacée par une croix en fer dont on trouvera la description à la fin de ce chapitre. Quand la drisse de foc est en câble d'acier souple, on construit la bitte comme pour un garant en filin ordinaire, mais en lui donnant des dimensions appropriées

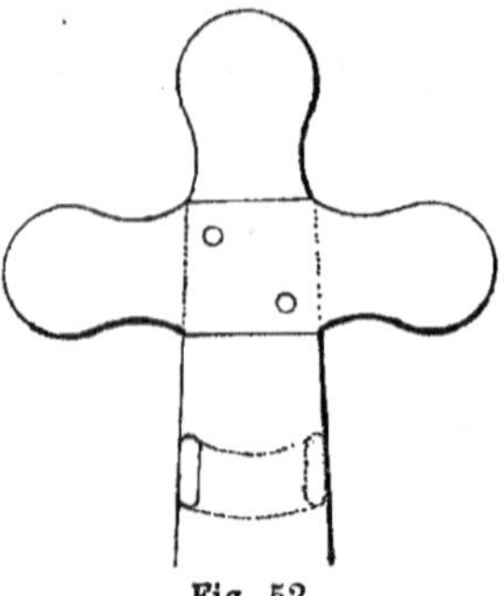

Fig. 52

à la nature et à la souplesse du filin métallique, afin que celui-ci ne subisse pas de courbures trop brusques qui altéreraient rapidement sa solidité. Comme la raideur propre du garant en acier rendrait la prise à retour très difficile, on le fait passer, à demeure, dans un trou percé en diagonale dans le pied de la bitte (fig. 52); de cette façon il ne peut se désengager ni échapper pendant la manœuvre. La bitte de la drisse de foc est habituellement fixée à bâbord, un peu en avant du mât. Comme elle se trouve presque toujours sur l'ensemble des pièces entremises de l'étambrai, elle les traverse par un tenon fixé en dessous du pont par une goupille ou une clavette.

La portion du pont qui entoure l'étambrai est, comme on vient de le voir, soumise de la part des drisses à des efforts de traction de bas en haut assez considérables, aussi, arrive-t-il généralement, que le pont se soulève plus ou moins autour du mât. Afin de remédier à cet inconvénient, le pont est fixé au mât lui-même par une ou deux paires d'armatures en fer plat, boulonnées avec le dessous du pont. Quelquefois même, le pont est directement réuni à la quille, par un ou deux tirants verticaux en fer.

Bittes de beaupré. — Les bittes de beaupré, sont également de fortes pièces de bois verticales qui traversent le pont et reçoivent l'extrémité intérieure du mât de beaupré. Elles servent aussi de support au *guindeau*, sorte de treuil qui sert à lever les ancres. En général, elles comportent trois fortes pièces verticales traversant le pont et descendant jusqu'au massif de l'étrave sur lequel elles reposent. Leur passage à travers le pont se fait habituellement contre un barrot que l'on renforce quelquefois pour leur fournir un meilleur appui, et avec lequel on les cheville. Comme les bittes de beaupré reçoivent à la fois, la poussée d'avant en arrière du beaupré, et occasionnellement, la traction d'arrière en avant de la chaîne de l'ancre. Ce barrot serait soumis à une série de fatigues, qui à la longue pourraient délier les parties voisines de la charpente. On y remédie, en intéressant à ces efforts un certain nombre de barrots voisins, tant sur l'avant que sur l'arrière des bittes, par une série d'entremises allant de l'un à l'autre. La partie extérieure des bittes de beaupré est encore consolidée contre les efforts de flexion d'avant en arrière par de fortes courbes en bois reposant sur le pont et chevillées avec les entremises de l'avant. L'écartement des bittes de beaupré est déterminé par l'échantillon de la caisse du mât de beaupré, qui doit poser librement entre elles avec un jeu d'environ un centimètre de chaque bord. Dans les yachts d'un certain tonnage, les bittes sont au nombre de trois, la troisième servant à compléter le support du guindeau; mais dans les yachts de petite dimension on n'en trouve généralement que deux, le troisième support du guindeau consistant souvent en un simple Λ en fer forgé reposant sur le pont. Les bittes de beaupré, sont réunies à leur tête, par une traverse dépassant de chaque bord de dix ou quinze centimètres, pour servir au tournage des amarres et des remorques; alors les extrémités des bittes et de la traverse sont façonnées en forme de tête de poupée, pour les motifs expliqués.

Afin de diminuer le poids des bittes, tant pour sa valeur absolue que pour son influence sur les mouvements de tangage et de giration, on a souvent supprimé dans les yachts de course, toute la partie comprise entre le pont et le marsouin d'étrave, partie qui en somme, contribue peu à la solidité. Les bittes sont alors fixées directement au pont, par un fort tenon traversant une large entremise placée sous leur emplacement, ainsi que par la courbe en bois dont il a déjà été question (fig. 53). Enfin, dans les yachts de course récents, leur poids a encore été réduit en les formant de bâtis évidés en tôle d'acier, fixés sur le pont par des boulons traversant les entremises. Ces bâtis sont alors disposés pour recevoir les organes du guindeau. Cette disposition présente encore l'inconvénient de trop charger l'extrème avant, et aussi d'offrir peu de place aux hommes actionnant le guindeau; aussi remplace-t-on de plus en plus celui-ci par un cabestan placé sur le pont, plus en arrière, de façon à réduire les bittes à

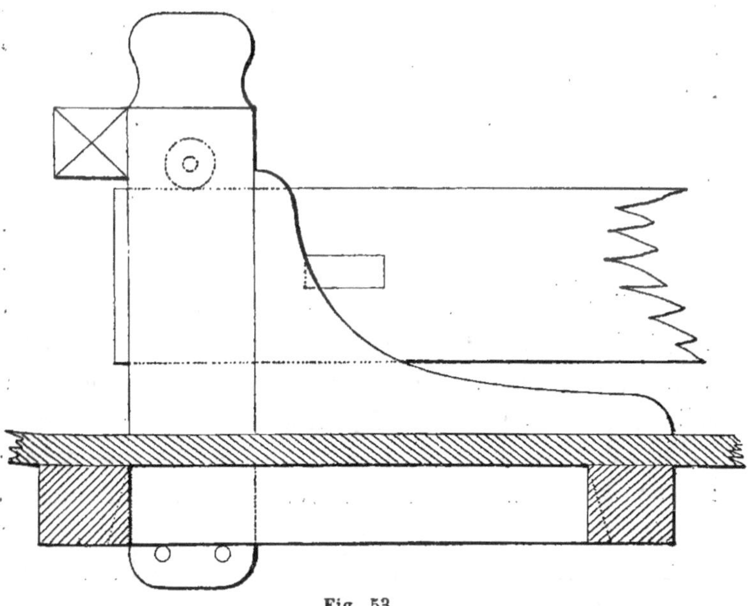

Fig. 53

deux simples petits bâtis en tôle dont la forme et la disposition varient avec les constructeurs.

L'étanchéité, aux pénétrations des bittes, (bittes de tournage ou bittes de beaupré) est obtenue en calfatant le joint de leur passage à travers le pont; mais, pour que ce calfatage puisse être fait dans de bonnes conditions, la partie de pont de la largeur des bittes de mât, comprise entre la dernière clairé-voie et l'étrave, est souvent constituée par deux ou trois bordages larges, en bois dur, fournissant aux bittes un meilleur encastrement et un calfatage plus solide, d'une étanchéité plus assurée.

Pour éviter que les bittes de tournage traversent le pont, on les fixe quelquefois simplement sur celui-ci, par l'intermédiaire d'une douille en bronze, fixée au pont par quatre boulons, et dans laquelle la bitte est encastrée et maintenue par deux fortes chevilles.

Capots de descente. — Il a été dit que les capots de descente et les claires-voies, reposaient sur les panneaux de leurs écoutilles, dans lesquels ils s'encastrent par une feuillure. Les capots, d'une construction plus légère que les panneaux d'écoutille, forment une sorte de boîte rectangulaire, dont le dessus, incliné vers l'avant est formé de deux parties dont l'une placée sur l'arrière peut glisser et venir recouvrir celle de l'avant. L'accès du pont à l'échelle ou à l'escalier de descente que recouvre le capot, est facilité par l'enlèvement du côté transversal de l'arrière, soit qu'il soit à coulisse, et qu'on l'enlève de bas en haut, ou bien qu'il soit formé de deux petits vantaux à charnière se rabattant dans l'intérieur du capot (fig. 54).

Le dessus des capots est habituellement bombé de tribord à bâbord, autrement dit, on lui donne comme au pont un certain bouge qui empêche l'eau d'y séjourner, et accroît en même temps sa solidité. Quelquefois aussi, le profil supérieur est légèrement courbé longitudinalement au lieu d'être droit, mais cette disposition ancienne ne se rencontre que

Coupe à l'angle arrière.
Coupe
Pièce d'angle
Hiloire
Agrafe en fer galvanisé à demeure dans les montants de cornière
Amovible à coulisses.
Hiloire
Hiloire
Virure du pont.
Coupe et Elévn à l'arrière
Fig. 54
Hiloire
Elévation

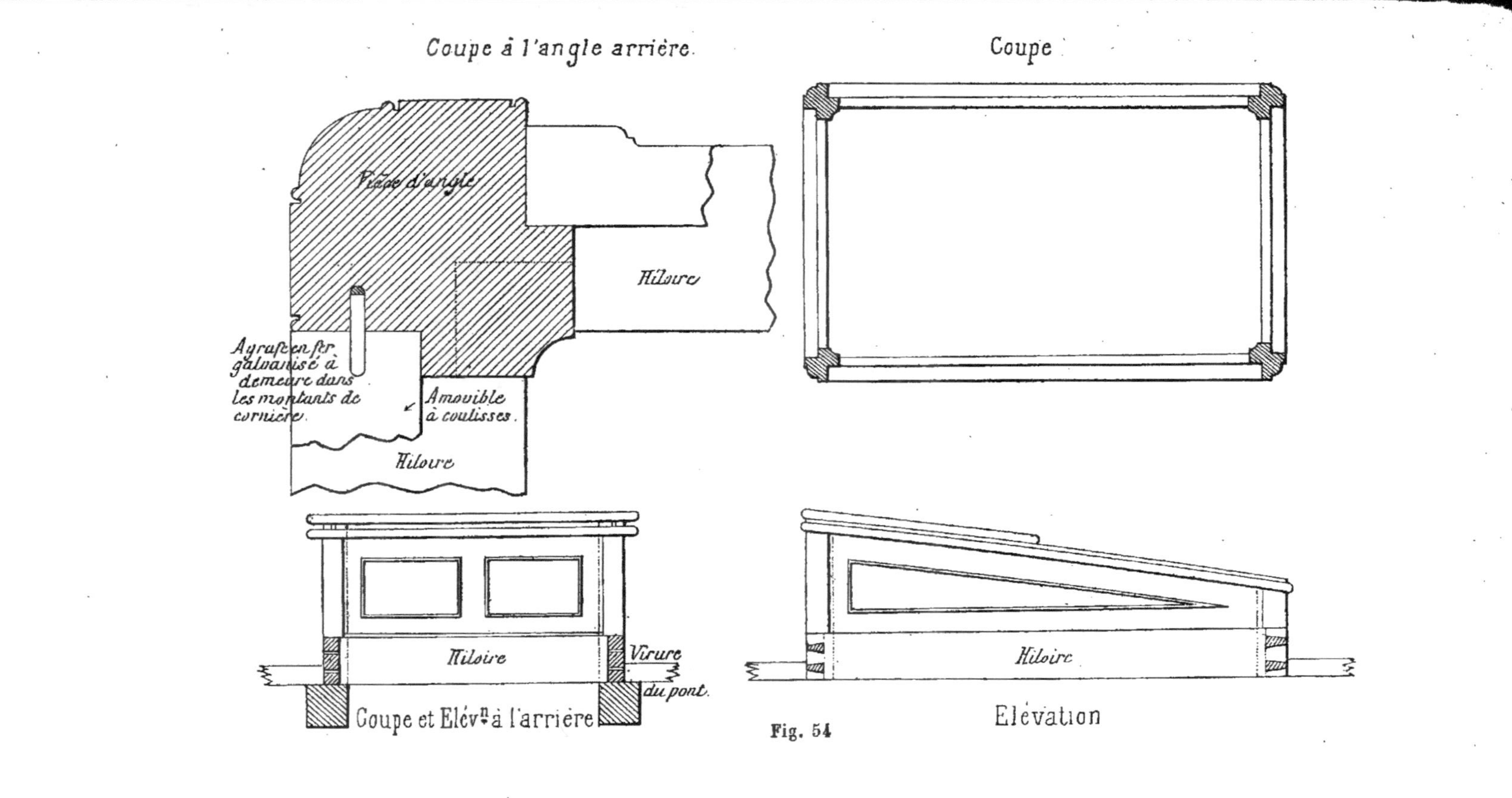

Fig. 54

rarement à présent.— La figure 55 montre et explique suffisamment le dispositif généralement employé pour réaliser le
glissement du dessus arrière du capot sur le dessus avant.

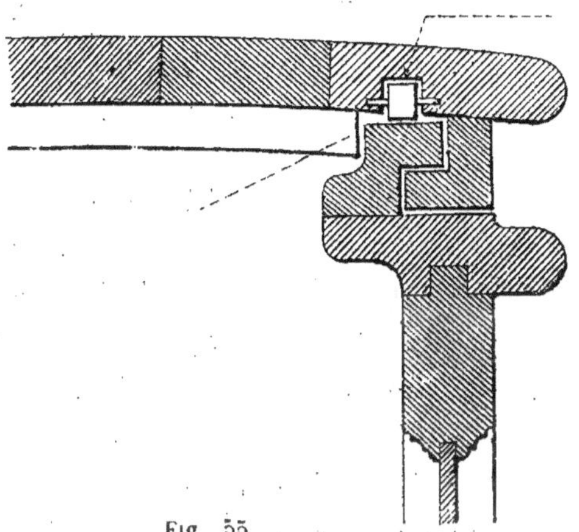

Fig. 55

Claires-voies. — Les claires-voies sont des sortes de
fenêtres horizontales, laissant pénétrer la lumière ou l'air à
l'intérieur de la coque. Comme les capots, les claires-voies
se placent au-dessus des panneaux d'écoutille et s'encastrent
avec eux par une feuillure. Elles se composent d'une sorte de
caisse rectangulaire, dont les deux côtés transversaux s'éle-
vant au-dessus des côtés longitudinaux, en forme de pignons
de toiture, dont les sommets sont réunis par une traverse en
bois appelée *galiote* qui reçoit l'attache à charnière des vantaux qui forment le dessus de la claire-voie et la ferment. Il
est de toute importance, que l'eau des embruns, et quelquefois des coups de mer, ne puisse pénétrer dans l'intérieur,
par les joints des vantaux sur la caisse. A cet effet, la galiote présente la section indiquée sur la figure 57, dans
laquelle sont deux petites gouttières demi-circulaires ré-

gnant dans toute la longueur de la galiote et débouchant au dehors, afin d'évacuer l'eau qui peut pénétrer par le joint vertical de charnière. Les côtés de la caisse, portent de même des rigoles, dans lesquelles descendent avec jeu, des baguettes fixées sous la face de jonction du cadre vitré. Il est facile de concevoir que l'eau arrivant du dehors, entre les faces d'applique de la caisse et des cadres à charnière, se trouve arrêtée par la baguette, qui l'oblige à retomber dans la gouttière et à s'écouler au dehors. Toutefois, l'efficacité de ces dispositions n'est guère que théorique, et il est bien rare, que les claires-voies soient rigoureusement étanches, aussi, les recouvre-t-on généralement d'un étui en toile à voile, lorsque naviguant dans la grosse mer, l'eau vient à embarquer fréquemment sur le pont.

L'étanchéité du joint mobile à feuillure des caisses de capots et de claires-voies, est obtenue en intercalant entre les surfaces jointives, une bande de feutre épais ou de caoutchouc, comprimée par le serrage exercé par la caisse sur le cadre d'écoutille, au moyen d'agrafes métalliques placées à l'intérieur.

Capots de la soute à voiles et du poste. — Le capot de la soute à voiles et souvent aussi celui du poste de l'équipage, ne comportent qu'un simple couvercle, s'encastrant dans la feuillure du panneau de leurs écoutilles : le panneau est alors ou carré ou circulaire. Mais cette disposition présente l'inconvénient de laisser le couvercle sans attache avec son écoutille et l'expose en naviguant, à tomber sous le vent et même à être emporté par un coup de mer. Pour remédier à cet inconvénient, on prolonge quelquefois la

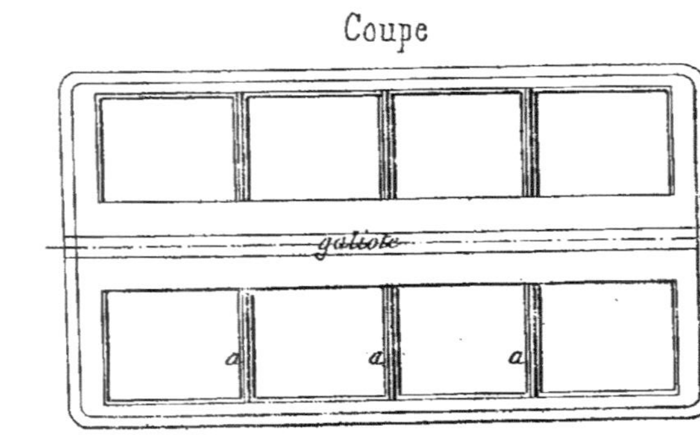

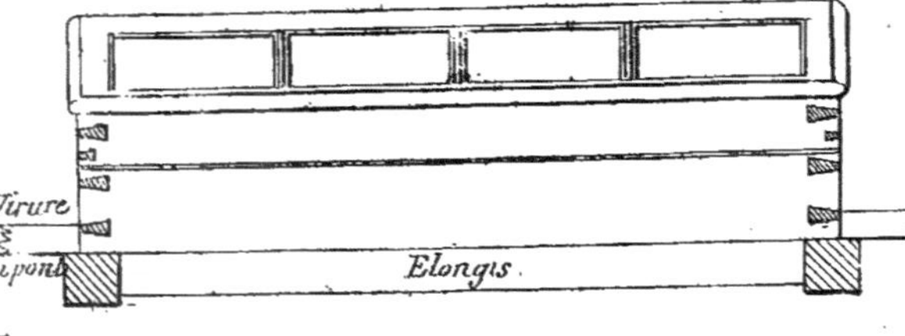

CLAIRE-VOIE.

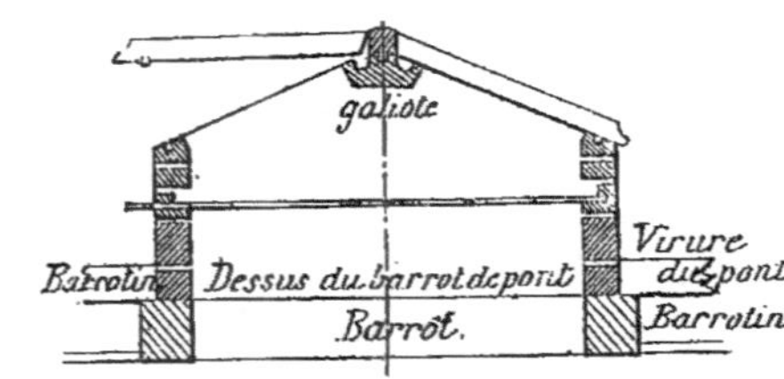

Fig. 57

caisse du capot, de façon que le couvercle, solidement attaché par des charnières, puisse se rabattre à plat sur la partie
prolongée (fig. 56) ; on utilise alors celle-ci en la recouvrant

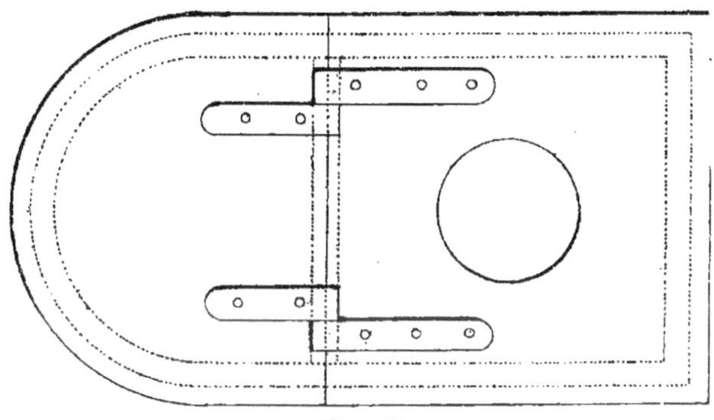

Fig. 56

elle-même d'un couvercle formant prolongement du premier,
de manière à constituer sur le pont, une petite caisse, dans
laquelle les hommes de l'équipage peuvent garder sur le
pont les divers objets ou ustensiles qu'ils désirent garder à
portée de la main.

Gouvernail. — D'une façon générale, le gouvernail se
compose : de la *mèche*, ou partie cylindrique, par l'intermédiaire de laquelle on manœuvre le *safran*, formant le
plan de bois que l'on incline plus ou moins par rapport au
plan diamétral du yacht pour diriger sa route et ses évolu-
tions. Les considérations qui régissent la forme et la grandeur du safran appartenant à l'étude théorique du yacht,
nous n'avons à examiner ici que sa construction.

La section du safran est généralement rectangulaire ou
légèrement amincie vers l'arrière, et terminée : à l'avant
par un demi-cercle, qui tourne dans une rainure semi-circu-

laire ménagée dans la face arrière de l'étambot ; à l'arrière par une ogive plus ou moins prononcée. Le safran est formé, suivant sa largeur de deux ou trois plateaux de bois, reliés par de longues chevilles les traversant suivant la largeur.

La pièce d'avant se prolonge au-dessus du safran, en un fût cylindrique ou *mèche*, qui pénètre, par la jaumière, dans l'intérieur de la voûte, et dépasse le pont pour recevoir la barre de gouvernail qui s'assemble à la mèche au moyen d'un tenon pratiqué à son extrémité. Comme cette partie de la mèche transmet à la barre l'effort de torsion provenant de la réaction de l'eau sur le safran, et que d'autre part elle est affaiblie par le percement de la mortaise, il est nécessaire de réduire celle-ci à des dimensions minima, en faisant au besoin la tension de la barre, en fer ou en acier, et aussi, de consolider la tête de la mèche, par deux cercles placés à chaud, comme les jantes des roues de voiture, pour éviter qu'elle ne se fende ensuite dans toute sa hauteur. Ces cercles ou *frettes* sont ensuite dissimulés sous un capuchon en laiton, qui sert en même temps à l'ornementation du pont.

Crapaudine, Colliers. — Le gouvernail est attaché à la coque, d'abord par la mèche qui se trouve engagée dans la voûte, et ensuite par une *crapaudine*, formée d'un goujon en bronze attaché au pied du gouvernail, tournant dans une sorte de godet de même métal, solidement fixé par des pattes à la partie arrière du raccordement du dessous de quille avec l'étambot (fig. 58). Si le gouvernail n'atteint pas des dimensions telles, que le poids et l'effort d'arrachement transversal supporté par la crapaudine, soient trop considérables, on peut se contenter de cette suspension. Autrement, on renforce l'attache d'une ou plusieurs bandes métalliques ou *colliers*, habituellement en laiton ou en cuivre, fixées sur les faces

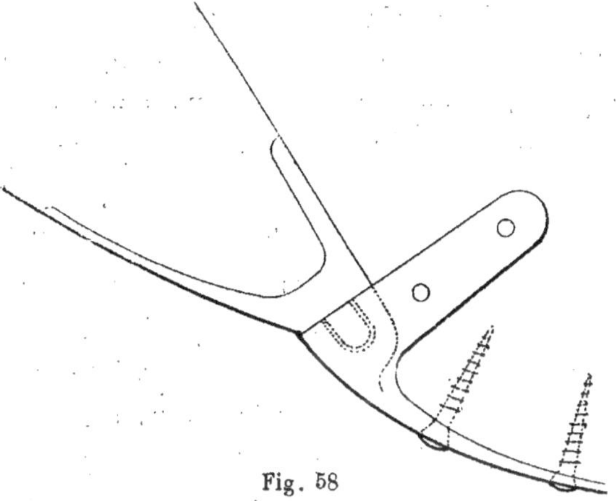

Fig. 58

latérales de l'étambot et embrassant la mèche, taillée cylindriquement à cet endroit, en passant par une fente étroite ménagée dans le safran (fig. 59). Pour que le gouvernail joue

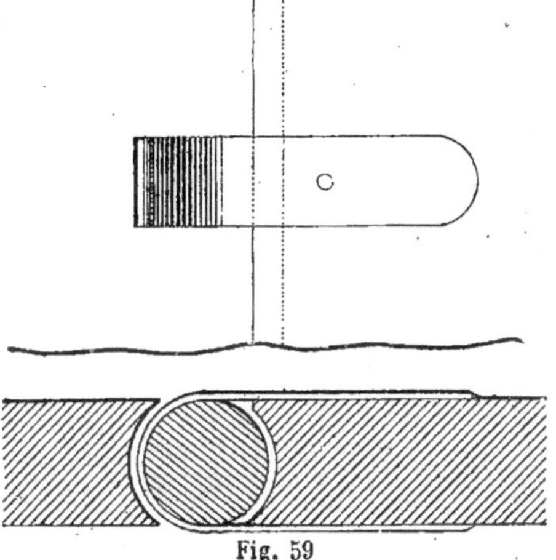

Fig. 59

librement, il est nécessaire de garder un certain jeu entre le

collier, la mèche et les côtés de la fente ; le collier ne reçoit
donc que les efforts transversaux, et le poids du gouvernail
repose entièrement sur la crapaudine.

Aiguillot, Femelot. — Enfin, dans des constructions
très soignées, et lorsque le gouvernail atteint un trop grand
poids, on le suspend à la coque par de véritables gonds en
bronze (fig. 60), dont la pièce
mâle *a* appelée *aiguillot*, est fixée
par des pattes à l'étambot, et la
partie femelle *f* ou *femelot*, est
fixée de la même façon sur la
partie avant du safran. L'aiguillot a son goujon dirigé vers
le haut, de façon que le gouvernail puisse y être emmanché
de haut en bas. Le poids du
gouvernail est ainsi réparti sur
plusieurs aiguillots, qui su-

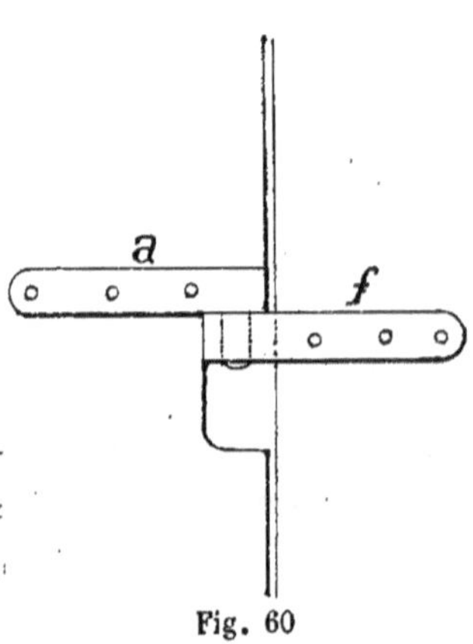

Fig. 60

bissent également les efforts transversaux ; la crapaudine
est ainsi moins chargée, et l'effort total mieux réparti sur
toute la hauteur de l'étambot. La mise en place du gouvernail se fait presque toujours sur cale, avant la mise à
l'eau.

Nous ne ferons que citer les gouvernails compensés, simplement suspendus par la mèche, en dessous de la voûte,
loin de tout étambot. Leur construction, et surtout la détermination de l'échantillon de la mèche, sont assez délicates,
et leur emploi sur certaines embarcations de course, n'a été
que momentané et généralement remplacé, par la suite, sur
les mêmes embarcations, par le gouvernail ordinaire.

QUATRE-ÉTOILES, plans de M. G. Caillebotte, en construction aux chantiers Luce (Petit-Gennevilliers).

(D'après une photographie de MM. Laverne, frères.)

CHAPITRE V

FERRURES DE LA COQUE

Appareils et Accessoires de Mouillage.

Nous comprenons sous le terme général de ferrures : non seulement les pièces en fer ou en acier forgé fixées à demeure sur la coque, mais aussi celles qui sont constituées entièrement ou en partie, de fonte ou de bronze.

Allant de l'avant à l'arriere, on peut rencontrer sur la coque les ferrures suivantes :

Collier d'étrave. — Autrefois, et encore aujourd'hui, parmi les yachts de croisière, le beaupré sortait de la coque d'un côté de la tête de l'étrave (généralement à bâbord), prolongée jusqu'à quelques centimètres au-dessus de la lisse de main-courante.

Davier. — Le collier d'étrave se trouvait alors fixé par côté de la tête de l'étrave ; soit simplement par une tige traversant de bâbord à tribord, où elle était fixée par un solide écrou appuyé sur une platine en fer, incrustée dans le bois ; soit avec adjonction d'un *davier*, sorte de gros réa en fer servant à la sortie de la chaine de mouillage. Le corps du boulon du collier est alors prolongé de façon à servir d'axe ou d'essieu à un réa en fonte de dimension appropriée au calibre de la chaine. Afin que celle-ci ne puisse se dégager du réa, ce dernier est enfermé dans une chape boulonnée sur la tête d'étrave.

Sur les yachts de construction plus moderne, le beaupré se trouve dans l'axe longitudinal de la coque, et sort au-dessus de l'étrave arrêtée au ras du plat-bord. Le collier se trouve ainsi au-dessus de l'étrave et fixé à cheval sur elle par deux pattes latérales boulonnées à travers bois. Souvent l'étai du bas-mât vient s'attacher au droit de l'étrave ; avec l'ancien dispositif, on le fait passer dans un clan ménagé d'avant à arrière dans la tête de l'étrave ; mais lorsque le collier se trouve dans l'axe du pont, on se trouve obligé de le faire aboutir sur le collier même, soit que celui-ci soit fendu et porte deux œils entre lesquels on place un réa en fonte ou une cosse pleine, soit qu'il porte seulement un piton servant d'attache à la chape d'une poulie en fer. Le collier se trouve alors soumis à une traction vers l'arrière, qu'il est nécessaire de contre-balancer par des arcs-boutants s'appuyant sur les apôtres, soit directement, sur leurs faces intérieures, soit sur le dessus de la lisse de pavois.

Pour que le beaupré puisse être enlevé, il faut : ou que le diamètre du collier soit assez grand pour que l'espar puisse le traverser, lorsqu'on le fait passer par côté des bittes, ou bien : qu'il ait exécuté en deux moitiés superposées, de façon qu'on n'ait qu'à enlever le demi-collier supérieur pour soulever ensuite le beaupré.

Civadières. — La tête de l'étrave porte également, de chaque bord, deux sortes d'arcs-boutants en fer, appelés *civadières*, analogues à la barre de hune, et qui ont pour objet de porter les haubans de beaupré plus en dehors de l'étrave

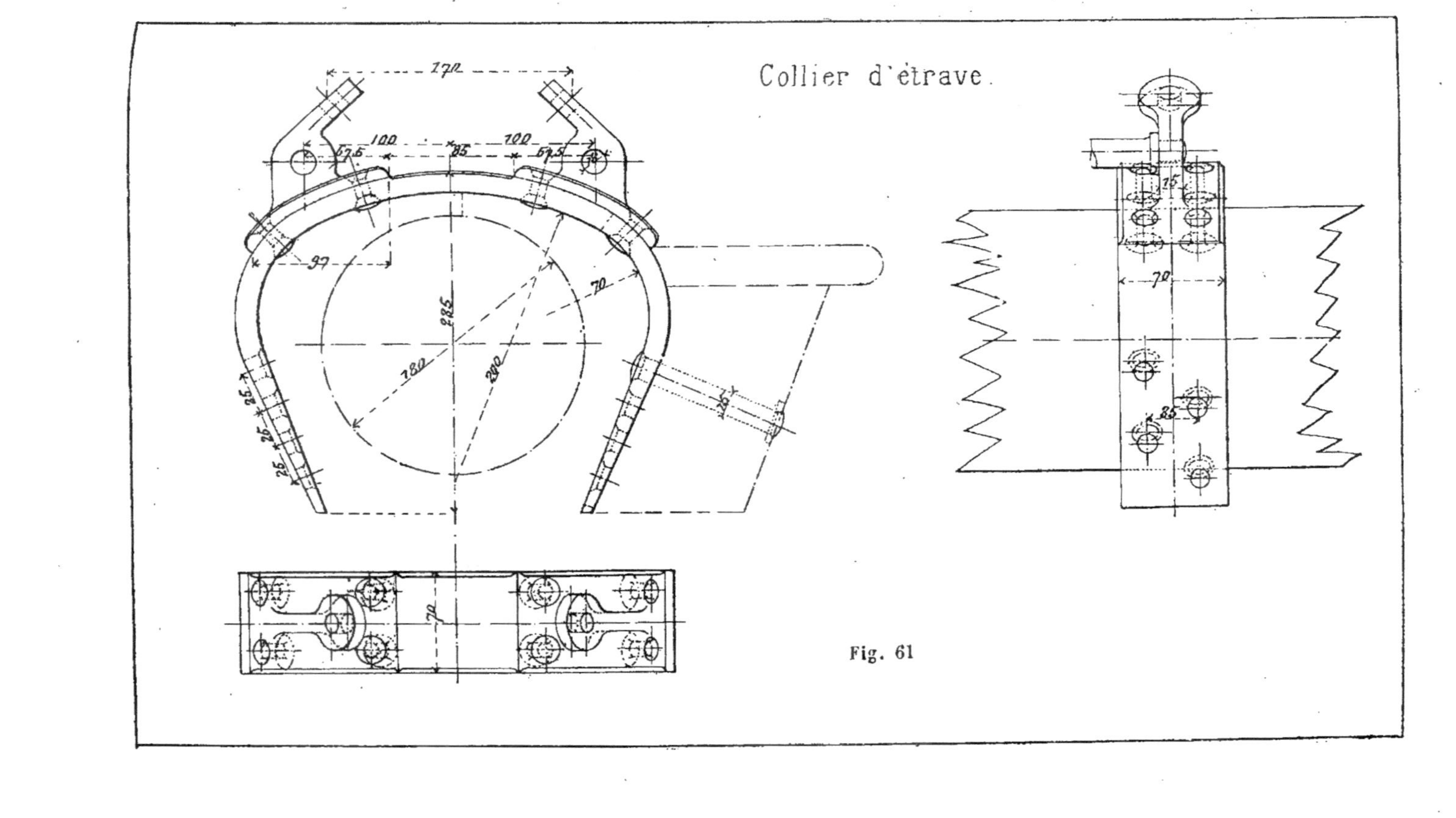

Fig. 61

qu'ils né seraient s'ils allaient directement de leur point d'attache sur la coque à l'extrémité du beaupré ; afin d'accroître leur empature, et par conséquent leur efficacité. Les civadières sont de simples tiges de fer fixées à l'étrave par un point articulé formé de deux œils engagés l'un dans l'autre ; l'un est maintenu sur l'étrave, soit par une vis qui le termine, soit par un boulon qui la traverse et reçoit de l'autre côté l'œil de l'autre civadière, muni d'une partie formant écrou. Souvent, ce boulon sert en même temps à l'attache des pattes du collier d'étrave, lorsque celui-ci est situé dans l'axe du pont. Le bout extérieur des civadières forme une petite fourche qui embrasse le hauban ; et pour que ce dernier ne puisse se désengager, les deux branches de la fourche sont percées chacune d'un trou dans lequel on passe quelques tours de ligne, qui la ferment. Quelquefois, les deux civadières sont complétées par deux arcs-boutants horizontaux prenant point d'appui sur le bordé : afin de les empêcher de se déplacer d'avant en arrière, lorsqu'on mollit les ridages des haubans pour rentrer le beaupré. Deux petites balancines fixées sur le collier ou sur l'étai, les soutiennent et les empêchent de tomber si le hauban se trouve désengagé de la fourche, volontairement ou accidentellement.

Ecubiers. — Un peu en arrière de la tête de l'étrave, les apôtres sont percés obliquement en dessous du pont de deux trous appelés *écubiers*, par lesquels sortent les chaînes de mouillage. Ces ouvertures sont garnies intérieurement d'un tube, en fonte, formant à l'extérieur du bordé un bourrelet suffisamment épais à sa partie inférieure, pour que la chaine ne l'use pas trop rapidement.

Bossoirs de capon. — On trouve ensuite dans les yachts de grande dimension, une sorte de potence en fer forgé appelée *bossoir de capon*, qui sert à hisser l'ancre à bord, lorsque l'on quitte le mouillage. Comme les bossoirs d'embarcations, dont il sera question un peu plus loin, les bossoirs de capon sont fixés sur une batayolle, ou bien, directement sur la fargue ou sur le plat-bord si les pavois sont réduits à une fargue. Leur extrémité formé une chape garnie d'un réa sur lequel passe le garant de capon, que l'on trouve sur un taquet placé sur le bossoir. (¹)

Ecubiers de pont et stoppeurs. — La chaine de mouillage sort de l'intérieur de la coque par une ouverture ménagée dans le pont, au-dessus du puits à chaîne, et garnie d'un tube et d'un bourrelet extérieur. Par analogie et ressemblance avec les écubiers de l'avant, on nomme l'ouverture ainsi disposée *écubiers de pont*. Un peu sur l'avant de l'écubier de pont on trouve un appareil nommé *stoppeur*, servant de point d'attache à la chaîne après que celle-ci a été filée à la longueur voulue au moment de mouiller. Le stoppeur le plus généralement employé, dit à pied-de-biche, se compose (fig. 61 *bis*) d'une pièce en fonte munie à sa partie supérieure d'une rainure épousant la forme transversale des maillons, placés en croix. Un vide du bâtis en fonte est rempli par une pièce en fer appelée pied-de-biche, mobile verticalement par l'action d'une came montée sur un axe commandé par un levier placé sur le côté du bâtis. Le pied-de-biche reste au niveau du fond de la rainure quand il est soulevé, et la chaîne court librement, mais quand il est abaissé, le maillon horizontal tombe

(1) Voir également la construction des bossoirs ou pistolets d'embarcation.

et vient s'arrêter contre la face verticale de la cavité dans laquelle se meut le pied-de-biche, et la chaine est arrêtée.

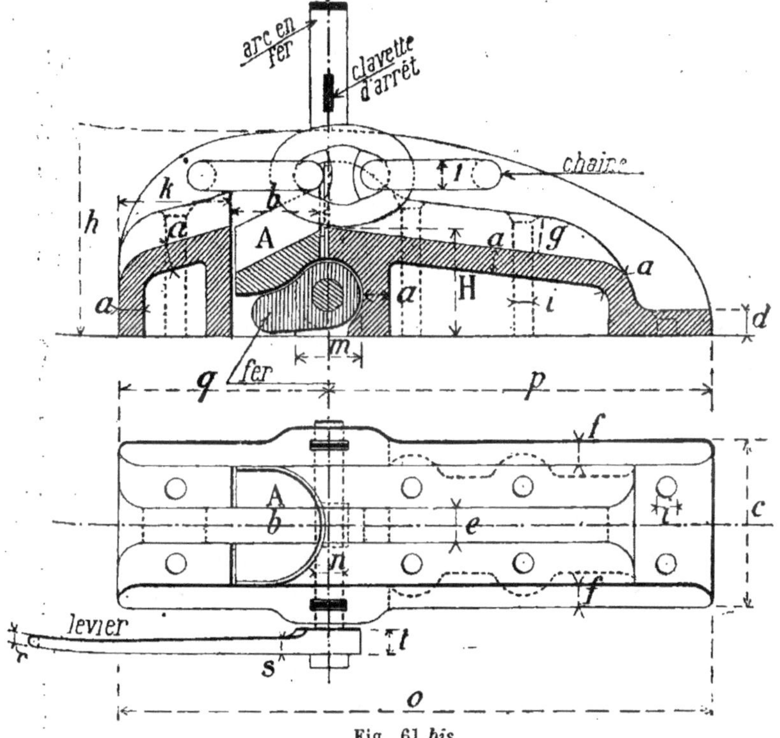

Fig. 61 *bis*

Le but du stoppeur est d'empêcher, lorsqu'on rentre la chaine, qu'elle ne soit entrainée si les hommes viennent à exercer sur elle un effort insuffisant, par exemple sous un violent coup de tangage. Quand on mouille, le pied-de-biche doit toujours être levé.

Croix d'attache de la drisse de foc. — A quelques centimètres, en avant et en abord du mât, (généralement à bâbord) se trouve comme on l'a déjà vu en s'occupant de l'accastillage du pont (chapitre IV, fig. 52) soit une bitte, soit une croix en fer servant à tourner le courant de la drisse de foc, si celle-ci est constituée par une chaîne. La figure dispense de toute description (fig. 67), on remarquera seulement: que la croix de tournage est complétée par une joue de vache supportant un réa en fer, destiné à faciliter le mouvement de la chaîne lorsqu'on la prend à retour pendant le hissage du foc. Lorsque le foc est suffisamment hissé, on laisse la chaîne passée sous le réa, et on effectue son tournage sur la croix, comme sur un taquet ordinaire.

Râteliers de mât. — Lorsque la hauteur insuffisante des pavois ou leur remplacement par une fargue, rendent impossible l'installation des râteliers de tournage à la façon indiquée précédemment, on les fait en fer suivant un des dessins ci-contre (fig. 63). Dans les petits yachts (10 tonneaux et au-dessous) les cabillots sont souvent formés d'une simple tige cylindrique de petit diamètre, emmanchée à force dans le corps du râtelier avec lequel il forme alors un ensemble non démontable.

Le nombre des cabillots à placer sur chaque râtelier, dépend de l'installation, la simplicité ou la complication du gréement, et varie en général de 3 à 6.

Lattes de haubans. — L'attache des haubans, en abord sur la muraille se fait par l'intermédiaire des caps de moutons ou de ridoirs sur des lattes en fer plat, appelées lattes de hauban, terminées par un œil. Lorsque la longueur du yacht et la hauteur du bas-mât sont telles qu'on dispose d'une empature suffisante pour assurer la bonne tenue de la mâture, les lattes de haubans se placent à l'intérieur du bordé,

a Piton du bras
b Piton de l'étarquoir de pic
c Galhaubans de flèche
d Retenue du gui
e Cadène
f Porte-hauban
Beauquière
Boulons des cadènes boulonnés à écrou sur une plaque de fer en dedans de la serre
a b c c d
e
Installation des porte-haubans

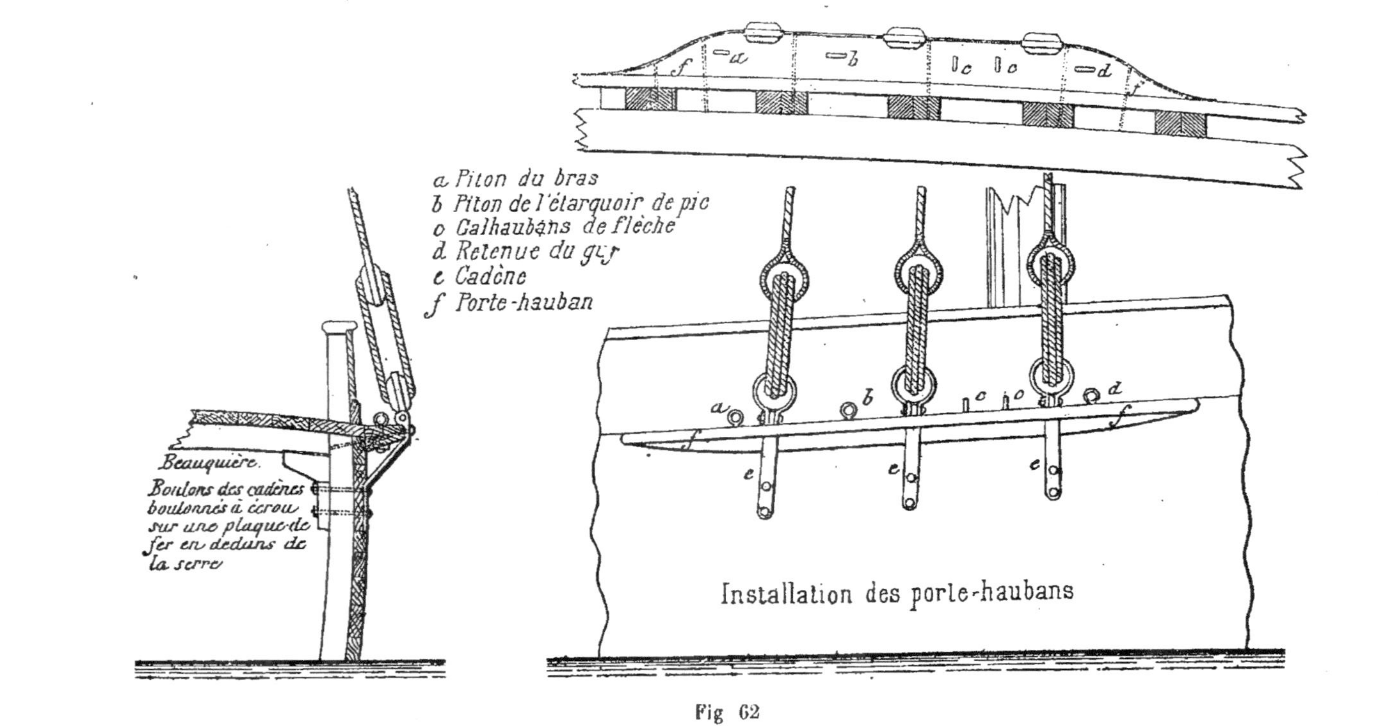

Fig 62

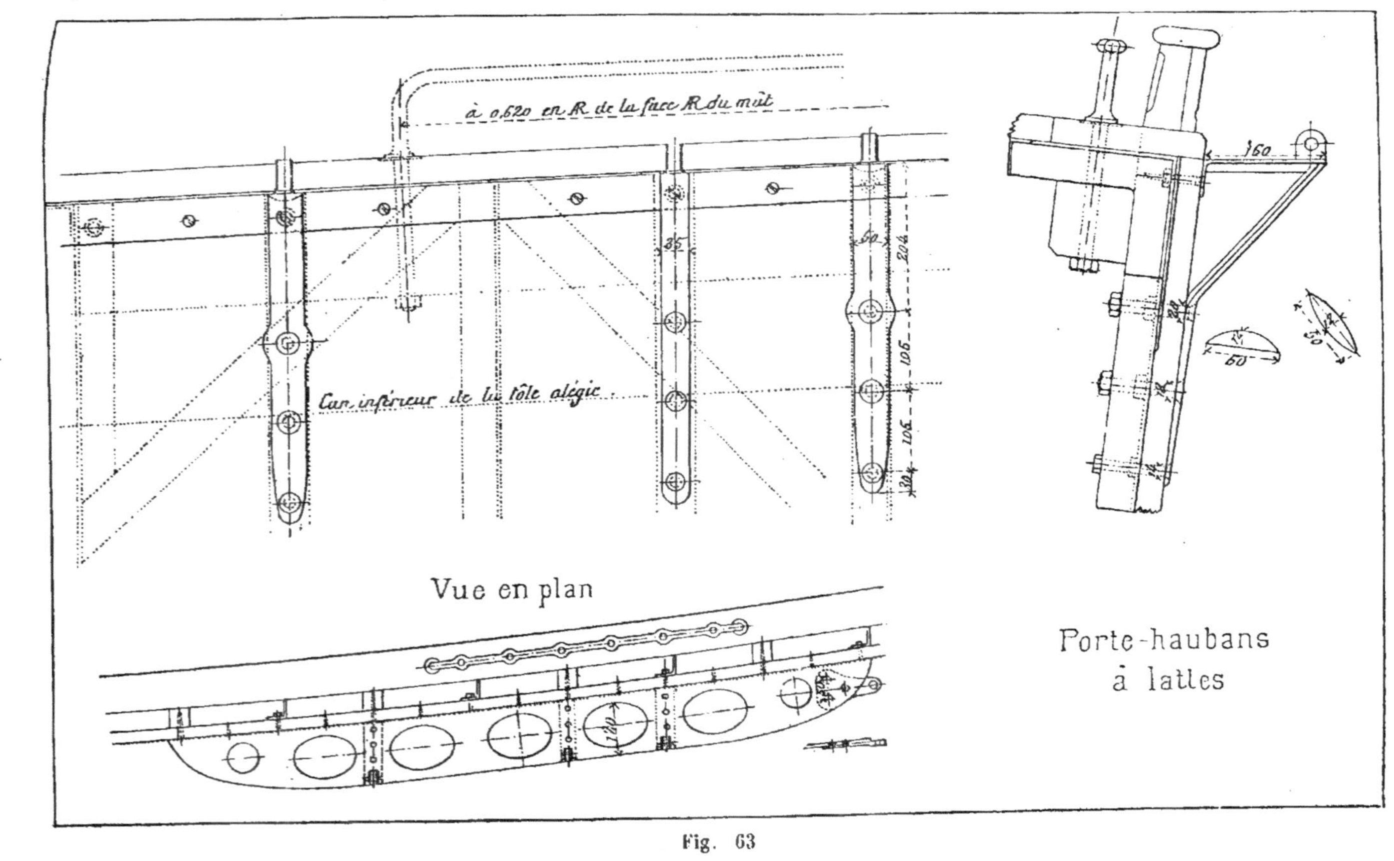

à o.620 en R de la face R du mât
Can inférieur de la tôle algic
Vue en plan
Porte-haubans
à lattes
Fig. 63

en général sur la face avant ou arrière des couples situés au droit du mât, et sont solidement boulonnées sur ces couples. On les fixe aussi extérieurement à la muraille, en les boulonnant à travers le bordé et la membrure ; elles font alors saillie à l'extérieur et rompent la continuité de la muraille en produisant souvent un effet disgracieux (fig.62et63).

Porte-haubans. — Si le yacht est muni de pavois d'une certaine hauteur, la pente des haubans attachés directement à l'extérieur de la muraille, ferait qu'ils rencontreraient la lisse d'appui, ou même traverseraient les pavois. Il devient alors nécessaire de reporter le point d'attache vers l'extérieur, d'une quantité suffisante pour qu'ils ne viennent pas toucher la lisse de batayolles. Les lattes quittent alors la muraille un peu en dessous du plat-bord et sont renvoyées vers l'extérieur, en s'appuyant sur une pièce de bois suivant le plat-bord appelée *porte-hauban*, qui a pour objet de résister aux efforts de rappel du point d'attache vers l'intérieur.

Dans les yachts de croisière les porte-haubans se font ordinairement en bois (fig. 62); mais dans les yachts de course, où les efforts sont plus considérables, on les forme d'une armature en fer ou en acier, plus ou moins épaisse, attachée sur la muraille (fig. 63).

Les porte-haubans servent souvent de point d'attache aux dormants de quelques-unes des manœuvres du mât; on doit, dans ce cas éviter les manœuvres qui exerceraient sur eux une traction considérable, et augmenteraient la fatigue déjà très grande des lattes de haubans.

L'installation et la construction de cette partie du yacht demande la plus grande attention et les plus grands soins, car sur elle repose toute la solidité de la mâture, et par conséquent la sécurité du bâtiment. On a déjà vu (chapitres I et IV) les dispositions usitées pour assurer la solidité de cette partie de la coque.

Bossoirs d'embarcation ou porte-manteaux, Pistolets. — A partir de trente à quarante tonneaux de jauge, les yachts hissent leurs embarcations sur des *bossoirs* appelés aussi *porte-manteaux* ou *pistolets*, sorte de potences en fer pivotant suivant leur axe vertical, et auxquelles sont attachés les deux palans de bossoir servant à hisser les embarcations hors de l'eau.

Les bossoirs sont constitués par une tige de fer d'échantillon suffisant pour pouvoir supporter sans fléchir, le poids de l'embarcation, et recourbée en forme de crosse afin de reporter le point de suspension des palans suffisamment en dehors de la muraille, pour que les canots ne soient pas exposés à frotter contre le bordé pendant qu'on les hisse hors de l'eau. Les bossoirs se placent généralement en dedans

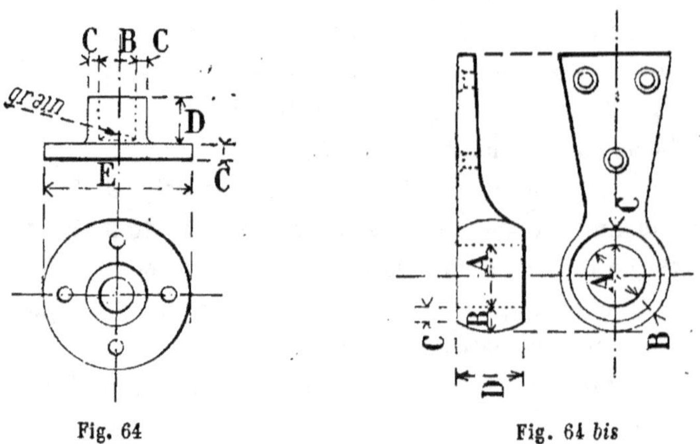

Fig. 64   Fig. 64 *bis*

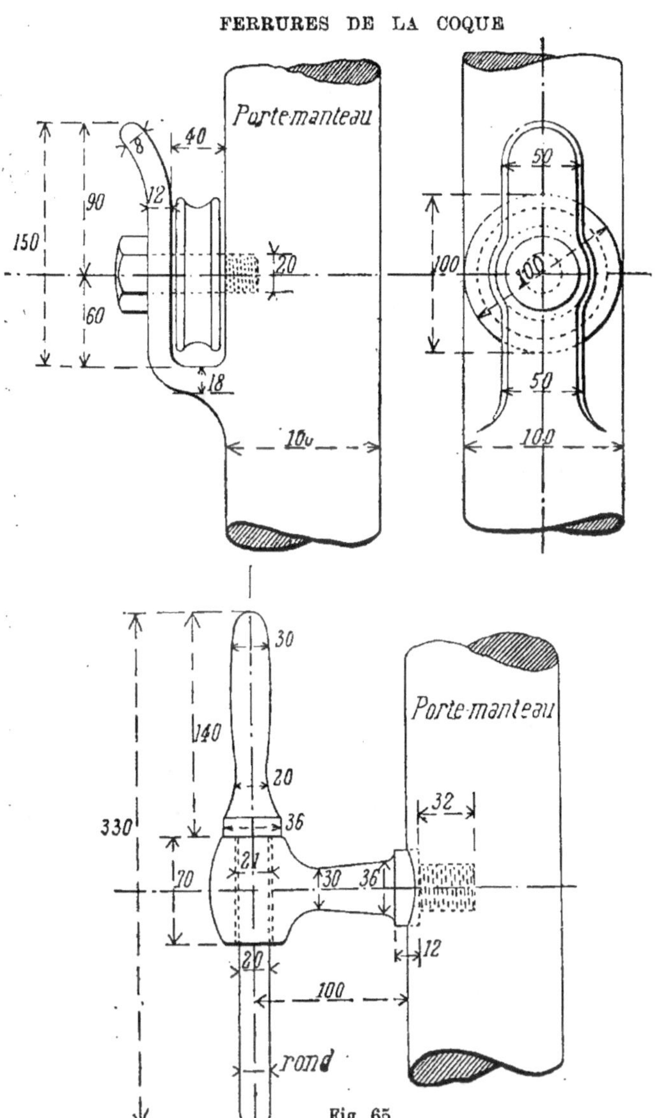

Fig. 65

des pavois, autant que possible contre une jambette. Leur
extrémité inférieure repose sur une sorte de godet en fonte

appelé crapaudine (fig.64), fixé par quatre vis sur le plat-bord. A hauteur de la lisse, la tige du bossoir est embrassée par un collier en fer dans lequel elle tourne librement (fig. 64 *bis*). L'extrémité de la crosse est habituellement façonnée en boule et traversée par un boulon qui porte la poulie supérieure du palan du bossoir, avec un jeu tel, que la poulie puisse tourner sur elle-même et prendre toutes les orientations. Quelquefois cette poulie est en fer, alors le boulon n'est que le prolongement de sa chape ; si la poulie est en bois, le boulon est terminé par un œil qui reçoit le croc. Une joue de vache garnie d'un réa est placée un peu au-dessus du point de naissance de la partie recourbée, et sert à ramener le garant suffisamment en dedans, pour qu'il ne puisse frotter contre le plat-bord de l'embarcation, lorsque celle-ci est hissée à bloc. Enfin, un taquet en fer soudé sur la partie verticale du bossoir sert à tourner le garant.

Lattes de bassetaques. — En arrière du mât, ou des *porte-manteaux* s'il y en a, se trouvent, à peu près à égale distance du mât et de l'étambot, des lattes analogues aux lattes de hauban, installées soit intérieurement soit extérieurement à la muraille, mais sans adjonction de porte-haubans. Ces lattes appelées *lattes de bassetaques*, reçoivent l'attache du palan et du dormant de l'itague de bassetaque, et sont au nombre de deux, de chaque bord, placées l'une près de l'autre. On les dirige obliquement, d'arrière en avant dans la direction des bassetaques. Elles sont soumises, comme les lattes de haubans, à des efforts assez considérables, aussi doivent-elles être solidement chevillées ou boulonnées avec le bordé et la membrure.

Attache de la grande écoute. — La poulie basse de la grande écoute, est habituellement attachée à un *amortisseur à caoutchouc*, destiné à soustraire la charpente de la voûte aux chocs qu'elle reçoit de la part de la grande écoute, principalement aux virements de bords vent arrière.

L'amortisseur se compose essentiellement (fig. 66) d'une courte barre cylindrique fixée par ses extrémités à deux forts pitons boulonnés sur un barrot. Sur cette barre sont enfilés un certain nombre de tampons cylindriques en caoutchouc séparés par des rondelles métalliques. Les rondelles extrèmes plus épaisses sont articulées à deux longues manilles qui se réunissent en **V** en dessus de la barre, et reçoivent le croc de la poulie de grande écoute. Les deux manilles reçoivent alternativement la traction de la grande écoute, suivant les amures sous lesquelles le yacht navigue, et la transmettent à tous les tampons qui fournissent le point d'attache élastique.

Fig. 66

On rencontre souvent sur les yachts de quarante tonneaux

et au-dessous, des barres d'écoute traversant d'un plat-bord à l'autre, ces longues barres d'écoute, avantageuses pour la perfection de l'applétage de la grand'voile, ont l'inconvénient de donner lieu à des chocs considérables, qu'on ne saurait faire supporter impunément à la charpente, lorsqu'on a affaire à des grand'voiles un peu grandes et des bômes trop pesantes; aussi ne les rencontre-t-on guère au-dessus de vingt tonneaux.

Quelquefois, la grande écoute passe dans quatre poulies, placées : deux sur la bôme, deux sur le pont. La fatigue locale de la charpente est ainsi amoindrie, ou plutôt mieux répartie, en sorte qu'il devient alors possible de se servir des barres d'écoute avec des voiles de grande dimension.

Pitonnage. — En outre de ces ferrures principales, le pont reçoit un certain nombre de pitons répartis, en différents endroits : autour du mât et le long du plat-bord, suivant la complexité plus ou moins grande de l'installation du gréement. (Voyez fig. 67.)

Les figures 68 et 69 indiquent le mode de construction de coulants d'écoute de trinquette et de montants de gros taquets, que l'auteur emploie depuis 1890.

Treuils. — L'installation du pont est complétée par l'adjonction d'un appareil destiné à faciliter l'opération du levage de l'ancre (fig. 70).

Beaucoup de yachts portent un treuil, installé sur les bittes de beaupré; mais cette disposition tend de plus en plus à être abandonnée, en raison de l'encombrement qu'elle provoque à l'extrême avant, car, pour que les hommes trouvent assez d'espace pour manœuvrer, les bittes sont rame-

Croix de retour et tournage (1 pièce)
Barre de grande écoute
Mâlagot
environ 900 d'axe en axe
Rateliers de tournage (2 Pièces)
650, 5 divisions de 130
Pitons
de g.de écoute. aut. du mât de palaras. de balancine. drisse de trinquette

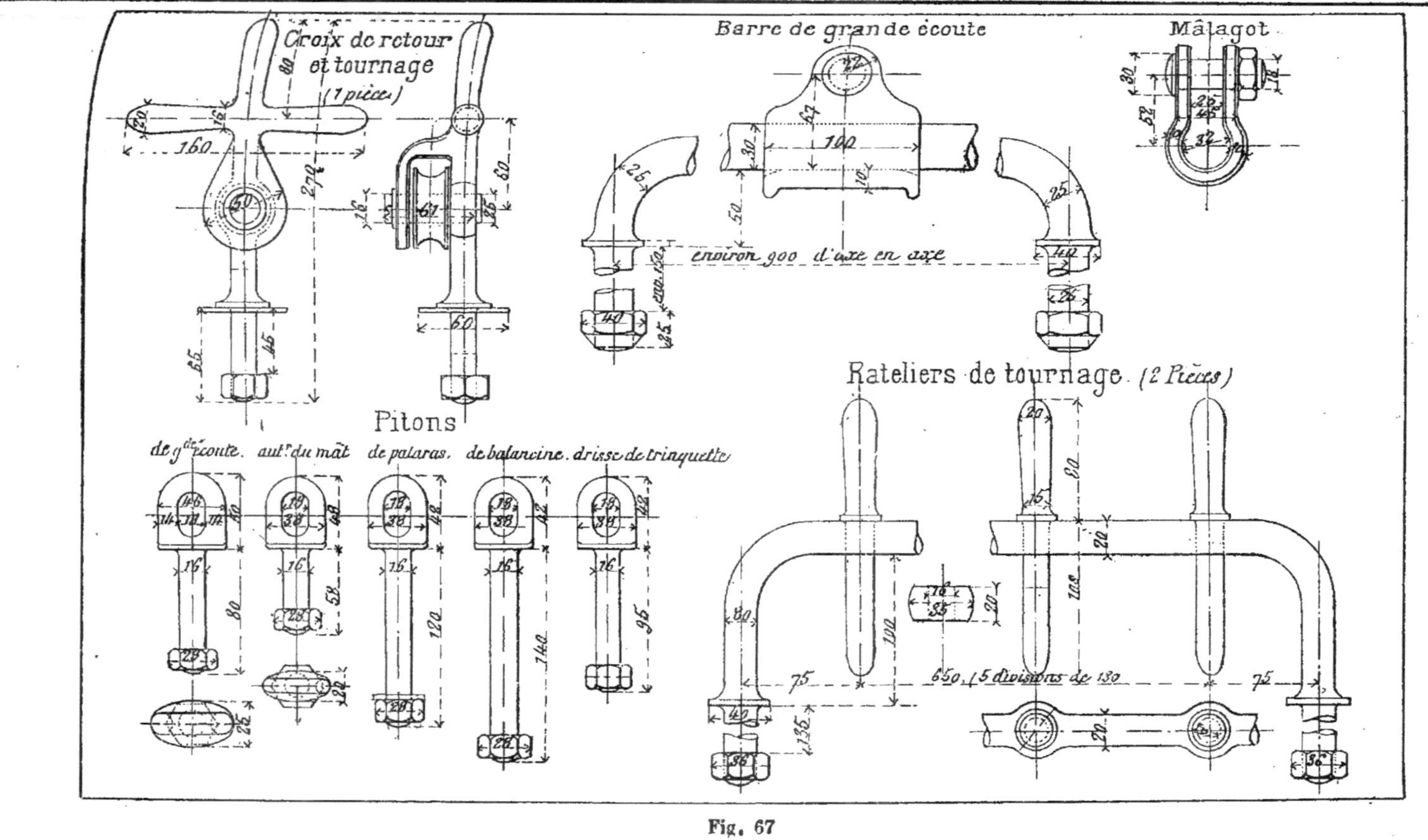

Fig. 67

Montures et joues de vaches de la barre de retour
Retours et dormant d'écoute de trinquette
Bouchon

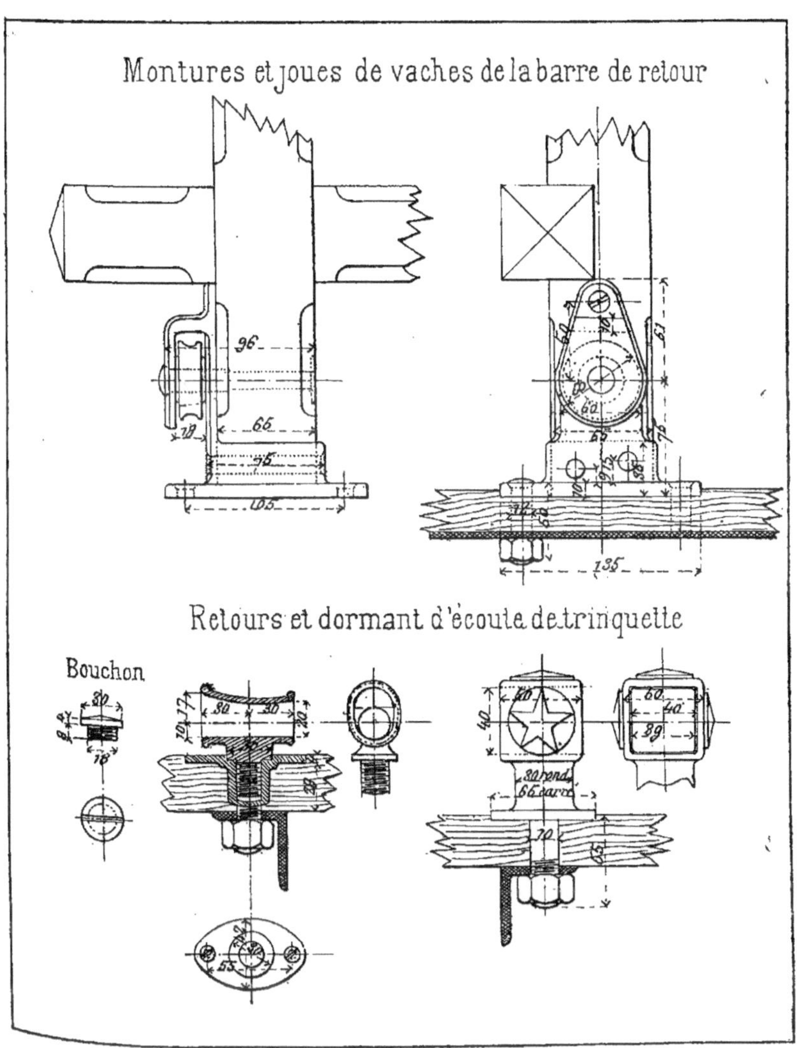

Fig. 68 et 69

Treuil guindeau de 1500ᵏ à mouvement continu. N° 2
Vue de face
Vue du côté A
Vue en plan du bâtis
Dessus de bâtis
22 dents
Orme
à l'épaulement

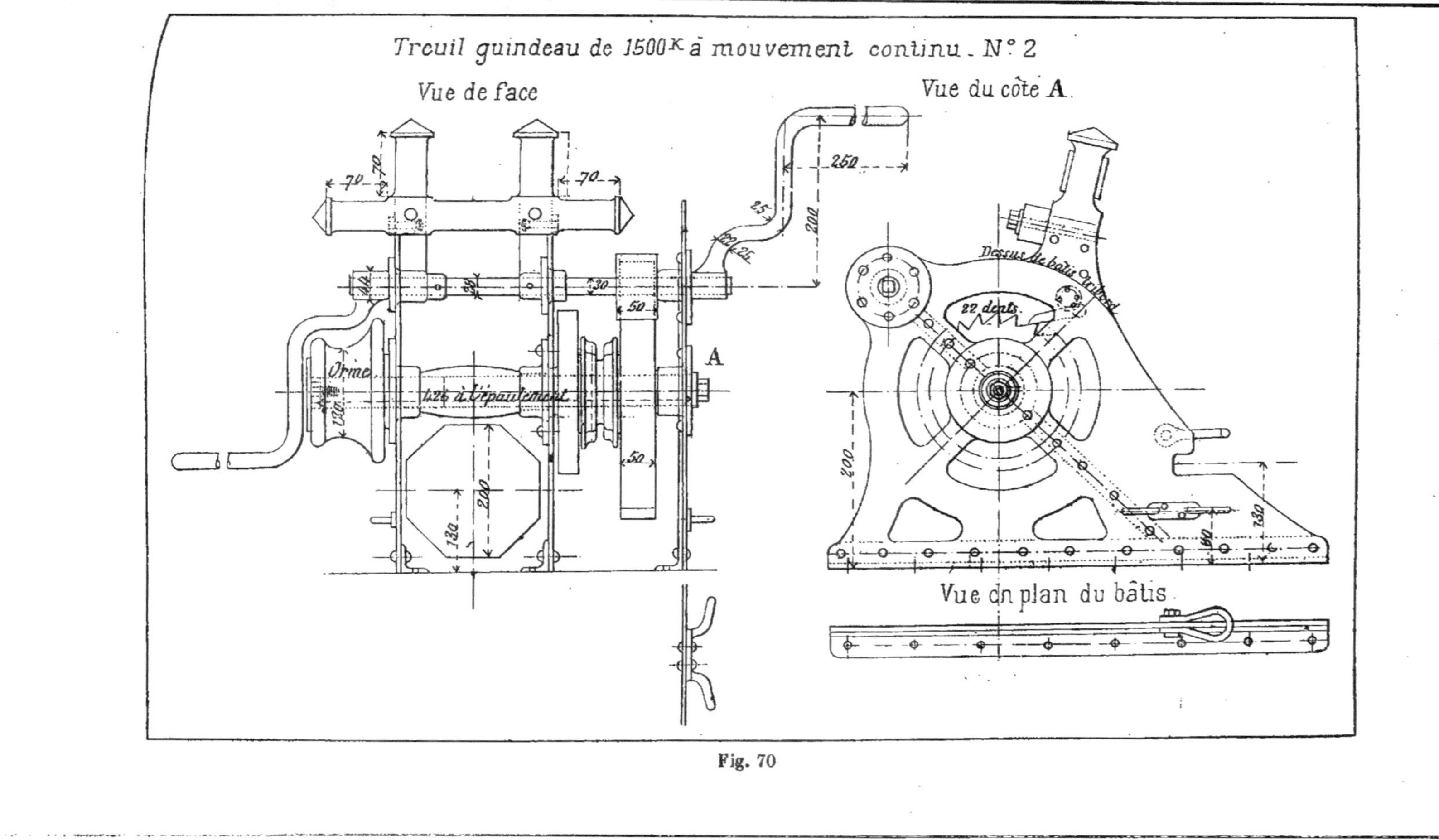

Fig. 70

nées vers le mât, provoquant ainsi un allongement de la caisse de beaupré, qui, joint au poids propre du treuil, a pour effet de surcharger l'avant du yacht, au détriment de ses qualités nautiques.

On tend de plus aujourd'hui, précisément dans cet ordre d'idées, à réduire de plus en plus les poids placés à l'avant, en réduisant la longueur de la caisse du beaupré à la dimension strictement nécessaire à sa solidité, et en employant des bittes formées de deux bâtis en tôle évidée, aussi légers que possible. Le treuil est alors remplacé par un cabestan à engrenages intérieurs, actionné par deux manivelles placées à la partie supérieure. Ces appareils présentent une grande puissance sous un poids et un encombrement très réduits. Ils ont de plus l'avantage, de pouvoir se placer beaucoup plus vers l'arrière qu'un treuil installé sur les bittes de beaupré, et en outre, on peut les démonter à la mer et les loger dans la cale, au grand profit de l'allègement de l'avant qui lève mieux à la lame, et donne lieu à des tangages moins dangereux pour le gréement, et plus doux pour les passagers du yacht.

Ancres. — Toute ancre se compose des parties suivantes (fig. 71) :

1° La *verge*, tige en fer forgé de forme méplate, terminée à sa partie supérieure par un œil qui reçoit l'*organeau* ; un trou ménagé dans la verge un peu au-dessous de celui-ci sert au passage d'une tige transversale en fer appelée *jas*, terminé par une partie recourbée ;

2° Les bras recourbés partant de l'autre extrémité de la verge et terminés eux-mêmes par :

3° Deux surfaces plates triangulaires, appelées *pattes*, dont les extrémités portent le nom de *becs*.

Le jas est habituellement dans un plan perpendiculaire à celui des bras. Il est maintenu en place, contre la verge, par un épaulement et une clavette. En retirant la clavette on

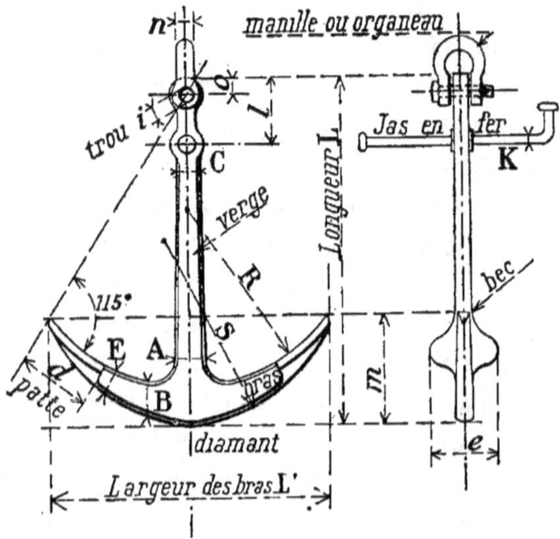

Fig. 71

peut le rabattre contre la verge, à laquelle il reste fixé par son extrémité recourbée. Le jas a pour objet d'obliger les pattes à mordre sur le fond, en les maintenant dans un plan vertical.

L'ancre ordinaire qui vient d'être décrite a l'inconvénient d'être encombrante sur le pont, et de ne pouvoir être rentrée facilement à l'intérieur du yacht. Pour remédier à cet inconvénient, on fait souvent la verge et les bras en deux pièces différentes, que l'on n'assemble par un ou deux boulons à clavette, qu'au moment de s'en servir. Les bras de l'ancre Sinnett, sont articulés, à charnière sur la verge, de façon à se rabattre contre elle. Lorsqu'ils sont ouverts, un boulon placé sur la verge entre les deux charnières les fixe dans cette position. On a beaucoup employé en Angleterre, depuis quelques années, l'ancre en acier fondu Wastney (fig. 72), qui dépourvue de jas

Fig. 72

est d'une manœuvre plus facile. Ses deux pattes mordent ensemble sur le fond et lui assurent une tenue très efficace.

D'une façon générale, l'efficacité des ancres dépend surtout de la nature du fond qu'elles sont appelées à rencontrer fréquemment, et c'est surtout cette considération qui doit en déterminer le choix. L'ancre ordinaire est d'une tenue excellente dans les fonds durs, ou dans les roches. L'ancre Wastney parait plus efficace dans les fonds mous, à cause de l'action simultanée de ses deux pattes. Pour les eaux françaises, l'ancre ordinaire est parfaitement suffisante.

Le tableau suivant fournit les poids des ancres ainsi que les dimensions de chaines qui conviennent aux différentes grandeurs de yachts. On remarquera qu'un même yacht embarque plusieurs ancres de dimensions différentes désignées sous les noms d'*ancre de bossoir* pour la première ancre, d'*ancre de veille* pour la seconde ; et si le yacht en comporte trois, d'*ancre à jet* pour la plus petite des trois. Les deux premières servent à assurer le mouillage par mauvais temps ; l'ancre à jet est employée pour les manœuvres de touage et d'embossage, pour lesquelles on la

TABLE DES DIMENSIONS DES CHAINES, ANCRES, GRELINS, HAUSSIÈRES, EMBARQUÉS A BORD DES YACHTS A VOILES

Tonnage LBc/3,8	Nombre d'ancres	1re Ancre poids	1re Ancre Éprouvée à	2e Ancre Poids	2e Ancre Épreuve	3e Ancre Poids	3e Ancre Épreuve	4e Ancre Poids	4e Ancre Épreuve	Chaine de mouillage Diamètre	Chaine de mouillage Longueur	Chaine de mouillage Éprouvée à	Chaine de mouillage Charge de rupture	Chaine de touée Diamètre	Chaine de touée Longueur	Haussières Circonférence	Haussières Longueur	Grelins Circonférence	Grelins Longueur
			tonnes		tonnes														
3 à 5	2	30	»	15	»	»	»	»	»	9	60	2,400	3,600	»	»	60	80	50	60
5 à 10	2	40	»	20	»	»	»	»	»	10	90	2,400	3,600	»	»	99	90	63	80
10 à 20	2	50	»	25	»	»	»	»	»	11	90	3,500	5,250	»	»	100	90	75	100
20 à 30	2	60	»	30	»	»	»	»	»	13	120	4,500	6,750	»	»	110	100	75	100
30 à 40	2	75	»	40	»	»	»	»	»	14	150	5,500	8,250	»	»	125	130	75	100
40 à 50	3	85	4,200	75	»	30	»	»	»	14	180	4,500	8,250	»	»	125	130	80	130
50 à 75	3	110	4,800	100	4,500	40	»	»	»	16	180	7,000	10,500	»	»	130	130	80	130
75 à 100	3	160	5,700	150	5,500	45	»	»	»	18	210	8,500	12,750	»	»	150	130	90	150
100 à 125	3	180	6,150	160	5,900	50	»	»	»	19	210	10,120	15,120	12	90	150	130	90	150
125 à 150	3	210	6,600	200	6,350	50	»	»	»	19	210	10,120	15,120	12	90	150	130	90	150
150 à 200	4	250	7,350	225	6,850	60	»	30	»	20	240	11,900	17,800	14	90	160	130	100	150
200 à 250	4	280	8,000	260	7,550	85	4,200	40	»	22	240	13,750	20,625	14	90	160	130	100	150
250 à 300	4	325	8,750	300	8,250	100	4,500	40	»	24	270	15,800	23,700	17	90	210	130	100	150

Les poids sont exprimés en kilogrammes,
Les charges d'épreuves en tonnes de 1000 kilogrammes,
Les diamètres en millimètres.

porte loin du yacht, en l'embarquant dans une des embarcations du bord.

Chaînes. — Les chaînes sont embarquées par bouts de 30 mètres appelés *maillons*, réunis par une manille. Au-dessus de 14 millimètres les mailles sont renforcées d'un étai qui les empêche de se resserrer, et évite la formation des coques. Le bout qui porte l'ancre est attaché, par une manille, à un fort émerillon fixé à l'organeau, afin d'empêcher la chaîne de vriller.

A bord d'un yacht, chaînes et ancres doivent être zinguées, malgré la diminution de résistance qui en résulte pour la chaîne, diminution qu'il est facile d'ailleurs de regagner par le choix de son échantillon. L'entretien en est ainsi rendu plus facile, et réduit en somme à un simple lavage quand on les rentre à bord.

TABLE DONNANT LA LONGUEUR TOTALE DES ANCRES ORDINAIRES D'APRÈS LEUR POIDS

Poids en kilos	Longueur en mètres	Poids en kilos	Longueur en mètres
5	0,511	70	1,232
10	0,646	75	1,261
15	0,737	80	1,288
20	0,812	85	1,325
25	0,875	90	1,340
30	0,930	100	1,386
35	0,978	125	1,495
40	1,023	150	1,587
45	1,063	175	1,672
50	1,102	200	1,733
55	1,137	250	1,882
60	1,171		2,000
65	1,202		2,105

POIDS DU MÈTRE COURANT DES CHAINES USITÉES A BORD DES YACHTS A VOILES

Diamètre du maillon en millimètres	Poids du mètre courant	Diamètre du maillon en millimètres	Poids du mètre courant
4	0,250	16	5,550
6	0,770	18	7,000
8	1,380	20	8,700
10	2,150	22	10,500
12	3,100	24	12,500
14	4,210	26	14,700

RÉSISTANCE ET POIDS DES CORDAGES DE MOUILLAGE USITÉS A BORDS DES YACHTS A VOILES

	Diamètre en millimètres	Cordage blanc sec		Cord. bl mouillé		Cord. goudronné		Poids du mètre courant
		Maxima	Minima	Maxima	Minima	Maxima	Minima	
Cableaux.	17	1380	920	920	615	1040	790	0,235
	35	5500	3700	3700	2470	4160	2770	0,917
	47	10603	7069	7069	4710	7950	5000	1,800
Haussières.	54	14000	9350	9350	6230	9750	7000	2,370
	66	21000	13950	13950	9295	16135	10424	3,543

Pompes. — L'installation générale de la coque est complétée par une pompe destinée à rejeter à la mer les eaux de la cale. Afin de ne pas répandre sur le pont ces eaux toujours sales et souvent d'une odeur désagréable, les pompes doivent avoir un tuyau de décharge de large section placé sous le pont.

CHAPITRE VI

CONSTRUCTIONS SPÉCIALES

Yachts munis de quille en plomb. — Lorsque, ainsi qu'il est d'usage aujourd'hui la totalité du lest est concentrée dans une quille de plomb, placée aussi bas que les formes de la coque le permettent, les efforts exercés sur la membrure augmentent considérablement. Dans les yachts ordinaires, seulement destinés au voyage, le lest est tantôt placé entièrement à l'intérieur, sous forme de gueuses de fonte ou de saumons de plomb arrimés dans la partie centrale, au-dessus des varangues et de la carlingue qui supportent ainsi directement la presque totalité du poids du lest, dont une faible portion logée sous la carlingue repose directement sur la quille.

Le lest est ainsi suspendu à l'intérieur de la membrure qui supporte une partie des efforts répartis sur une certaine longueur des varangues, et dont le reste se trouve transmis et répartis par la carlingue et les marsouins dans les parties avant et arrière de la coque. Si le yacht porte une partie de son lest dans une quille métallique placée au-dessous de la quille en bois, les efforts peuvent être reçus de trois façons par la coque : que la quille en plomb soit directement boulonnée sur la quille en bois sur les varangues, ou enfin sur la carlingue. Dans le premier cas, la quille en bois sollicitée par la quille métallique tend à se séparer des varangues et des galbords, dont les liaisons reçoivent ainsi un supplément important de fatigue, auquel elles ne peuvent toujours résister. Cette partie de la coque se délie alors plus ou moins vite en donnant naissance à des voies d'eau plus ou moins importantes.

Si les boulons d'attache de la quille métallique prennent leur point d'appui sur les varangues, la quille se trouve presque totalement soulagée, les efforts se transmettent aux couples et, par leur intermédiaire au bordé. Or, on a vu que les couples sont formés de deux plans de bois, assez mal disposés pour résister aux efforts de glissement de l'un par rapport à l'autre. Si l'effort transmis par le boulon était rigoureusement réparti dans les deux plans, les chances de glissement seraient nulles. Mais il n'en est pas ainsi dans la pratique, et, quelques soins que l'on prenne pour répartir l'effort dans chaque moitié du couple, l'une reçoit un supplément de charge qui tend à délier l'assemblage. Pour éviter le plus possible ces inconvénients, il est alors bon de serrer le boulon de quille métallique sur une varangue en fer suffisamment large, placée bien à cheval sur les deux plans de varangue en bois et bien chevillée avec chacun d'eux. Les couples ainsi chargés ne supportent pas tous le même effort, ce qui n'arrive qu'avec une quille métallique prismatique. Or, habituellement les quilles en fonte ou en plomb ont plus ou moins la forme de fuseaux dont les tranches de longueur égale, supportées par les boulons équidistants, n'ont pas le même poids : maximum au centre et minimum vers les extrémités. Il s'ensuit que les couples centraux sont les plus chargés, ainsi que les parties du bordé qu'ils intéressent.

Toute cette partie de la coque, est donc sujette à fatiguer et se délier, et le calfatage desserré peut donner naissance à des suintements. Enfin, si les boulons de suspension de la quille métallique viennent s'attacher sur la carlingue, la raideur propre et relativement grande de cette pièce, contribue à mieux distribuer aux varangues les efforts dont une partie, ainsi que nous l'avons dit, se trouve transmise dans les extrémités de la charpente, soulageant d'autant, la partie centrale. Il est d'ailleurs plus facile en prenant point d'attache sur la carlingue, de répartir comme on le veut, le poids de la quille en plomb, puisqu'on n'est plus astreint comme dans le cas précédent à n'en placer qu'à chaque couple. Cette dernière disposition est assurément de beaucoup préférable aux deux premières ; mais, au fur et à mesure qu'augmente la proportion du lest total transportée dans la quille en plomb, les efforts croissent d'autant plus rapidement que la fraction du lest qui reposait sur les bras des varangues, et répartissait sur elles son effort, va en diminuant. Quand la totalité du lest a passé de l'intérieur dans la quille métallique, les résultantes des efforts de chaque tranche comprise entre deux couples, qui, dans le cas du lest intérieur tombaient sur les bras des varangues, se trouve descendue progressivement jusqu'à leur pied, et le bras de levier suivant lequel les mêmes efforts agissent va en augmentant et accroît proportionnellement la fatigue des varangues et de la partie intérieure des couples. On voit ainsi, comment le transport gradué d'une même quantité de lest de l'intérieur à l'extérieur de la coque agit sur la solidité de celle-ci.

Un des premiers moyens de remédier aux fatigues de la partie basse de la coque, consiste à la relier aux parties

hautes par des lattes diagonales en fer, qui se croisent de
chaque bord, et relient le carreau, la quille et la membrure
par un solide chevillage. Les efforts supplémentaires dont il a

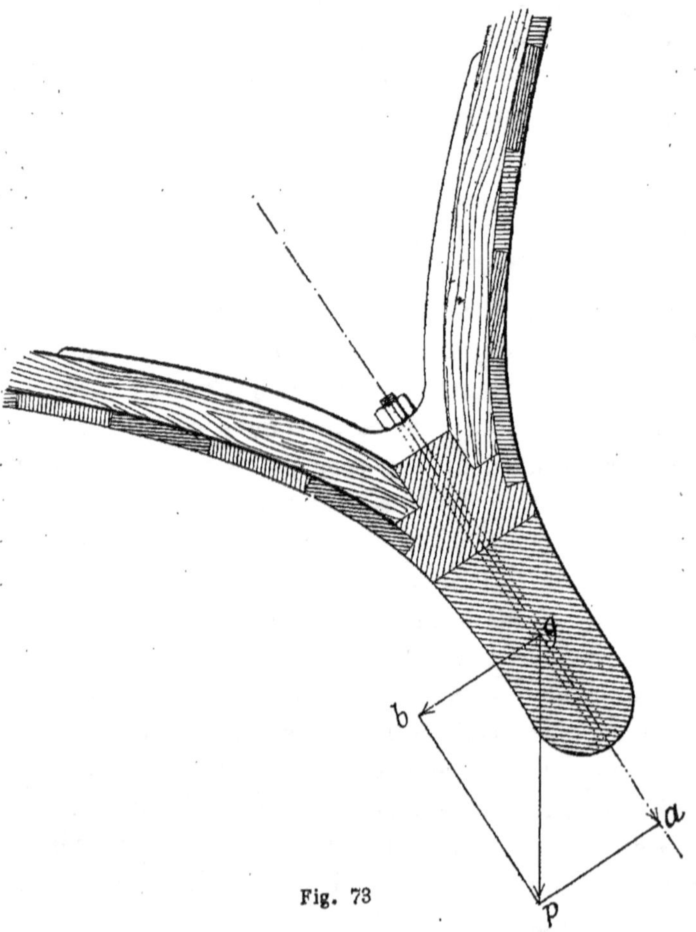

Fig. 73

été question, se trouvent ainsi mieux répartis sur la membrure et le bordé, au profit des parties basses de la coque,

qui s'en trouvent soulagées. Mais ce genre de consolidation ne serait pas suffisant pour résister à tous les efforts des quilles métalliques.

Quand le yacht s'incline, gite, ou donne de bande, le poids de la quille métallique ne s'exerce plus dans l'axe des boulons qui la suspendent, mais dans une direction oblique $g\mathrm{P}$, (fig. 73) qui se décompose en deux efforts : l'un, ga, dirigé encore suivant l'axe du boulon (plus petit que l'effort qu'il subissait lorsque le bateau était droit, et qui va en diminuant avec l'inclinaison) ; et l'autre, $g\,b$, perpendiculaire au plan diamétral, dirigé du côté où la coque s'incline. Ce dernier effort sollicite la quille en plomb à glisser, en cisaillant au plan de sa jonction avec la quille en bois, les boulons qui la retiennent sous le vent. Cet effort se trouve transmis, par l'adhérence des deux quilles, et surtout par les boulons, à la quille en bois qui le transmet aux varangues et aux galbords, et tend à déformer latéralement tout le pied de la coque en faisant ouvrir les joints placés au vent. Le seul moyen de remédier à ces déformations consiste à rendre aussi indéformable que possible les angles des varangues avec la quille en bois, au moyen de fortes courbes en fer. Celles-ci peuvent être plates, ou mieux formées d'une forte cornière, dont l'aile verticale est boulonnée par côté des varangues, et dont l'aile horizontale est boulonnée à travers la quille. Cette dernière disposition permet un emploi plus rationnel du métal que la première, et, par conséquent, est plus légère à résistance égale.

Si le poids de la quille en plomb est trop considérable, il faudra alors renforcer les cornières par une tôle varangue qui les reliera d'un bord à l'autre, avec adjonction d'une cornière, bordant son côté supérieur, bien assemblée aux deux branches de la cornière. Cette disposition n'est guère employée, car la construction composite est généralement adoptée pour les yachts où le poids de la quille en plomb, appellerait son emploi, et alors, elle rentre dans le système général de cette construction.

Lorsqu'on emploie la construction composite telle qu'elle a été décrite au chapitre III, on se dispense quelquefois, d'attacher les boulons de quille sur les varangues métalliques, pour ne pas les affaiblir. Les boulons sont alors distribués sur la quille même, aussi près que possible des varangues, et, comme celles-ci sont boulonnées avec la quille en bois, on réalise encore une solidité suffisante.

Nous avons souvent employé l'artifice suivant, pour intéresser la varangue à l'effort du boulon de la quille métallique : celui-ci passe aussi près que possible de la cornière varangue, du côté opposé à celui où se trouve l'aile reposant sur la quille, et vient se fixer sur une griffe en fer très rigide, qui coiffe l'aile verticale, et repose sur elle (fig. 74).

L'augmentation de stabilité, qui résulte de l'emploi des quilles métalliques, augmente dans la même proportion les efforts exercés par la mâture sur la coque ; aussi devient-il nécessaire de renforcer toutes les attaches de la mâture et du gréement. En premier lieu, les couples qui reçoivent l'attache des haubans doivent être considérablement renforcés, soit qu'on augmente leur échantillon, soit qu'on les remplace dans une coque en bois, par des couples en fer. Il faut ensuite obvier aux inégalités d'efforts qui peuvent s'exercer sur eux, si un hauban se trouve plus raide que l'autre, ou au cas extrême de la rupture de l'un d'eux.

Pour cela, on réunit leurs têtes, par une tôle, qu'il est même bon de prolonger aux deux couples AV et $\mathcal{R}$, voisins. Puis, pour diminuer la fatigue que ces efforts localiseraient

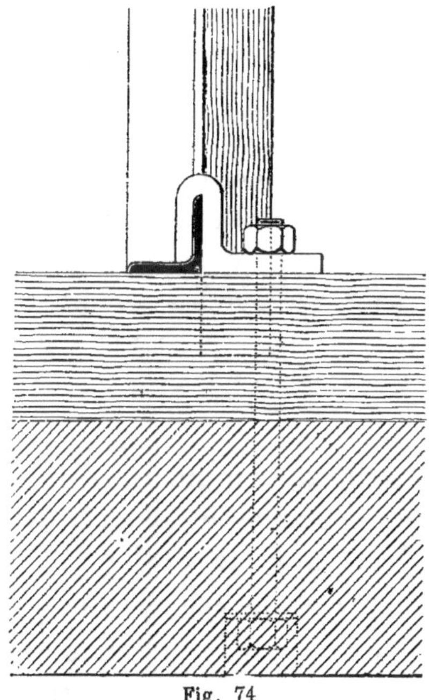

Fig. 74

dans cette région, il est utile de la répartir jusqu'à la quille, par des lattes diagonales rivées avec la tôle en question, et allant rejoindre la quille et l'étrave. Afin de ne pas augmenter inutilement le poids de cette tôle, on peut l'évider par des découpages.

Le point d'attache des bassetaques, subissant des efforts de même nature et de même importance pourra être renforcé de la même façon.

Les étambrais devront être également consolidés, par le

renforcement des barrots qui les portent ; soit par augmentation d'échantillon, soit par substitution du métal au bois, dans une coque en bois. Il en doit être de même, pour les barrots qui supportent les bittes de beaupré.

Consolidation du pont. — Le pont, allégé considérablement, afin de réduire le poids de la coque, et la charger le moins possible dans les hauts, manquerait de solidité si on ne prenait soin de relier les barrots entre eux par plusieurs lattes croisées allant d'un bord à l'autre. Habituellement ces lattes rayonnent autour de l'étambrai, formé lui-même d'une tôle rivée sur les barrots, et leur présence reporte une fraction des efforts qu'il peut subir, sur d'autres barrots et d'autres couples que ceux qui sont par le travers du mât.

Travail des quilles en plomb. — Comme toute pièce de métal fondue, une quille en plomb nécessite qu'un modèle en soit exécuté en tenant compte du retrait du plomb, qui en se refroidissant se contracte de $\frac{1}{100}$ environ dans tous les sens. Si la quille n'a pas de trop fortes dimensions, on pourra la faire en bois plein, en assemblant des madriers que l'on taillera ensuite, à la forme voulue, au moyen de gabarits relevés à la salle à tracer. Mais, si ses dimensions sont trop grandes, on l'exécutera comme une petite coque d'embarcation, bordée sur des gabarits pleins. Ce modèle est alors remis au fondeur qui se charge de le mouler et de le fondre. Quand le chantier possède des cuves à fondre le plomb, de capacité suffisante, le modèle de quille est amené dans une fosse où l'on a, au préalable, pilonné une couche de sable à mouler de 0,20 à 0,40 centimètres d'épaisseur ;

puis on place le modèle de façon que son plan supérieur (de jonction avec la quille en bois) soit bien horizontal, et on l'entoure de sable à mouler, que l'on tasse au pilon, pour lui faire épouser les formes du modèle, et lui donner la cohésion nécessaire pour résister, sans se déformer, aux pressions de la masse de plomb liquide. Quand le moulage est terminé, on retire le modèle bien verticalement, et on s'occupe de sécher le moule, au moyen de réchauds *ad hoc* suspendus à faux-frais dans la cavité moulée. Cette opération est indispensable, et demande à être faite avec soin car, s'il restait des traces d'humidité dans le sable, la chaleur du métal en fusion transformerait cette eau en vapeur, qui projetterait des gerbes de métal fondu, non sans danger pour le personnel du chantier. Lorsque le moule est sec, on procède à la coulée après avoir fait fondre, dans la ou les cuves, la quantité de plomb nécessaire, en tenant compte du déchet qui résultera des crasses et de la portion qui reste toujours adhérente aux parois des cuves de fonderie. La coulée doit se faire lentement, pour qu'on puisse toujours être maitre de la diriger et de la régler. La quille est ensuite laissée dans le moule, jusqu'à complet refroidissement, puis on enlève le sable tout autour du bloc qu'on attache et qu'on retire de la fosse avec les appareils de levage ou de halage, dont dispose le chantier.

Il reste ensuite, à percer les trous destinés à recevoir les boulons d'assemblage à la coque ; on y parvient, au moyen de tarières en cuiller analogues à celles dont on se sert pour percer le bois, mais plus résistantes.

Si les trous ont un assez gros diamètre, on les réserve quelquefois au moment de la coulée, en mettant à leur emplacement de petits cylindres en sable à mouler, appelés *noyaux*, d'un diamètre inférieur à celui du trou achevé afin qu'on puisse le rectifier si comme il arrive quelquefois le noyau trop long venait à se cintrer.

Si ce perçage n'a pas été effectué sur la cale même, on y transporte la quille en attendant sa mise en place sous la coque.

Afin de résister aux efforts de glissement de la quille en plomb sous la quille en bois, signalés plus haut ; il est bon d'interposer dans les deux plans de jonction un nombre suffisant de tampons, qui reçoivent cet effort, et diminuent l'effort de cisaillement qui se produirait sur les boulons d'assemblage, dans le plan de jonction.

Boulons de la quille en plomb. — Ces boulons doivent toujours être en bronze ou en cuivre, le fer s'altérant au contact humide avec le plomb. Dans les petits yachts, on peut les exécuter en cuivre rouge ; mais en général on préfère les faire en métal de Muntz ou en bronze à canon, contenant 90 % de cuivre, 20 % d'étain et au maximum 2 % de zinc.

Toutefois, avec les poids énormes atteints par les quilles actuelles, on a dû, pour ne pas trop les multiplier et augmenter leur diamètre, les faire avec des alliages de grande résistance, bronze phosphoreux ou métal Delta. Il est bon de ne pas les charger à plus de 4 kilogrammes par millimètre carré, pour le cuivre rouge, le bronze ou le métal de Muntz ; et à 8 kilogrammes pour le bronze phosphoreux et le métal Delta ; en calculant l'effort sur le poids de la quille en plomb.

Les barres formant ces boulons, sont coupées à la longueur voulue, puis filetées à l'extrémité intérieure et munies d'un écrou de même métal. On se contente souvent de refouler l'autre extrémité, pour lui faire une tête conique (fig. 75), mais

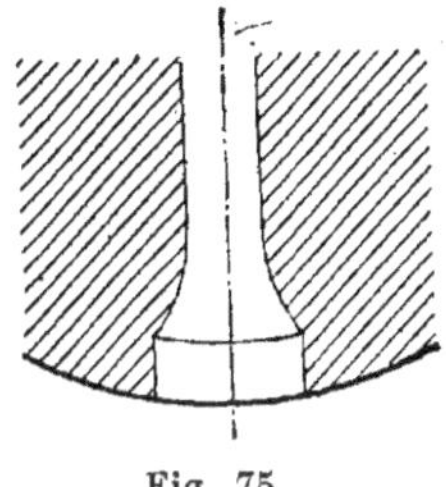

Fig. 75

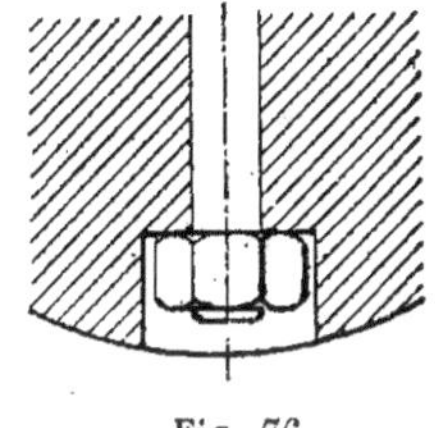

Fig. 76

nous avons trouvé plus sûr de la munir également d'un écrou semblable au premier, qui offre une tenue absolument sûre dans le plomb (fig. 76), tandis qu'avec le procédé ordinaire, la tête conique chemine souvent dans la quille ; le boulon n'a plus alors aucun effet, et provoque une surcharge sur ceux qui l'avoisinent. Cette dernière disposition a été depuis préconisée en Angleterre par le Lloyd.

Modifications au système ordinaire du bordé. — La recherche de la diminution du poids de la coque des yachts de course, a conduit les constructeurs à employer des modes de construction plus rationnels que le système ordinaire. On a vu en effet l'imperfection du bordé ordinaire, formé de virures superposées sans aucune autre liaison que celle de la membrure. Afin de rendre le bordé continu, à la fois de l'avant à l'arrière, et de la quille au plat-bord, on a imaginé de dédoubler le bordé en deux épaisseurs dont les virures chevauchent les unes sur les autres, et sont solidement maintenues en contact au moyen de clous rivés à l'intérieur (fig. 77). De cette façon, la solidité est notablement accrue, par suite de la meilleure tenue des abouts, et surtout par la continuité réalisée de bas en haut. De plus, les joints du bordé extérieur, étant

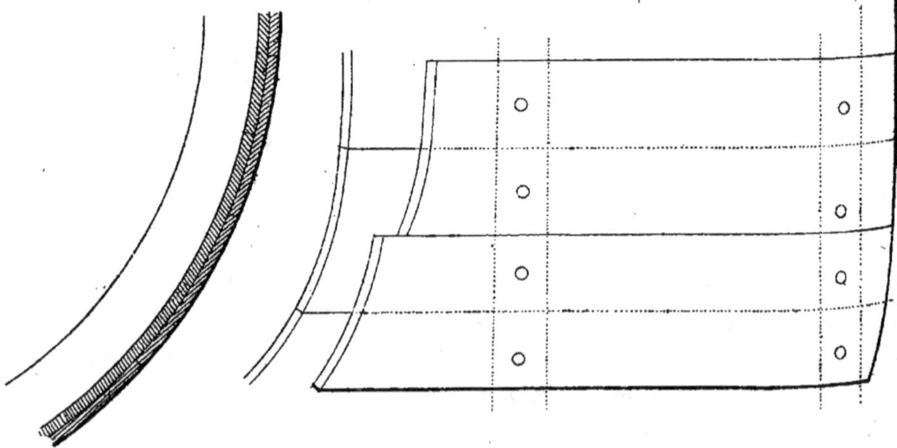

Fig. 77

fermés par le bordé intérieur, tout calfatage devient inutile à condition que les bords des virures soient bien jointifs; alors un simple mastiquage suffit pour boucher le faible joint qui pourrait exister. Comme d'autre part, on prend soin d'enduire le premier bordé de peinture épaisse, au moment d'appliquer les bordages extérieurs, les surfaces de contact restent mariées, et l'eau ne peut s'infiltrer que difficilement entre les deux couches du bordé. L'exécution de ce travail demande de grands soins, des bois absolument secs, et une main-d'œuvre irréprochable ; aussi est-il assez coûteux. M. Herreshof, constructeur américain, l'emploie couramment dans la construction des yachts et embarcations à voiles et à vapeur.

Il existe également, depuis longtemps, un autre procédé pour obtenir des bordés extérieurs continus parfaitement adaptés pour résister aux efforts de flexion longitudinale, et connu sous le nom de *système diagonal*. Le bordé est alors formé de deux ou trois couches superposées (fig. 78), dont les bordages au lieu d'être disposés en long, sont placés obliquement à 45° environ et en sens inverse. Les deux couches de bordé sont séparées par une toile enduite de blanc de céruse, car, on remarquera qu'aux quatre coins du losange formé par les bords des virures qui se croisent, il existe quatre passages par lesquels l'eau pourrait suinter ; la toile intermédiaire a pour objet d'y remédier. Ce mode de construction donne au bordé une rigidité telle, qu'on supprime en grande partie, ou du moins qu'on réduit considérablement, la membrure qui ne servirait ni pour conserver la forme, ni pour fournir au bordé un soutien dont il n'a plus

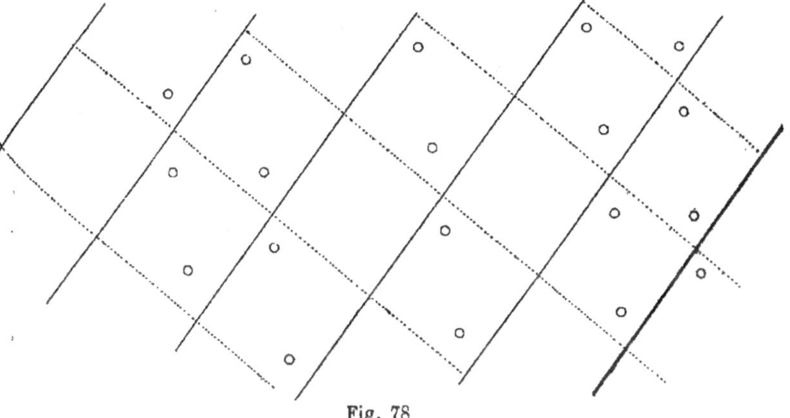

Fig. 78

besoin, étant en somme formé lui-même d'une suite ininterrompue de membrures ployées, obliques et placées côte à côte. Tel est le système employé pour la construction des bateaux de sauvetage. Souvent, en Angleterre, on ne borde pas la deuxième couche en diagonale ; par économie on l'exécute en virures longitudinales (fig. 79). Bien que très solide

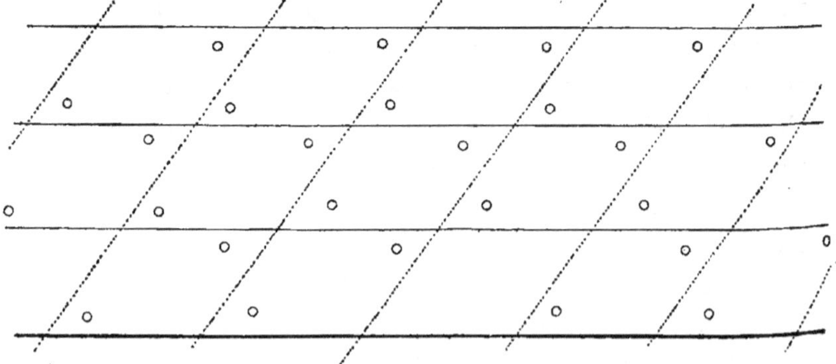

Fig. 79

encore, cette construction n'a pas la résistance de la première.

Enfin, dans des coques de grande dimension, on croise les deux premières épaisseurs en sens inverse, et on les recouvre d'une troisième couche bordée longitudinalement (fig. 80). Tel est le mode de construction par excellence, adopté pour la partie centrale de la grande goëlette « Velox » construite au Havre, en 1875, dans les chantiers Normand.

J'ai inauguré en 1895 dans la construction du yacht *Honeymoon* un nouveau système de double bordé composé pour le bordé et le pont : 1° d'un premier bordé de virures normales au plan diamétral et passant d'un bord á l'autre de plat-bord en plat-bord ; 2° d'un bordé à virures longitudinales rivé sur le premier. Les deux couches étaient séparées par une toile imperméable. Ce mode de construction m'a permis de supprimer la presque totalité de la membrure remplacée par le bordé intérieur auquel fut donné l'épaisseur voulue pour résister aux efforts transversaux calculés. Le bordé extérieur reçut l'échantillon réclamé pour résister

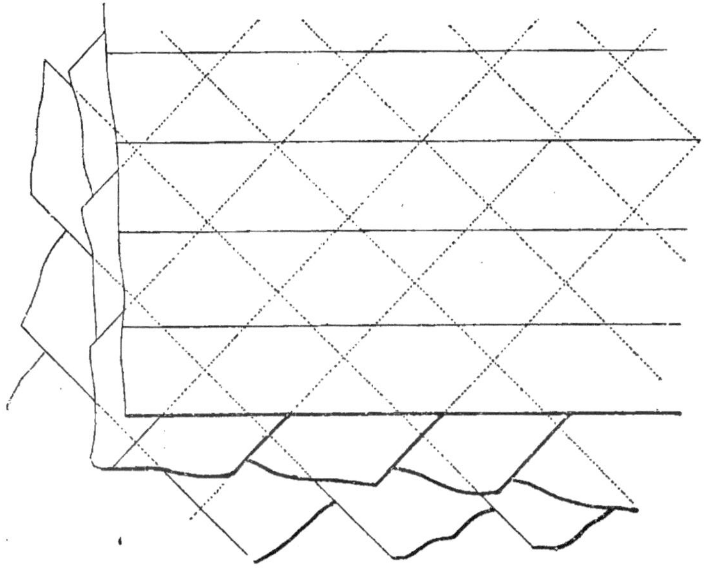

Fig. 80

aux efforts de flexion longitudinale. Ce système a permis d'abaisser notablement les poids de coque relativement aux constructions précédentes. Plusieurs constructeurs, parmi lesquels M. Tellier, s'en sont servis par la suite.

Construction du yacht à dérive. Puits de dérive.

— Le yacht à dérive ne diffère du yacht ordinaire, que par la fente ménagée dans sa quille pour laisser passer la dérive. La présence de cette fente, si elle n'atteint pas une trop grande largeur, n'altère guère la résistance propre de la quille, mais la présence de la caisse plate appelée *puits de dérive*, qui la surmonte, entrave fâcheusement la liaison, d'un bord à l'autre, des deux parties du couple. Il devient alors impossible de combattre avec autant d'efficacité que dans le yacht à quille, les efforts qui tendent à déformer la varangue. Les courbes et varangues en tôle que l'on peut encore disposer, n'ont plus qu'une faible longueur de portage sur la quille, et l'attache qu'on peut leur donner sur le puits de dérive peut ne pas compenser l'affaiblissement qui en résulte ; il est donc nécessaire de réaliser cette attache sur des pièces aussi rigides que possible. Le puits de dérive repose alors sur deux fortes pièces formant carlingues, placées de chaque côté de la fente de la quille. Il est fermé à l'avant et à l'arrière par deux montants fixés entre les deux carlingues et touchant la quille, qui reçoivent latéralement le bordé du puits formé de planches épaisses. Ces planches sont maintenues jointives entre les montants, par des barres clouées extérieurement, mais, comme le calfatage sous ces sortes de serre-joints serait impossible, il est préférable d'assembler les planches par un joint bouveté qu'on noie dans de la peinture épaisse. Les courbes et varangues métalliques viennent alors épouser le contour des carlingues et du puits, sur lequel on fixe leurs branches verticales par des vis à bois (fig. 81). Les boulons de la quille métallique, traversent la quille et la carlingue et viennent aboutir de chaque côté du bordé du puits. A l'avant et à l'arrière du puits de dérive, les courbes varangues traversières sont renforcées, pour compenser autant que possible le défaut de liaison transversale qui règne sur toute la longueur du puits de dérive. Il est souvent avantageux de prolonger les carlingues du puits, à l'avant et à l'arrière jusqu'à venir rejoindre les extrémités intérieures de

la pièce d'étrave et de la courbe d'étambot, avec lesquelles
on les assemble (*Marie-Pierre, Freya, Sensitive*) on obtient
ainsi une très grande rigidité longitudinale.

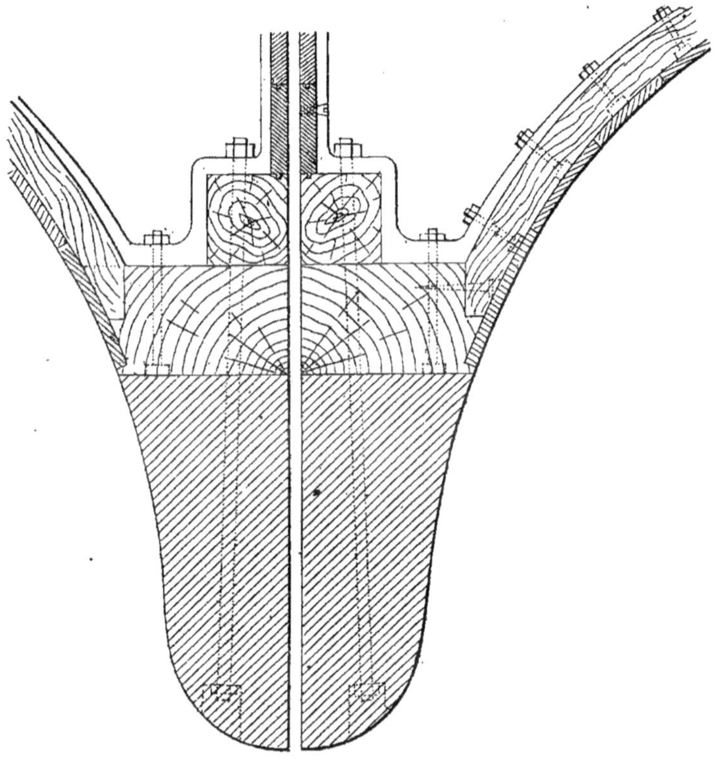

Fig. 81

Un autre dispositif consiste, à construire le puits directement sur la quille, ce qui permet d'augmenter un peu le
portage sur quille de la branche horizontale des courbes varangues ; et à reporter les carlingues entre les varangues et
le puits (fig. 82).

La construction du puits de la figure diffère de celle qui a
été exposée plus haut. Les parois sont formées ici de bordages épais, posés les uns sur les autres, et serrés par de
longues chevilles qui traversent la quille et la paroi dans
toute sa hauteur. Les joints sont alors calfatés.

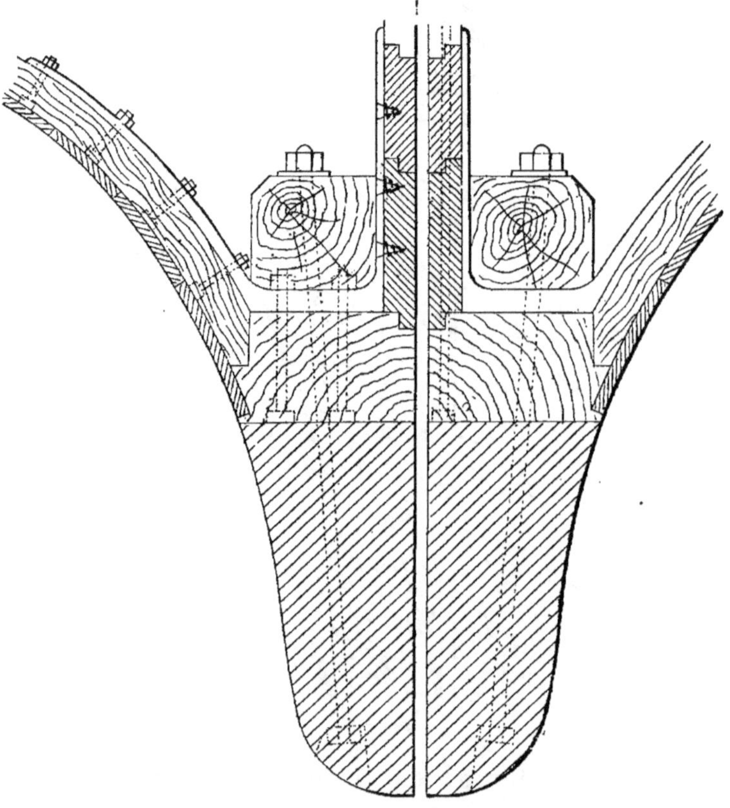

Fig. 82

Quelquefois encore, le puits est formé d'une caisse en tôle
fixée par des cornières, soit directement sur la quille, soit
sur les carlingues placées le long de la fente.

La tendance qui se manifeste aujourd'hui, à employer des
dérives en métal d'un poids considérable, rend très importante et très délicate la construction de cette partie de la
coque, en raison des efforts que la partie encastrée de la dérive exerce sur les côtés de la fente du puits.

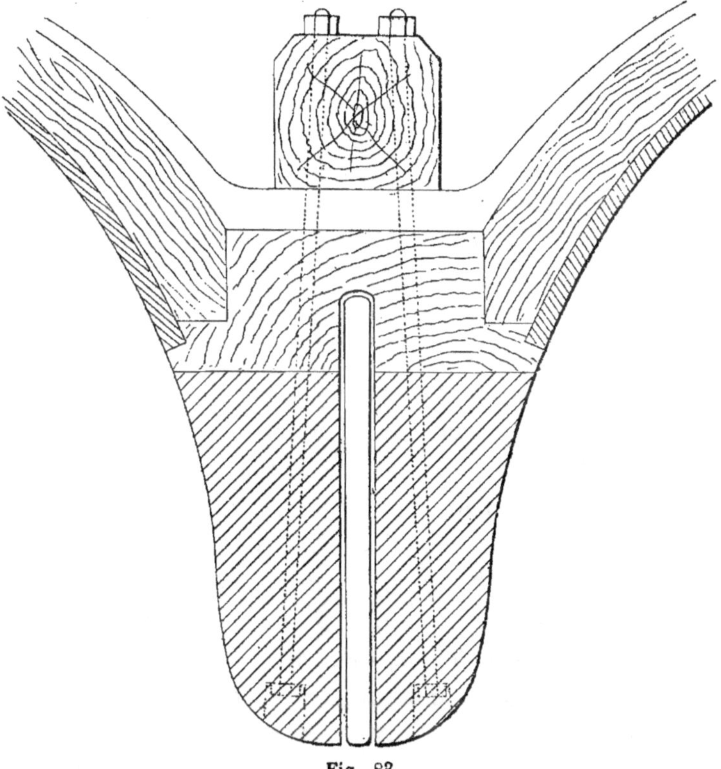

Fig. 83

Dans le but d'obvier à ces inconvénients, on a quelquefois
réduit la hauteur de la dérive, afin de pouvoir la loger dans
la hauteur de la quille métallique, ou même jusque dans
un logement pratiqué dans l'épaisseur de la quille (fig. 83).

Le puits de dérive se trouve ainsi complètement supprimé, et les liaisons transversales convenablement rétablies. La quille n'est plus alors percée que par un tube qui sert de passage au garant ou à la chaîne qui suspend la dérive.

Dérive. — Autrefois les dérives étaient construites en bois, au moyen de planches plus ou moins épaisses, assemblées par de longues chevilles intérieures. La partie inférieure était bordée d'un fer demi-rond qui la protégeait dans les raguages contre le fond. Le point fixe autour duquel elle tourne, est formé d'un boulon placé à l'extérieur de la quille, traversant la dérive dans un trou consolidé par deux plaques de tôles vissées sur chacune de ses faces.

Comme la dérive, plus légère que l'eau malgré le chevillage et les armatures, tendrait à remonter dans son puits, il est nécessaire de la lester de semelles de plomb encastrées dans la planche inférieure, afin d'obtenir une prépondérance du poids, suffisant à assurer sa descente, même au cas où elle frotterait légèrement contre les parois du puits.

On a songé dans ces dernières années à profiter de l'abaissement de la dérive, pour augmenter la stabilité, en lui donnant un poids de plus en plus grand, atteignant jusqu'à 293 kilogrammes sur le deux tonneaux *Mimi-Toinon* (1893), 200 kilogrammes sur le deux tonneaux *Marie-Pierre* (1888), environ une tonne sur les dix tonneaux *Dora* et *Yseult*, et près de trois tonnes sur le quarante tonneaux *Queen-Mab*.

Ces poids ne peuvent être obtenus qu'au moyen de dérives métalliques , tantôt formées d'une simple tôle épaisse, quelquefois alourdie encore par des plaques de plomb, vissées sur elles ou logées dans des découpures préparées pour les recevoir; ou bien, construites en bronze afin d'éviter les actions galvaniques qui détruiraient d'abord le poli de sa surface, et ensuite le corps même de la tôle, si le yacht est en métal ou doublé en cuivre.

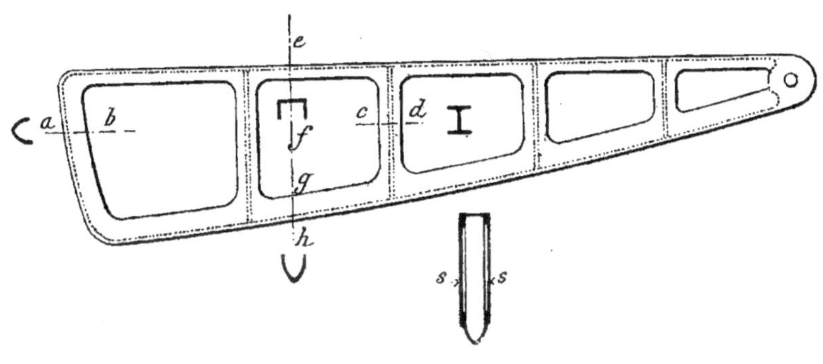

Fig. 84

Dans ce dernier cas, on se borne à former la dérive d'un cadre en bronze, convenablement armaturé par des bras intérieurs, dans lequel on coule du plomb, et ensuite recouvert d'un doublage en cuivre ou en feuilles assez épaisses de même métal que l'armature (fig. 84).

Relevage des dérives, Treuils. — Les dérives en bois se relèvent aisément à la main, en raison de la faible prépondérance de leur poids sur leur flottabilité; jusqu'à deux cents kilogrammes, on peut encore les relever à la main au moyen d'un palan formé de réas placés dans le même plan et d'un garant en câble d'acier souple. Au delà de deux cents kilogrammes, il devient nécessaire de recourir à des treuils, placés soit sur le pont, soit sur le puits de dérive dans les embarcations, ou enfin sur le tube de passage du câble ou de la chaîne de suspension si la dérive reste logée dans la quille. Ces treuils peuvent être construits d'une infinité de manières, en vue de réaliser une plus grande commodité à bord du yacht. Toutefois, on peut les séparer en deux classes : les treuils ordinaires à linguet, et les treuils à vis sans fin. Les premiers offrent l'avantage de pouvoir descendre la dérive rapidement, en relevant le cliquet, et en tournant en arrière à l'appel naturel de la dérive ; mais il peut arriver que dans un coup de tangage violent le linguet saute, soit qu'il ait été mal engagé soit pour tout autre cause, alors la dérive peut tomber violemment, si elle était relevée, casser son garant, et pendre librement par son pivot qui lui-même ne tardera guère à se rompre par suite des mouvements du yacht, et pourra ensuite causer de grandes avaries à la quille.

Les treuils à vis sans fin ne peuvent retourner d'eux-mêmes en arrière sous l'appel de la dérive; on peut donc abandonner momentanément leurs manivelles sans que la dérive redescende ; mais ils ont le léger inconvénient d'être un peu lents pour la descente, en exigeant autant de tours de manivelle que pour la remonte, tandis que les premiers, s'ils sont munis d'un frein, permettent une descente plus rapide ; néanmoins, on préfère ordinairement les treuils de la deuxième catégorie.

Yachts à aileron dits : **Fin-Keels, Bulb-Keels.** —

Les yachts à aileron sont caractérisés par une coque de faible profondeur munis d'un appendice profond, constitué par la quille métallique. Si celle-ci est plate et haute de manière à former elle-même appendice, le yacht appartient au type *Fin-Keel* ; si la quille métallique revêt la forme d'un fuseau, d'un cigare, suspendu à une certaine profondeur au-dessous de la coque par l'intermédiaire d'une tôle simple, ou d'un assemblage de tôles, le yacht est du type *Bulb-Keel.*

La construction de ces yachts doit par principe réaliser une extrême solidité et un minimum de poids ; aussi, l'innovateur de ce genre de bateaux M. Herreshof, afin de concilier la légèreté et la solidité emploie-t-il le système de bordé en deux épaisseurs de virures longitudinales, décrit précédemment. La partie délicate de la construction de ces bateaux, réside dans le mode d'attache des appendices qui exercent des efforts considérables sur le fond de la coque. L'attache d'une quille en forme d'aileron, ou fin-keel, se fait comme celle d'une quille métallique ordinaire sans donner lieu à de nouvelles dispositions ; les pièces doivent seulement avoir l'échantillon nécessaire pour résister convenablement aux efforts plus grands, résultant de l'augmentation du bras de levier à l'extrémité duquel agit le poids, distribué en profondeur, d'une quille haute et mince. Les varangues principalement doivent être un peu renforcées, ainsi que les courbes varangues en fer qui les relient d'un bord à l'autre.

Les assemblages, ainsi que le chevillage et le clouage, demandent à être exécutés avec le plus grand soin, en raison des fatigues exceptionnelles qu'ils auront à endurer pendant la navigation.

Bulb-Keels. — Nous donnons ici le système d'attache des appendices en tôle des yachts de M. Herreshof qui s'est fait un renom dans la construction de ces embarcations.

La coque est, comme nous l'avons déjà dit, bordée en deux

plans de virures longitudinales décroisées verticalement, sur
une membrure en acier ou en bois courbé. La quille, constituée par une large semelle relativement mince, reçoit le
bordé par des râblures ordinaires; mais les virures d'attache

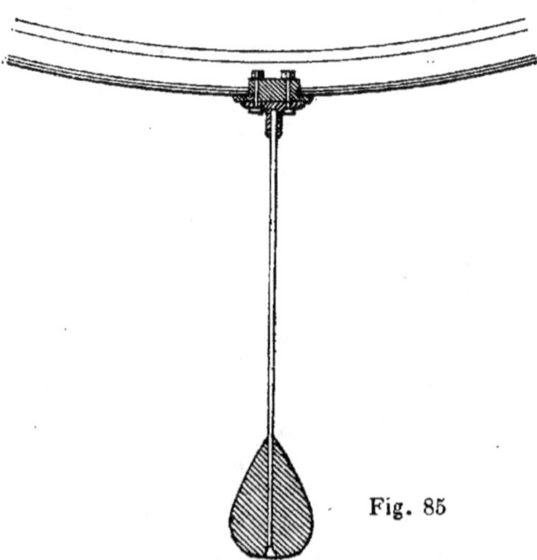

Fig. 85

sont rivées sur bagues à l'intérieur. Les membrures ployées
passent d'une seule pièce, d'un bord à l'autre si elles n'ont
qu'un faible échantillon, ou bien, les deux moitiés du couple
viennent se rencontrer dans le plan diamétral et sont chevillées avec la quille (fig. 85).

Un certain nombre de courbes en fer très résistantes
doublent les membrures sur la moitié du bau dans la partie
occupée par l'aileron. Celui-ci, formé d'une tôle bordée de
deux cornières courbées suivant le profil de la quille et
équerrées suivant les façons, est simplement boulonné sous
la semelle en bois par deux files de boulons réparties sur
chaque cornière. Le pied de la tôle, reçoit le contrepoids,

fondu en deux parties fixées de chaque côté par un nombre convenable de boulons transversaux dont les têtes sont noyées dans le métal du contrepoids. Bien entendu cette construction ne peut s'appliquer qu'à de très petits yachts généralement de un à cinq tonneaux. Au delà de cette taille le poids du contrepoids et de la profondeur de l'aileron augmentent considérablement les efforts ; aussi faut-il recourir aux ailerons composés, que nous avons fait breveter en 1892, et composés de deux tôles embouties, écartées dans le milieu de la coque et réunies, tantôt au pied de l'appendice, tantôt à une fraction de sa hauteur. Tels sont les ailerons que j'ai construits en 1892 et celui du *Dacotah* construit en 1894 par M. Herreshof. Ce système est devenu depuis d'un emploi à peu près général en France et en Amérique.

Par suite de l'écartement des cornières, bordant les deux tôles, l'attache des boulons est reçue par deux petites carlingues latérales qui se rejoignent à l'avant et à l'arrière comme les cornières elles-mêmes.

CHAPITRE VII

Peinture. — Aussitôt que le bordé est achevé, calfaté et brayé, commence le travail de la peinture. Toute l'étendue du bordé est recouverte d'une couche de peinture, généralement grise, à base de céruse. Cette couche, pour laquelle on a forcé la proportion d'essence de térébenthine au détriment de l'huile, se nomme *couche d'impression;* quand elle a parfaitement séché, on la recouvre d'une seconde couche de même couleur. Habituellement, on procède dans l'intervalle qui sépare leur application, au mastiquage des coutures et trous de clous et chevilles des hauts, qui ne sont jamais brayés ; ou au mastiquage de tous les joints, si la coque ne doit pas être doublée. On continue de donner ainsi deux autres couches, à des intervalles de temps suffisants pour que, suivant les conditions atmosphériques, la peinture de chaque couche soit parfaitement sèche avant qu'on applique la suivante.

On peint de même à l'intérieur, les petits fonds, jusqu'au niveau de la plateforme des aménagements, avec une peinture au minium ; si le bordé est recouvert par un vaigrage, on se dispense de le peindre intérieurement, mais, si comme dans certains petits yachts de course, il est destiné à rester apparent, on lui donne deux ou trois couches de peinture, ou mieux de vernis, quand la couleur du bois (teak ou cèdre), peut être d'un effet décoratif à l'intérieur. On commence aussi à peindre le dessous du pont, après l'avoir raboté s'il ne présentait pas une surface suffisamment uniforme, et on procède après à un enduit formé d'une épaisse couche de blanc de céruse étendue avec un couteau, que l'on *poncera* ensuite avec du papier de verre ou de la pierre ponce. Les aménagements arrivent généralement à bord déjà vernis, et ainsi, ne donnent lieu qu'à des raccords de peinture avec le dessous du pont.

Doublage. — Pendant que les travaux intérieurs se poursuivent, on s'occupe de donner à la carène son dernier revêtement, soit qu'elle doivent être peinte, soit qu'elle doivent recevoir un doublage.

On entend par *doublage*, un revêtement en feuilles de cuivre, minces, qu'on applique et qu'on cloue sur le bordé de la carène pour la protéger contre la salissure, et aussi, parce que les surfaces recouvertes de feuilles de cuivre rouge présentent un minimum de résistance de frottement qu'on n'atteint que très difficilement avec la peinture.

En général on n'emploie pour le doublage des yachts, que le cuivre rouge, mais on en distingue deux catégories : le cuivre laminé à chaud et le cuivre laminé à froid. Le premier très malléable se prête avec facilité au travail du doublage ; mais sa surface est terne et ne présente pas le poli et la dureté du cuivre laminé à froid. Celui-ci doué d'une certaine raideur, se prête moins bien que le premier aux opérations du doublage, aussi ne l'emploie-t-on guère que pour les yachts de course.

Avant de commencer à doubler, les calfats procèdent au tracé de la ligne supérieure du doublage qu'ils appellent *ligne de science.* Dans les yachts cette ligne se projette toujours sur le longitudinal, avec une certaine courbure, analogue à la tonture du plat-bord. Il faut donc au préalable, reporter sur la muraille un certain nombre de points dont on relève les hauteurs en dessous du plat-bord, soit à la salle à tracer, soit sur le plan à petite échelle. Ces points, joints par une latte dont on règle la bonne courbure et la continuité, fournissent la ligne de doublage. Cette ligne joue un rôle très important dans l'apparence du yacht à flot, et on doit s'attacher à ce qu'elle ne présente aucune bosse, ou aucun jarret, qui serait du plus mauvais effet. En général, on la tient à son point le plus bas, de 0,10 à 0,20 au-dessus de la ligne de flottaison, et on la relève vers les extrémités, très légèrement à l'arrière, et davantage à l'avant. Aucune règle précise ne peut être fournie sur ce point, toujours déterminé par des questions de sentiment esthétique, et suivant le goût du constructeur ou de l'architecte naval. Le travail commence le long de la ligne de doublage, en clouant les feuilles les unes à la suite des autres, de la manière suivante. La feuille est mise en place à faux frais par cinq pointes enfoncées légèrement aux milieux de ses quatre côtés et au centre, après avoir pris soin que les trous des bords qui doivent se superposer avec ceux des feuilles voisines, correspondent bien, ce qui arrive évidemment quand les pointes ont été enfoncées dans les trous de la feuille recouverte. On commence alors à clouer la feuille par le centre, en l'appliquant sur le bordé au moyen d'une sorte de *batte*, en bois ou mieux en plomb ; on arrive ainsi jusqu'aux bords que l'on cloue en finissant par les coins. Les pointes qui servent à fixer le doublage sont du même métal que la feuille, et à tête plate. On doit les enfoncer bien normalement au bordé pour éviter qu'elles n'y produisent des aspérités.

Division du clouage. — Nous venons de supposer que les feuilles étaient percées d'avance. Voici comment se fait cette préparation, qui consiste pour chaque feuille à tracer la division du clouage, et ensuite à percer les trous avec un poinçon.

Les feuilles ont généralement en France une longueur de 1,28 sur une largeur de 0,32. Les clous sont espacés sur les bords de 15 millimètres environ et dans l'intérieur de la feuille, de 5 à 7 centimètres. On les dispose, soit aux sommets de carrés ou de losanges; par files, ou en quinconce. Cette division est reportée également sur chaque feuille, au moyen d'un cadre gabarit, sur les bords duquel sont marquées les divisions, dont on bat les lignes avec un cordeau passé dans des entailles faites à la scie dans le cadre du gabarit. Comme pour les virures de bordé, il est parfois nécessaire de brocheter quelques virures du doublage, ou de diminuer la largeur des feuilles. Ces opérations se font sur place. Le recouvrement des feuilles l'une sur l'autre est habituellement de 12 à 15 millimètres, et on a soin qu'il se fasse par le côté arrière, afin que l'épaisseur de la feuille ne puisse nuire à la marche. Au fur et à mesure que le travail progresse, on badigeonne avec de la vase, les parties terminées, afin de les préserver de l'oxydation que provoquerait l'air salin dans l'intervalle de temps qui sépare du lancement.

Pendant que le yacht est encore sur cale, on ponce la peinture des hauts, afin d'être prêt à donner la dernière couche

de peinture brillante, soit avant de lancer, soit après que le
yacht a été mis à l'eau.

Lancement. — La cale sur laquelle le yacht a été construit, se prolonge en pente, sous l'eau, par une partie
appelée *avant-cale*, de longueur suffisante pour atteindre
vers son extrémité la hauteur d'eau nécessaire pour que
le yacht puisse flotter.

Coulisses, Glissières, Couettes. — Quand le moment
est venu de lancer, on dispose au-dessous du yacht de cha-

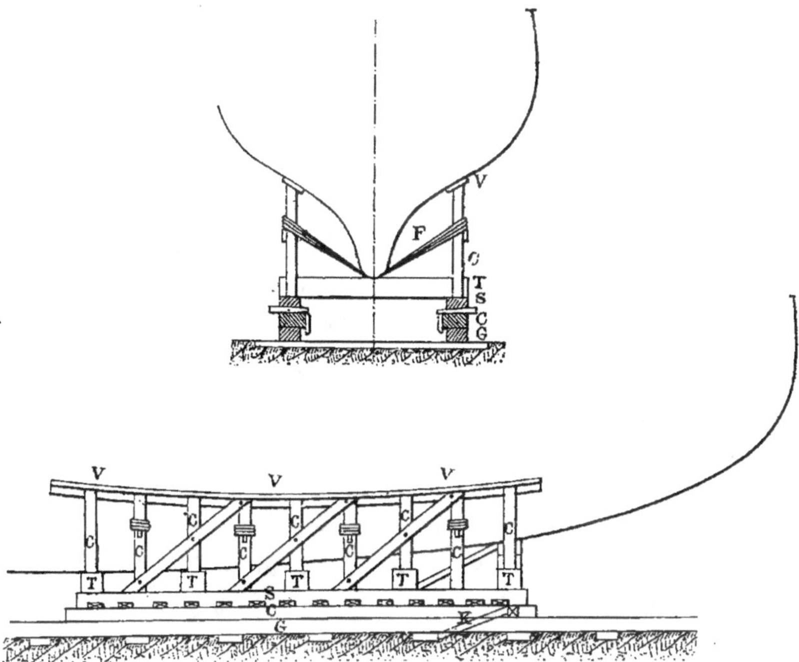

Fig. 86 et 87

que côté des tains, deux files de poutres parallèles à l'axe de
la cale, appelées *coulisses* ou *glissières* G (fig. 86 et 87). Ces

pièces sont maintenues parallèles par des traverses placées au-dessous d'elles. Sur les coulisses on place deux pièces C appelées *couettes*, munies d'un rebord solidement cloué; en prenant soin au préalable, de bien enduire leurs faces de contact d'une couche de suif, et aussi, de laisser latéralement un jeu de un ou deux centimètres entre la coulisse et le rebord de la *couette* qui la coiffe.

Sablières, Colombiers, Ventrières. — Les deux couettes sont recouvertes à leur tour de deux autres pièces S appelées *sablières*, possédant sous la face d'appui, une série d'entailles destinées à recevoir des coins en bois dur. Les deux sablières sont réunies par des traverses T passant sous la quille, dont quelques-unes en diagonale, afin de former un cadre rigide et indéformable, on les surmonte ensuite de pièces debout C nommées *colombiers*, légèrement inclinées en dedans, vers la coque, contre laquelle elles s'appuient de chaque bord, par l'intermédiaire d'une dernière pièce V appelée *ventrière*, travaillée suivant les façons, et seulement appliquée sur la coque afin de ne pas détériorer le doublage.

Roustures, Berceau, Ber. — Les colombiers sont liés aux sablières par des équerres en fer installées *ad hoc*. On les maintient également, par des arcs-boutants en long et en travers, et pour éviter que colombiers et ventrières ne s'écartent de la coque on les relie d'un bord à l'autre, par des roustures en filin ou en chaîne F, passant sous la quille. L'ensemble ainsi installé constitue le *berceau* ou *ber*.

Les coulisses sont alors prolongées à basse mer, jusqu'à l'extrémité de l'avant-cale, en s'assurant qu'elles sont parallèles, et que leurs faces supérieures sont bien à même niveau, et suivant la pente de la cale. De place en place, on les relie par des traverses pour éviter qu'elles ne puissent s'écarter.

Clefs. — A la basse mer qui précède la marée du lancement, on suiffe les coulisses dans toute leur longueur, et on débarrasse le yacht des échafaudages installés à faux frais autour de lui pendant la construction. Le berceau est ensuite lesté avec des gueuses ou des barrots de grille, et amarré à un grelin lové en tête de la cale. Jusqu'alors le yacht repose encore sur ses tains et sur ses accores; pour l'en dégager on introduit les coins dans leurs logements, entre les couettes et les sablières, et on assujettit provisoirement les couettes sur les coulisses, par deux tasseaux cloués obliquement par côté en travers du joint. Les choses étant ainsi disposées, un homme muni d'un marteau à long manche appelé *masse*, se place en face chaque coin, et à un signal donné tous frappent en cadence. Les sablières se soulèvent sur les couettes, et lèvent suffisamment la coque pour qu'on puisse culbuter les tains et enlever les accores.

Dès lors, berceau et navire ne sont plus retenus de glisser que par deux taquets K (fig. 87) nommés *clefs* cloués sur la face latérale des coulisses et butant dans une encoche ménagée dans le rebord extérieur des couettes. Deux hommes les arrachent avec une pince et le berceau commence à glisser, emportant le yacht, lentement d'abord, puis de plus en plus vite.

Aussitôt qu'elle est suffisamment immergée, la coque commence à flotter en se dégageant du ber, qui, lesté reste sur les coulisses d'où on le remonte au moyen du câble auquel on l'avait attaché.

Cette manière de procéder au lancement, d'ailleurs employée aussi pour les grands navires, porte le nom de *lancement sur couettes vives*; mais les faibles dimensions et le faible poids des coques de yachts, font que l'appareil est de beaucoup simplifié, et installé de la façon économique que nous venons de décrire.

L'appareil se simplifie encore pour les très petits yachts ou les embarcations, en fixant simplement les traverses sur les couettes mêmes, et en accorant la coque sur elle, au moyen de quelques colombiers appelés *béquilles*.

Halage à terre. — L'opération du halage à terre, qui n'est en somme que l'inverse de la précédente s'effectue souvent avec le même appareil, mais avec quelques dispositions particulières. En premier lieu, il est nécessaire de connaître le profil de la quille du yacht à mettre à terre. Si on ne peut l'obtenir par un plan, il faut échouer le yacht sur un gril, et relever directement le profil, au moyen d'un gabarit. On relève également le contour d'un couple de l'avant au voisinage du mât. Ces deux gabarits servent à établir sur les *couettes* dégarnies des sablières (mais réunies par des traverses), une série de pièces et de billots reproduisant la forme de la partie de quille qui devra reposer sur l'appareil, ainsi qu'un empilement de billots, reproduisant sommairement le contour du couple qui a été relevé. Ces billots sont installés sur la traverse de l'avant du ber, et reliés à faux frais, entre eux et sur la traverse, par des bouts de planches clouées par côté, et des arcs-boutants destinés à les empêcher de culbuter. Deux perches sont ensuite clouées de chaque côté de ces sortes de berceaux, afin d'indiquer leur position sous l'eau quand toute l'installation sera immergée. Afin que le ber puisse être soumis à un effort de traction, les traverses qui doivent supporter le yacht sont réunies les unes aux autres par des tirants en fer parallèles à l'axe, qui les serrent contre des pièces intercalées entre elles. Deux de ces tirants ou celui du milieu sont terminés au bout qui regarde la cale, par de fortes boucles servant d'attache au câble de halage. Lorsque toutes ces précautions sont prises, on leste le ber avec des gueuses de fonte ou de vieux barrots de grille, destinés à l'empêcher de flotter, et on le descend à basse mer sur l'avant-cale à une distance suffisante pour qu'à la marée suivante le yacht puisse venir se placer au-dessus, en laissant entre sa quille et le ber un espace de vingt à trente centimètres. — Le yacht est amené au-dessus du ber, au moment de la marée, de manière à se placer, juste au milieu des deux perches qui indiquent la position du berceau, en prenant soin qu'elles se trouvent bien au droit du couple où le gabarit a été relevé. Il faut également que le yacht se trouve bien dans l'axe de la cale, ce qu'on peut obtenir en se plaçant à l'arrière, de façon à voir le mât se détacher bien au milieu des coulisses, que l'on aperçoit sur le sol en pente de la cale. Dès que l'eau baisse le yacht vient de lui-même reposer sur le ber, et quand toute la quille porte bien sur toute la longueur de l'appareil on commence à virer au cabestan. Bien entendu les coulisses ont été suiffées au préalable.

Slips. — Quelques chantiers d'Angleterre possèdent des appareils de halage plus perfectionnés, nommés *slips* (fig. 88). Les slips comportent : une cale et une avant-cale solide sur le

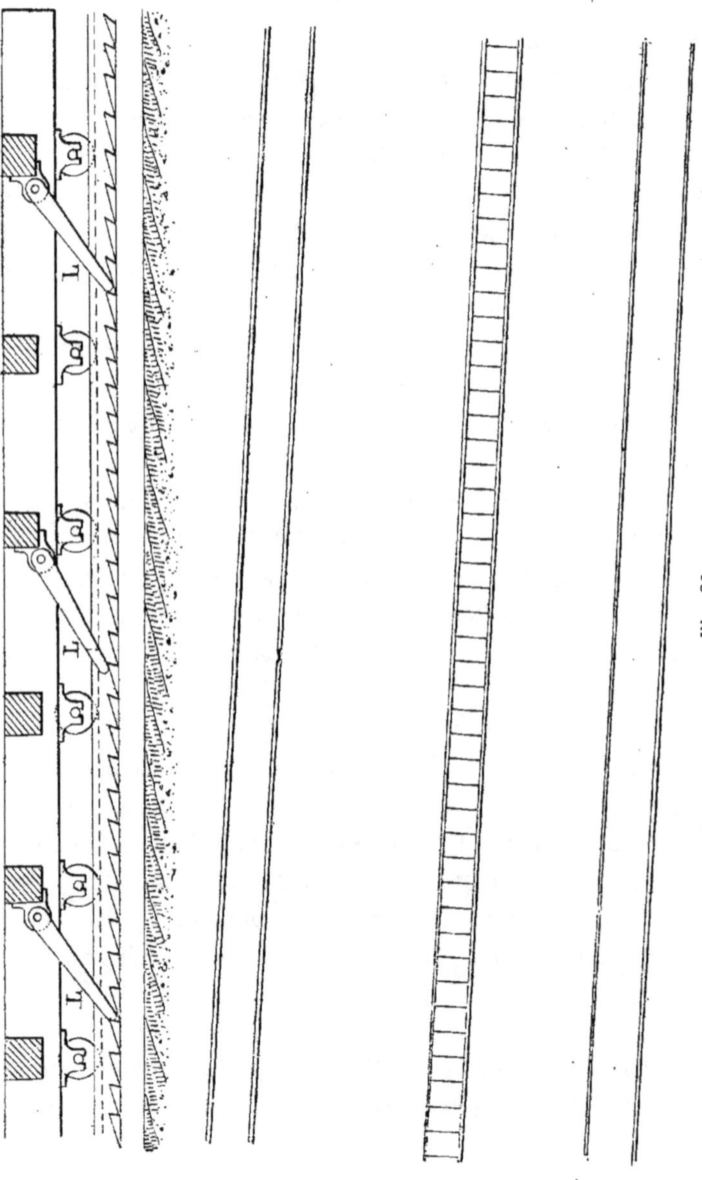

Fig. 88

sol desquelles sont installées d'une façon permanente, et dans les meilleures conditions de solidité, deux coulisses entre lesquelles est installée suivant l'axe une longue crémaillère en fonte qui les accompagne d'un bout à l'autre. Les coulisses sont surmontées d'un fer ⊔ posé à plat sur elles, pour servir de rail à des galets sur lesquels roule le chariot qui recevra le bâtiment. Ce chariot est habituellement composé de plusieurs tronçons indépendants formés de solides châssis en bois ou fer, que l'on attelle les uns à la suite des autres, suivant la longueur du yacht à haler. Ces châssis roulent sur des galets ou des rouleaux en fonte de faible diamètre, dans les rails creux formés par les fers en ⊔ des coulisses. Dans l'axe des chariots sont installés plusieurs linguets L très solides, qui s'arc-boutent sur la crémaillère pour empêcher les chariots de descendre la cale librement. Ces linguets sont relevés au moment où l'on amène les chariots sur l'avant-cale. La préparation de la mise à terre sur ces appareils se fait de la manière que nous avons décrite, si le yacht présente des formes aiguës et un profil plus ou moins triangulaire. Dans le cas ordinaire, de yachts à varangues modérément acculées et à quille droite, on se borne à les accorer suffisamment, à mesure que l'appareil remonte la pente de la cale. Dans certains slips plus perfectionnés, les traverses des châssis sont surmontées de petits chariots transversaux sur lesquels sont placés des chantiers en bois que l'on prépare à l'avance pour épouser les formes de la coque. Ces chantiers, ou berceaux, sont maintenus écartés pendant que le yacht se met en place, et sont ensuite serrés contre lui, par des câbles passant d'un bord à l'autre. Mais en général on ne se sert guère de ces appareils pour les yachts, à cause des formes de ceux-ci, trop acculées pour que ces berceaux puissent être préparés économiquement. Les slips sont habituellement commandés par un treuil ou un cabestan à vapeur ; quelquefois aussi par un manège.

CHAPITRE VIII

MATURE ET GRÉEMENT

Mâture. — Nous avons supposé, au commencement de cet ouvrage, que les plans complets, et parmi eux les plans de voilure, indiquant au moins les longueurs des espars, étaient fournis au constructeur par l'ingénieur ou l'architecte naval. Nous n'avons donc pas à examiner ici les considérations (traitées dans le volume de théorie du yacht) qui président à cet établissement ; nous admettrons simplement que les longueurs ont seules été indiquées et que la détermination de l'échantillon a été omise ou laissée intentionnellement à l'initiative du constructeur.

La longueur d'un bas-mât se subdivise habituellement en trois parties :

1° La longueur comprise à l'intérieur de la coque, du pied du mât, encastré dans l'empature de la quille, à l'étambrai du pont;

2° La longueur comprise entre le pont et le plan d'attache des haubans sur deux pièces appelées *jottereaux*.

3° La longueur du *tenon*, partie du mât qui croise le mât de hune pour assurer leur liaison.

Mâts à pible, Mâts à fusée. — Dans les petits yachts qui ne portent pas de mâts de hune, la partie située au-dessus des jottereaux, plus développée et terminée en pointe, prend alors le nom de *fusée* ou de *pible*, d'où l'expression de *mât à pible, mât à fusée*.

Mâts de hune. — La longueur d'un mât de hune comprend :

1° La longueur qui décroise le tenon du bas-mât, terminée à sa partie inférieure, par une partie prismatique appelée *caisse*, qui, engagée dans une pièce appelée *chouque* portée par le bas-mât, empêche le mât de hune de tourner sur lui-même ;

2° La longueur comprise entre le tenon et le capelage de hune.

3° Une courte-partie finissant rapidement en tronc de cône plus ou moins aigu, appelée *fusée*.

Mat de beaupré ('). — La longueur du mât de beaupré se décompose :

1° En la partie placée sur le pont, depuis la face arrière des bittes de beaupré, jusqu'au collier qui fixe le beaupré sur l'étrave ;

2° La partie projetée en dehors de la coque, du collier d'étrave au capelage des haubans de beaupré ;

3° La longueur de la fusée qui termine le mât de beaupré ;

(1) Dans les anciennes goëlettes, le mât de beaupré, généralement relevé sur l'horizon, était prolongé par un second espar, appelé *bout-dehors*, assujetti sur le beaupré par un collier double placé à l'extrémité de celui-ci, et fixé sur la charpente de l'avant. Mais, vers 1865, cette disposition compliquée qui alourdissait inutilement l'avant des yachts fut abandonnée et les goëlettes furent gréées avec le beaupré horizontal, jusqu'alors réservé aux côtres. C'est pourquoi nous nous dispensons de parler davantage des bout-dehors.

Bômes, Pics ou cornes, Vergues, Tangons. — Les autres espars : la *bôme*, qui tend le bas de la grand'voile ou de la misaine ; le *pic* ou la *corne*, qui en supporte le coté supérieur ; les *vergues de flèche* ou *de hune*, qui supportent le côté supérieur des flèches ou huniers ; le *tangon*, qui sert à projeter en dehors du yacht un des deux sommets inférieurs de la voile triangulaire appelée spinaker, ne comporte aucune division de longueur.

Echantillon des mâtures et des espars. — La règle la plus simple et la plus commode pour établir la grosseur d'un espar, consiste à calculer le diamètre comme fraction de sa longueur. Toutefois, l'échantillon dépend évidemment de la nature du bois employé dans la construction de la pièce de mâture, qui peut être en pins rouges très résistants et légers, d'Orégon ou de Vancouver, ou en pins rouges du Nord et pitchpins, très résistants également, mais plus lourds, ou enfin en pins blancs d'Amérique ou de Suède. Les pins rouges ne sont employés que pour les mâts, beauprés et bômes, et les pins blancs, plus légers, toujours employés pour les autres espars d'échantillon moindre. Nous indiquons donc deux valeurs dont la plus faible peut s'appliquer aux bois très résistants, et la plus forte aux bois moins solides.

Mâts de côtres. — Le diamètre des mâts de côtres varie : au pont, de 0,023 à 0,030 de la longueur mesurée du pont au capelage des haubans. La première valeur est applicable, non seulement comme il a été dit, aux bois résistants, mais aussi aux mâts des petits yachts. En général, les mâts de côtres conservent le même échantillon du pont au capelage, mais il est quelquefois légèrement réduit aux $\frac{9}{10}$ du diamètre au pont, au capelage à l'extrémité du tenon ou ton, le diamètre va en diminuant et n'est plus, à l'extrémité, que les $\frac{8}{10}$ du diamètre au capelage.

Mâts de yawls. — Les mâts de yawls, ayant à supporter l'effort d'une voilure moindre, sont tenus un peu plus faibles, avec un diamètre au pont de 0,022 (pour les petits yachts), à 0,029 de la longueur du pont aux jottereaux.

Mâts de goëlettes. — Les mâts de goëlettes n'ayant à résister qu'à des efforts encore moindres, n'ont plus en diamètre que 0,020 à 0,025 de la longueur du pont aux jottereaux.

Mâts de flèche. — Leur diamètre, à la caisse, est habituellement les 0,02 de la longueur du dessous de la caisse au capelage ; et le diamètre au capelage, les $\frac{6}{10}$ du diamètre à la caisse.

Beaupré. — Le diamètre des beauprés est plus variable; depuis 0,04 de la longueur du collier d'étrave au capelage, pour les beauprés très courts, à 0,028 pour les beauprés longs. Le diamètre au capelage étant en général les $\frac{7}{10}$ du diamètre à l'étrave.

Pics. — Les pics ont habituellement leur plus fort diamètre auprès du mât, dans la proportion de 0,016 (pour les petits yachts) à 0,018 de leur longueur. Le diamètre à l'extrémité est réduit aux $\frac{7}{10}$ du diamètre auprès du mât.

Bômes. — Le plus grand diamètre d'une bôme se trouve généralement vers le point d'attache de là poulie de grande écoute, ou aux $\frac{3}{4}$ de la longueur, comptée à partir du mât, à raison de 0,013 à 0,018 de la longueur totale. La première proportion est surtout applicable aux voiles lacées, et la seconde aux voiles à bordure libre. Le diamètre, à l'extrémité voisine du mât n'a que les $\frac{7}{10}$ du grand diamètre et les $\frac{3}{4}$ au bout extérieur. Pour un yawl, le diamètre de la bôme est tenu un peu plus faible : en moyenne, les 0,016 de la longueur.

Vergues. — Leur diamètre, au milieu, a généralement les $0^m,015$ de la longueur totale, et les $\frac{7}{10}$ de ce diamètre aux deux bouts.

Tangons. — Leur plus grand diamètre, au milieu, varie de 0,012 à $0^m,014$ de la longueur. Le diamètre, au bout, n'a habituellement que les $\frac{8}{10}$ du diamètre au fort.

Mitres. — On voit, d'après ce qui précède, que les mâts et espars ne sont pas de simples pièces de bois cylindriques mais qu'ils affectent la forme plus ou moins accentuée de fûts de colonnes, de tronçons de fuseaux, ou de cigares. La détermination de cette forme est réglée par les diamètres principaux qui viennent d'être donnés, et par un tracé nommé *mitre*, qui fournit au charpentier les diamètres intermédiaires dont il a besoin pour le travail de la pièce de mâture.

Mitre au rayon. — Au milieu d'une ligne AB (fig. 89), égale au plus grand diamètre du mât ou de la vergue à construire, pris comme centre, on trace un demi-cercle avec un rayon égal à la moitié du diamètre. Du milieu M de cette ligne, on porte deux longueurs, M *a'* M *b'* égales à la moitié du petit diamètre de la pièce, et on élève les perpendiculaires *a' a b' b,* et divisant la distance *a' a = b' b* en un certain nombre de parties égales, et menant par les points de division une série de parallèles à A B, on obtient la série cherchée des diamètres *mn, pq, rs* correspondants. Cette construction est appelée *mitre au rayon.*

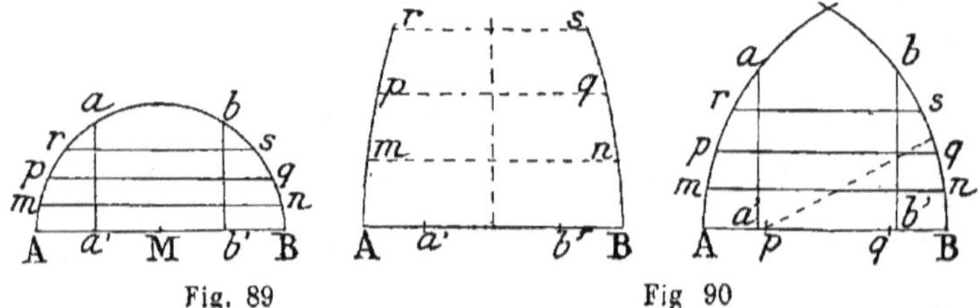

Fig. 89   Fig 90

Mitre aux trois quarts. — On fait la même construction, en prenant les centres des arcs de cercle au quart du diamètre à partir de chaque extrémité : en *p* et en *q* ; on a ainsi la mitre aux trois quarts.

A diamètres égaux, la mitre au rayon fournit des diamètres intermédiaires plus forts que ceux de la mitre aux trois quarts, aussi, emploie-t-on la première pour le tracé des pièces de mâture, et la seconde pour les espars, bômes, pics, vergues et tangons. — Le charpentier trace ses mitres sur une planchette, à la grandeur d'exécution, et après avoir marqué sur la pièce à travailler, les longueurs des différentes fractions de la pièce de mâture, il divise ces longueurs en autant de parties égales qu'en comportent les mitres et travaille ensuite la pièce de manière à lui donner en ces différents points, les diamètres voulus.

DÉTAIL DES MATURES

Bas-mâts, Emplanture. — Le pied des bas-mâts repose sur la quille, et y est encastré par un fort tenon dirigé suivant l'axe longitudinal. Ce tenon descend dans une mortaise appelée *emplanture* pratiquée dans la quille. Quand le mât atteint une certaine dimension, on garnit souvent son pied, immédiatement au-dessus du tenon, d'un cercle ou *frette* placé à chaud, destiné à prévenir les fentes qui pourraient se produire sous l'effort de la voilure.

Depuis le pied jusqu'à quelques centimètres au-dessus du niveau du pont, le mât reçoit une forme octogonale qui a pour objet de mieux résister aux mouvements de torsion que tendent à lui imprimer les efforts de la voilure, étant donné qu'il est solidement maintenu dans un *étambrai* également octogonal, par des coins jointifs correspondant à chaque côté du polygone (¹).

Capelage. — De l'étambot au capelage, le mât conserve une section circulaire et la forme que lui donne le mitrage. On nomme *capelage* l'endroit où les haubans, bassetaques et étais viennent saisir le mât. Il se trouve au-dessus d'un ensemble de pièces destiné à assurer la solidité de l'appui, vertical de haut en bas, du gréement, en même temps qu'à préparer l'attache du mât de hune avec le tenon du bas-mât. Ces pièces sont : les jottereaux, le chouque et les coussins de jottereaux.

Jottereaux. — Les deux pièces ainsi nommées, affec-

___

(1) **Braie**. — Lorsque le mât est en place, ces coins sont souvent recouverts d'une couronne de forte toile à voile, clouée à la fois sur le mât et sur le pont pour prévenir les infiltrations des eaux du pont, qui pourraient se produire entre les joints des coins, le mât et l'étambrai. Cette garniture en toile porte le nom de *braie*.

tent la forme de deux consoles, appliquées de chaque bord du mât sur lequel on a réservé deux faces planes pour les recevoir. Leur partie inférieure terminée en pointe obtuse, s'inscrute légèrement dans le mât pour leur fournir un appui, les deux jottereaux sont ensuite solidement réunis et appliqués contre le mât par deux ou trois chevilles rivées sur bague. On les fait généralement en orme.

Chouque, Coussins, Clef du mât de flèche. — Les jottereaux supportent une pièce horizontale appelée chouque, (fig.91) ayant un peu la forme d'un fer à cheval dont l'ouverture serait tournée vers l'arrière et dont la partie avant porte une ouverture destinée à laisser passer librement la caisse du mât de flèche. Le chouque est entouré d'une bande de fer plat destinée à empêcher le bois de fendre ou d'éclater, sous les efforts de la caisse du mât de flèche ; les deux branches sont réunies et serrées contre le mât par un boulon passant sur l'arrière du mât. Le chouque supporte à son tour, par le travers du mât, deux petites pièces de bois dur, appelées *coussins*, sur lesquels viendront reposer les boucles formées par les haubans, les itagues de bassetaques et l'étai. L'avant du chouque reçoit également la barre de hune et sert de point d'appui à une pièce nommée *clef*, passée à travers un trou ménagé transversalement dans la caisse du mât de flèche, afin de le soutenir dans sa position normale après qu'il a été guindé. Les jottereaux et le chouque servent en même temps de point d'attache à un certain nombre de pitons, utilisés pour le gréement.

Potence, Cercle, Pitons, Clan de la guinderesse, Blin. — Sur l'arrière des jottereaux, deux pitons servant

Chouque supérieur (Éch. ¾).
Coupe du mât,
au clan de la guinderesse.
Arrière.
Avant.
Boulon du pic.
Ax. de la guinderesse
Boulon du pic
Drisse de foc.
Cercle du mât et œil
Piton de l'drisse du mât
Mât de hune.
Clef.
Barre de flèche.
Barre de flèche
Chouque inférieur.
Piton de drisse de trinquette
Guide de la drisse de foc.
Pic de la bôme
Piton de la chandelle
Coupe horizontale du chouque
Boulon
Clan de la guinderesse.
Cercle du mât
Boulon
Piton de la drisse du mât
Barre de flèche

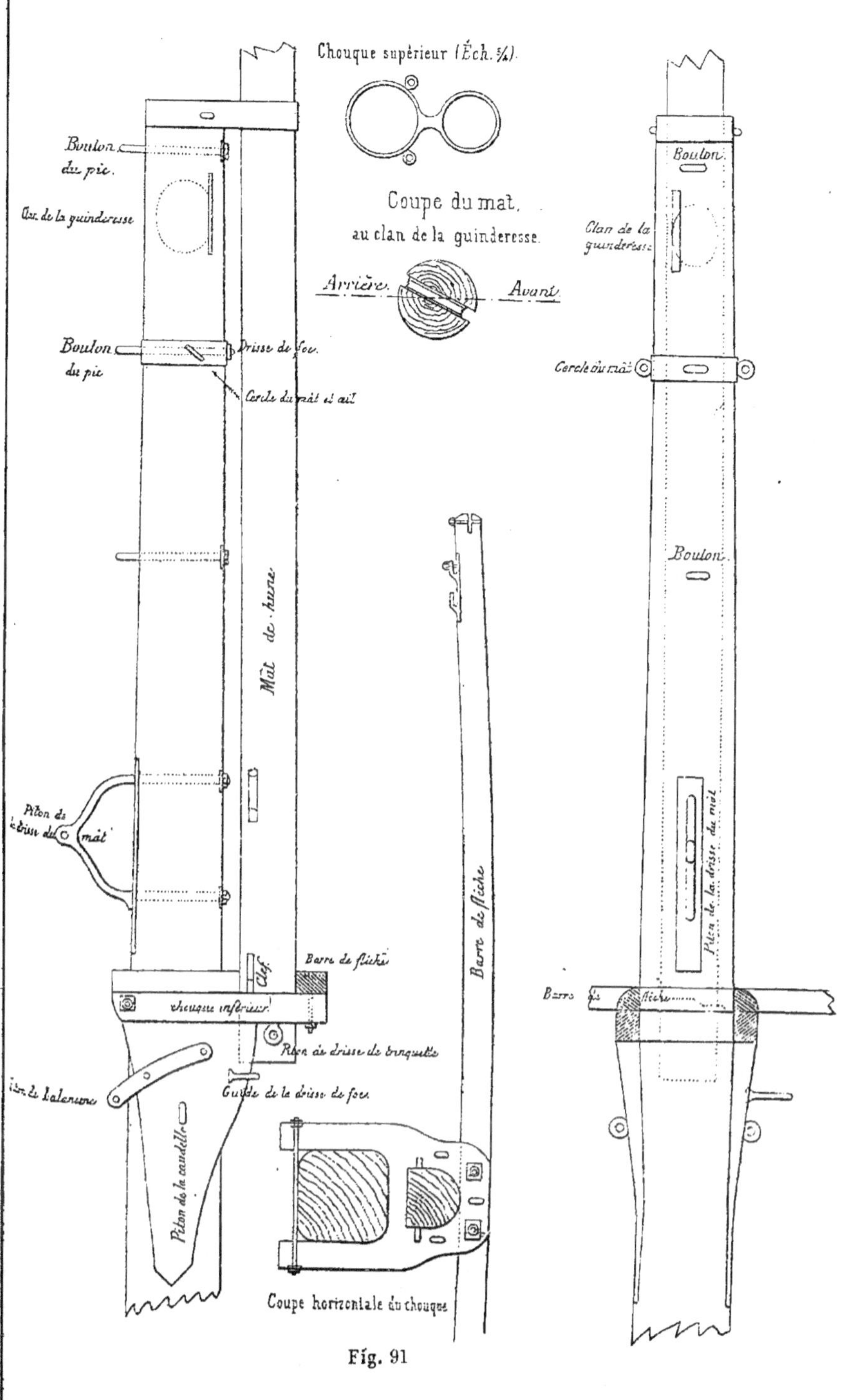

Fig. 91

Chape de la guinderesse et rea
Manille de la potence
Matagot
Potence
Blin
Pitons de drisse de pic

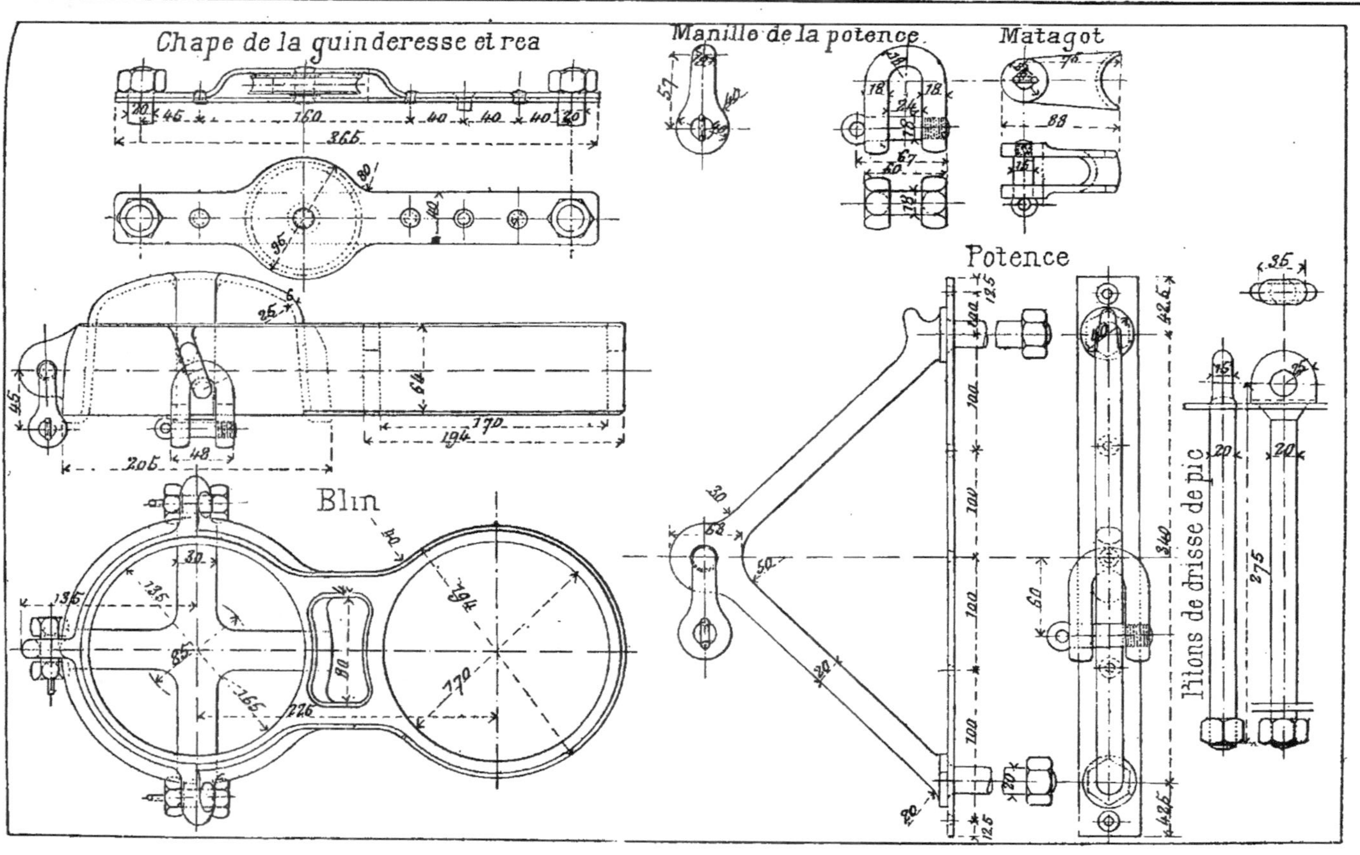

Fig. 92

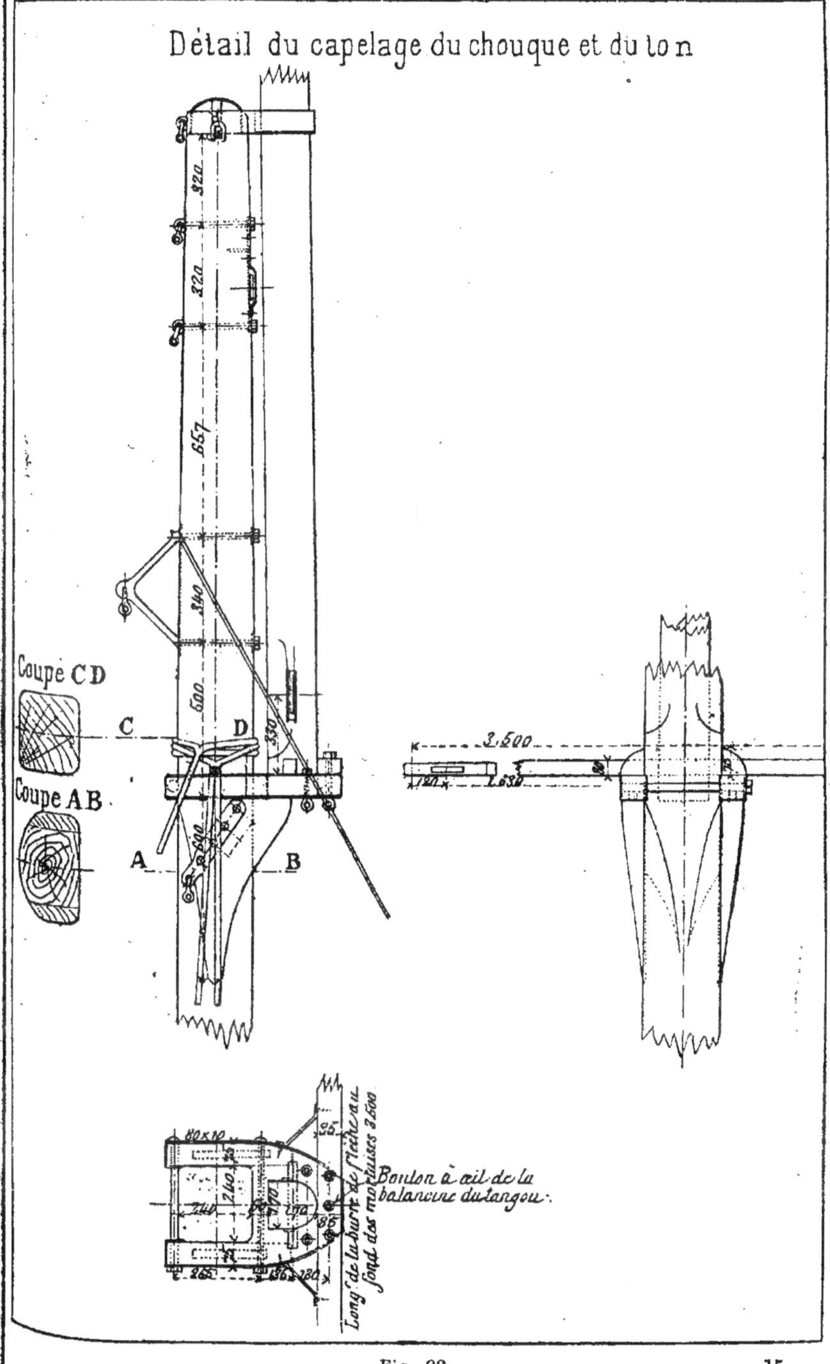
Détail du capelage du chouque et du ton
Coupe CD
Coupe AB
C
D
A
B
3.500
Boulon à œil de la
balancine du tangon.
Long.° de la barre de flèche au
fond des mortaises 3.500
80×10
Fig. 93

a l'attache des balancines, et sur l'avant deux pitons servant à guider la drisse de foc ; sur l'avant du chouque, trois pitons : deux de chaque côté, pour les poulies de la drisse de trinquette, et un sur l'avant, servant d'attache à la balancine de tangon. Un peu au-dessus du capelage, on trouve sur l'arrière du mât une ferrure appelée *potence* (fig. 91 et 92), à laquelle est suspendue la poulie de la drisse de mât ; un peu au-dessus, un piton traversant le mât et serré à l'avant sur une forte virole, sert à la poulie basse de la drisse de pic ; ensuite un cercle à trois pitons, dont l'un, sur l'arrière du mât, sert à la poulie milieu de la drisse de pic, et les deux autres placés de chaque bord, portent les poulies de la drisse de foc. — Au-dessus du cercle se trouve une mortaise nommée *clan de la guinderesse*, traversant obliquement le mât et garnie intérieurement d'un réa. Enfin : le troisième piton de la poulie haute de la drisse de pic, installé comme celui de la poulie basse, et, terminant le tenon, un double collier en forme de 8 nommé *blin* (fig. 92), dont une boucle est coiffée sur l'extrémité du tenon, et dont l'autre sert de collier au mât de flèche. Souvent, le piton de la poulie haute de la drisse de pic est venu de forge avec le blin, afin d'alléger un peu la tête du tenon.

La planche 93 montre une variante du dispositif précédent, dans laquelle le cercle des poulies de drisse de foc se trouve supprimé, et les pitons de celles-ci reportés sur le blin ; le piton de la poulie moyenne de la drisse de pic, est alors semblable à celui de la poulie basse. Le clan de la guinderesse est également supprimé, pour ne pas affaiblir la tête du tenon, mais il est remplacé par une galoche ou chape à réa placée entre le tenon et le mât de flèche.

Mâts de flèche. — Ces mâts ne comportent : au pied, que la lumière rectangulaire percée de tribord à bâbord pour le passage de la clef ; et à la tête, un épaulement servant au capelage des haubans, pataras et étais de flèche, épaulement suivi d'une fusée plus ou moins longue, habituellement terminée par une pomme percée de un ou deux petits clans munis de petits réas, placés à tribord et bâbord, pour servir de point de suspension aux drisses de pavillon. — L'extrémité supérieure du mât de flèche, porte également un clan percé de l'avant à l'arrière pour la drisse de flèche ; ce clan est habituellement muni d'un réa à cylindres, destiné à rendre le hissage moins dur à effectuer. Autrefois le clan de drisse de flèche était percé immédiatement au-dessous du capelage ; on le place à présent aussi haut que possible dans la fusée, pour élever le point de suspension de la vergue, ce qui permet de réduire un peu la longueur de celle-ci, sa grosseur et son poids.

Beaupré. — Le beaupré ne comporte qu'une caisse octogonale ou carrée, engagée entre les bittes et assez prolongée entre elles et le collier d'étrave, pour recevoir deux ou trois lumières rectangulaires servant au passage d'une clef analogue à celle du mât de flèche, de façon que le mât de beaupré puisse être rentré à bord progressivement, si l'installation de la voilure le nécessite. A l'autre extrémité, un clan muni d'un réa à cylindres pour le passage de l'amure de foc, et enfin, le cercle de capelage à quatre pitons servant à l'attache des deux haubans de beaupré, de la sous-barbe et de l'étai du mât de flèche ; une courte fusée termine le beaupré. — Dans un dispositif plus récent, le clan de l'amure

Détails de la fusée du mât de flèche
110
115
109
120
715
d.m.200
20
15
6
5
Hauteur des plaquettes 120
116
250
80
116
250
135
40
135
30
20
141
93
116
210
Longueur totale du tube 910

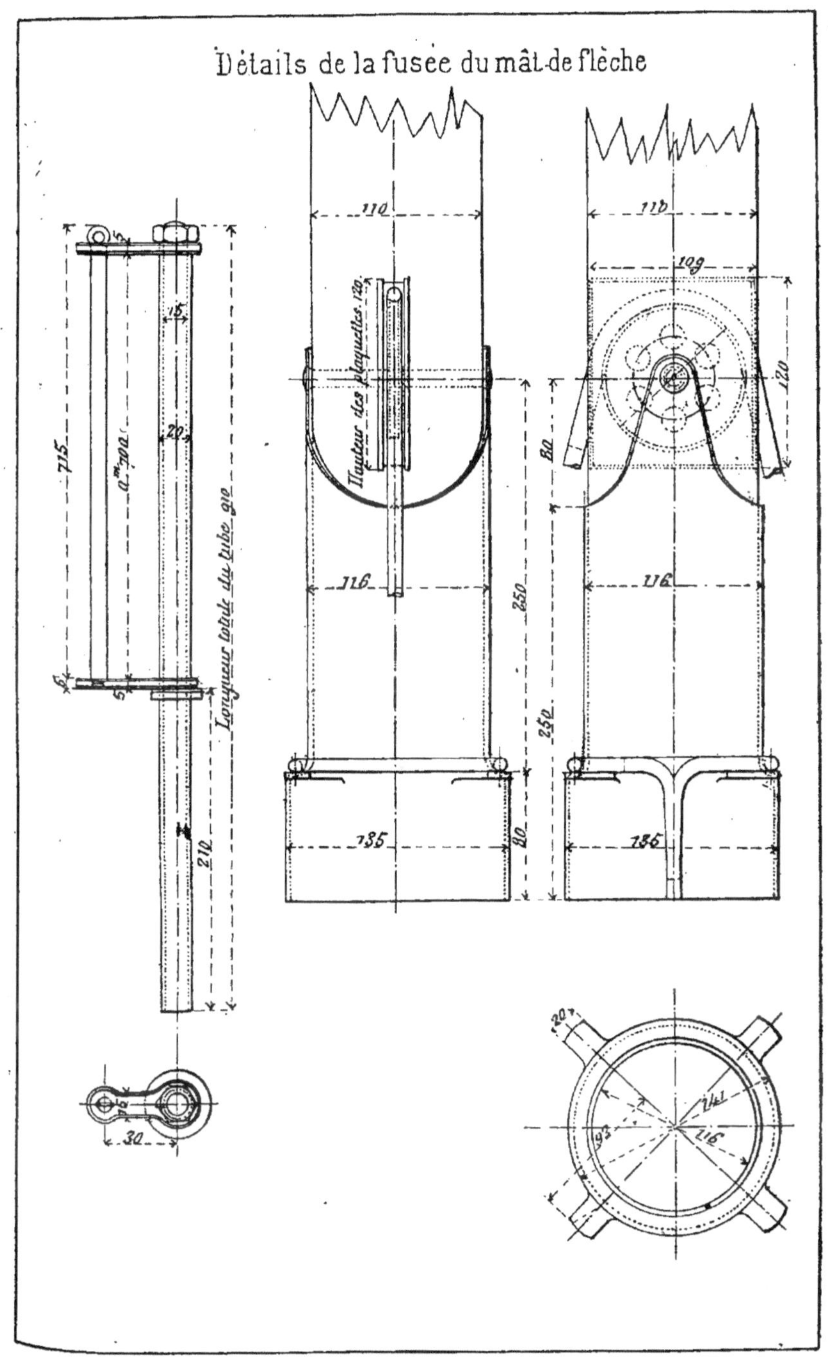

Fig. 94

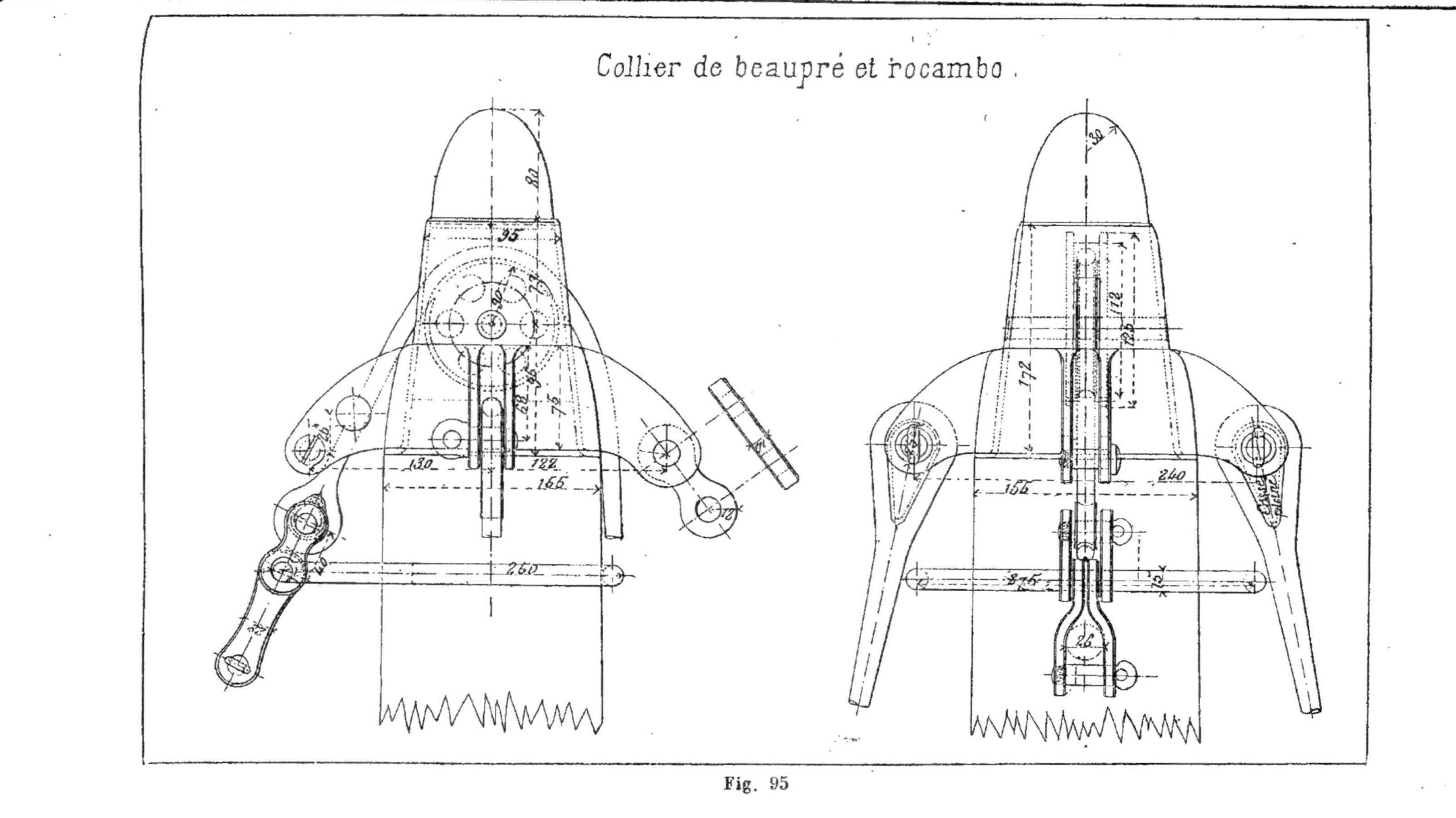

Collier de beaupré et rocambo.

Fig. 95

de foc est reporté en avant du cercle de capelage, dans la fusée, afin d'amener la draille du foc à toucher l'étai du mât de flèche, pour satisfaire aux conditions du mesurage de la voilure.

Entre le collier d'étrave et le cercle de capelage, court librement sur le beaupré, un cercle garni en cuir, et muni de deux crocs ou œils, servant à le rattacher à l'amure de foc et à recevoir la cosse du point d'amure de cette voile.

Bôme. — La bôme reçoit à l'extrémité qui touche le mât, une ferrure à deux branches, encastrée dans le bois, et terminée par un œil servant à l'attache articulée de la bôme avec le cercle de mât. Vers l'arrière, on trouve l'estrope de la poulie de grande écoute, maintenue en place par un petit taquet en bois ; ensuite deux longues pièces horizontales, appelées *violons de ris*, chevillées de chaque bord, et percées chacune de trois ou quatre trous, garnis de deux en deux, en alternant d'un bord à l'autre, de réas de petit diamètre, servant à l'installation des itagues de ris. En dessous de la bôme, et souvent entre les deux violons, on trouve un taquet muni d'un réa, servant à l'installation du palan de l'itague de rocambeau. Dans la longueur occupée par les violons, sont également installées deux petites plaquettes à œil qui oscillent de l'avant à l'arrière autour d'une vis traversant le violon pour recevoir l'attache des balancines. La bôme se termine enfin par un clan servant au passage de l'itague de rocambeau qui actionne soit une manille courant sur une tringle de fer rond, soit un petit chariot, courant sur une coulisse en fer plat ou en fer à boudins (fig. 97), fixés l'un ou l'autre à un cercle frottant l'extrémité de la bôme et assujettis suivant leur longueur par des vis et des chevilles traversant la bôme et rivés par-dessous.

Pic. — Le pic est muni, à son extrémité avant, de deux mâchoires ouvertes en demi-circonférence de façon à l'empêcher d'échapper du mât sous l'action de la poussée latérale de la voile. Pour empêcher la mâchoire de se dégager par l'arrière, les extrémités de ses deux bras sont réunies par une ligne en filin, qui complète la fermeture. Comme cette ligne pourrait gripper sur le mât pendant qu'on hisse le pic, on la garnit d'un chapelet de petites sphères en bois percées d'un trou, et nommées *pommes de racage*. Le portage du pic contre le mât est facilité par un sabot vertical, suspendu par son milieu, qui reste ainsi en contact parfait avec le mât, quel que soit l'inclinaison du pic. Le dispositif précédent ne se rencontre guère que sur les yachts de construction ancienne, ou sur des constructions neuves établies à bon marché. Il arrivait souvent avec lui que les mâchoires se rompaient, et on dût rechercher des dispositifs à la fois plus solides et moins encombrants, en recourant à l'emploi du métal. — La figure 98 montre une des dispositions les plus généralement employées, à quelques variantes près dépendant des idées ou du goût du constructeur. Elle se compose : d'une mâchoire métallique, formée d'un demi-collier portant une demi-charnière et rivé sur une pièce de de tôle semi-cylindrique, qui répartit l'effort sur une plus grande surface, de façon à ne pas abîmer la surface du mât. L'autre moitié de la charnière appartient à une pièce fixée au pic par deux branches latérales chevillées à travers bois ;

Ferrure de bôme et collier de mât
Manille d'amure
de la grand voile
vis. 20×50

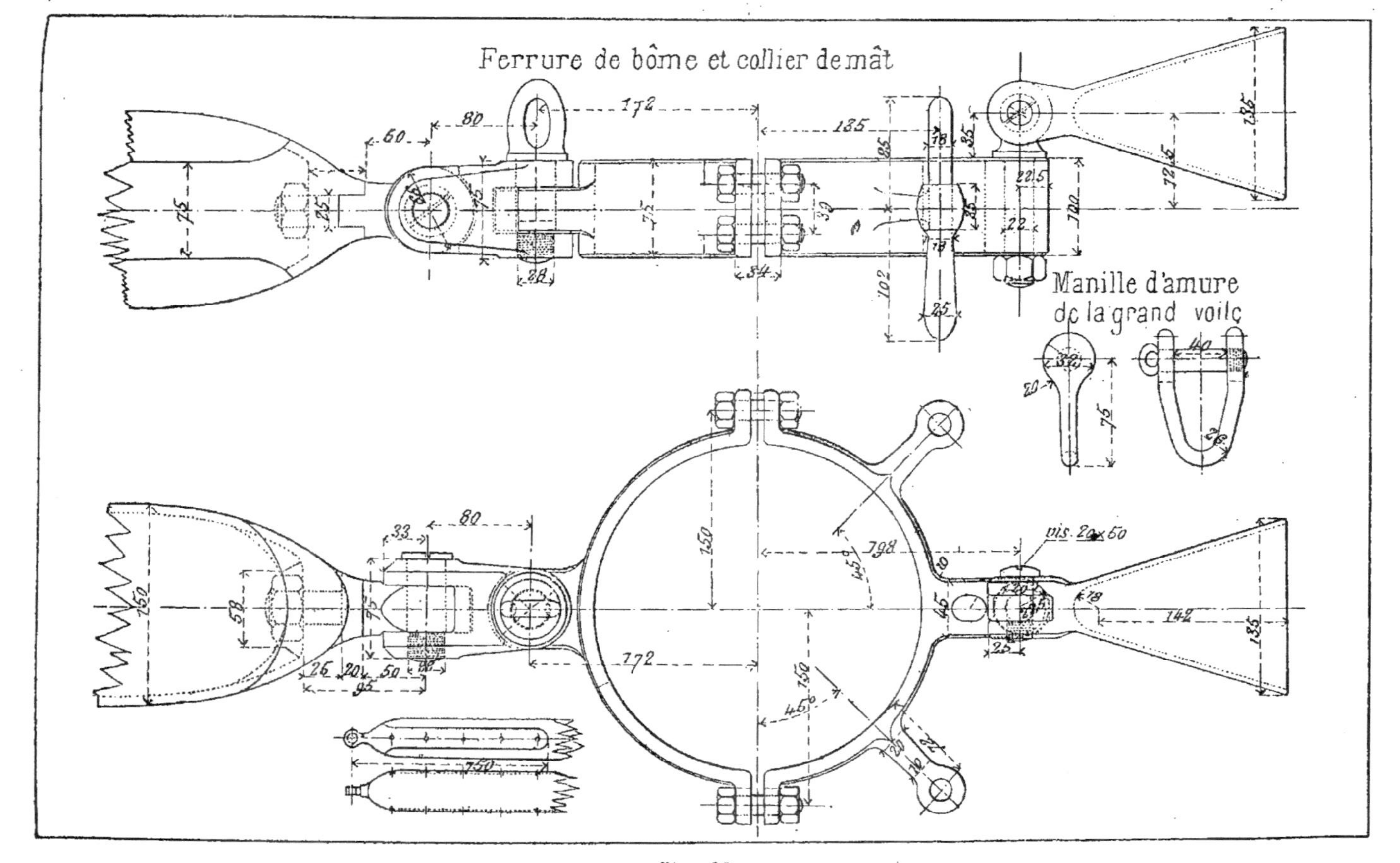

Fig. 96

Installation et détail.
du matagot et du Ch.in de fer
de la Bôme.

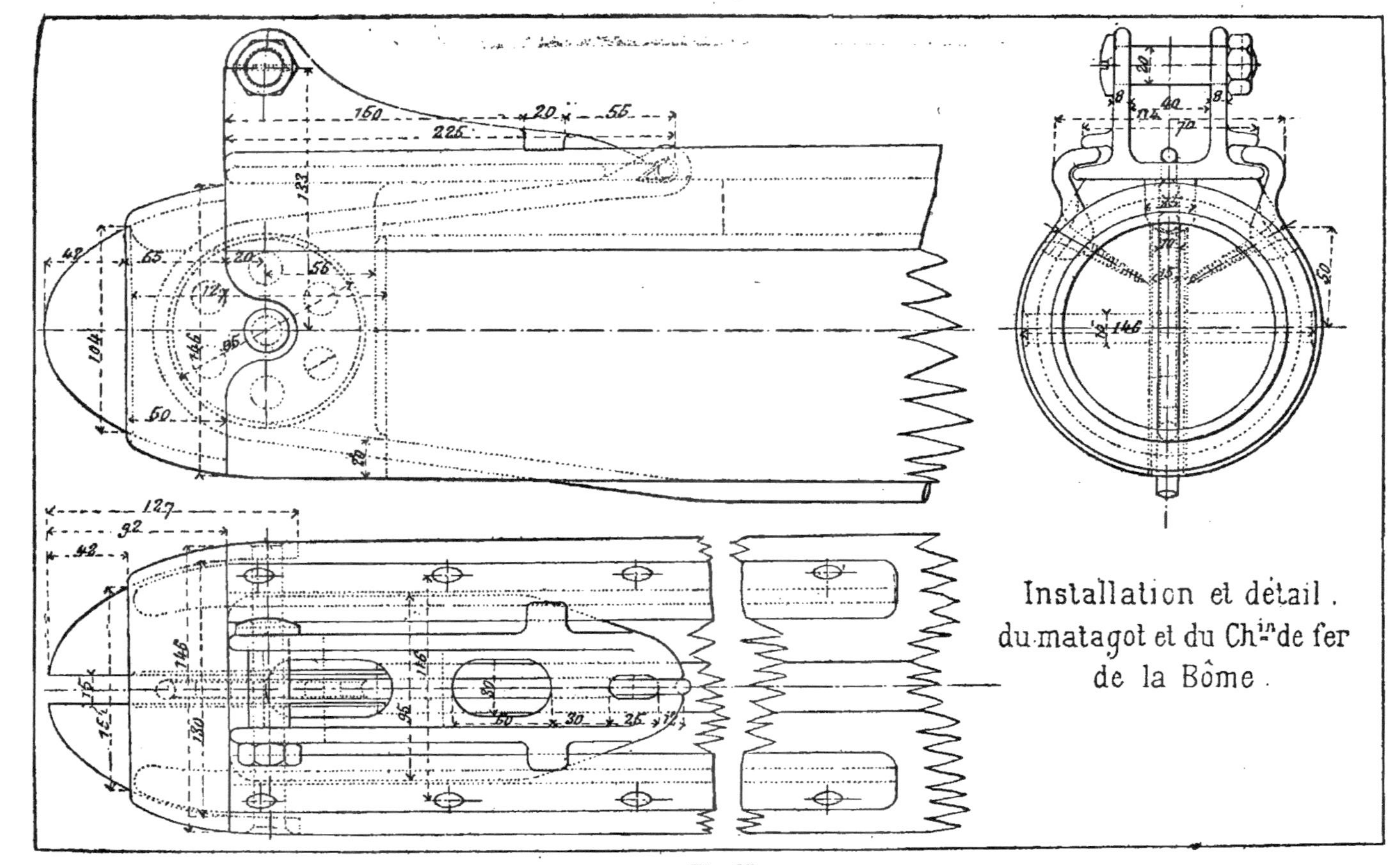

Fig. 97

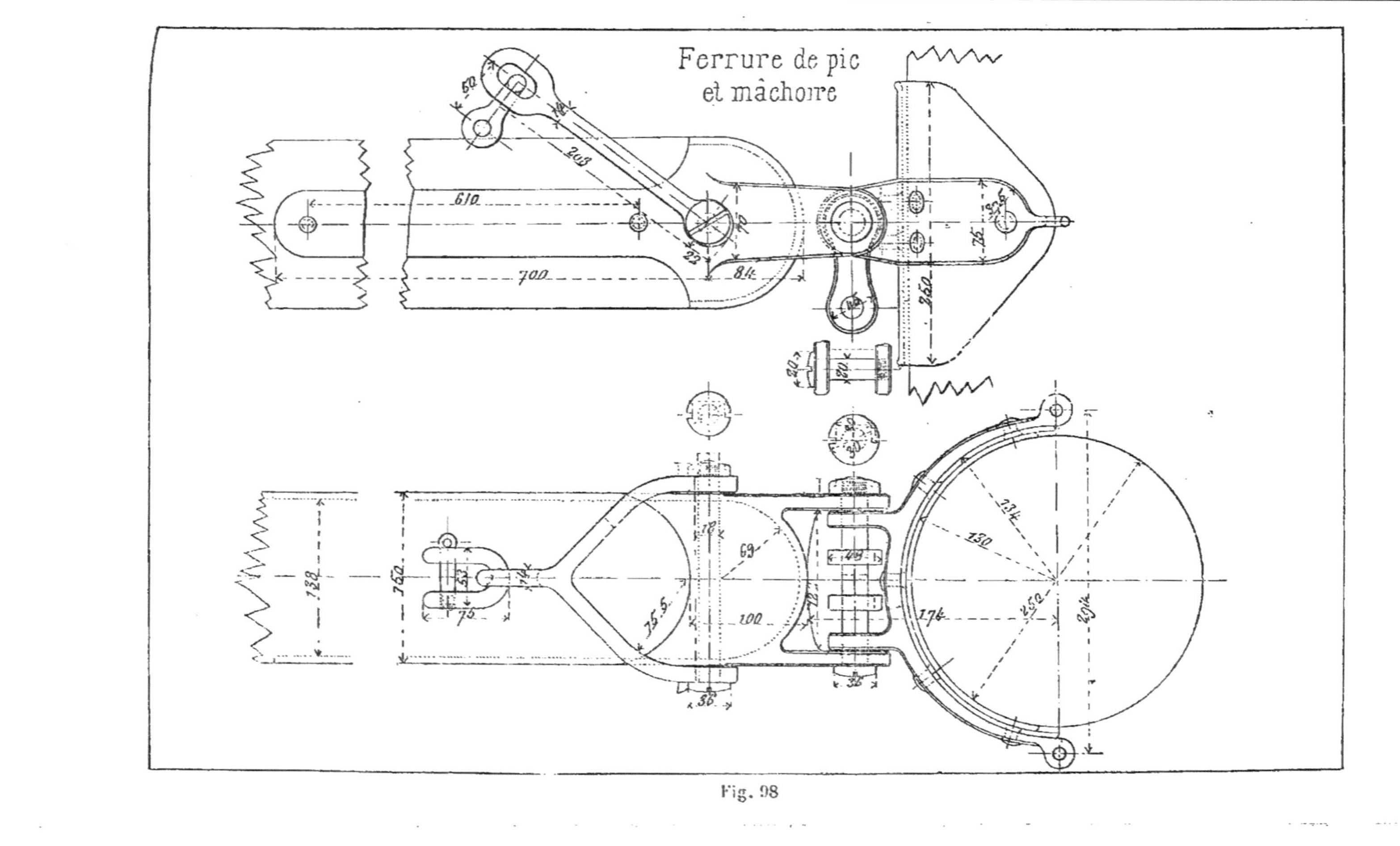

Ferrure de pic
et mâchoire
Fig. 98

la jonction de la machine avec le pic est enfin assurée par un boulon reliant les deux demi-charnières. Ce boulon supporte également deux petites plaquettes, pendant librement pour recevoir la cosse d'encornat de la voile assujettie entre elles par un second boulon les reliant à leur partie inférieure. La poulie basse de la drisse de mât vient s'attacher à un piton en fer B, boulonné entre les deux branches de la ferrure, sur deux fortes plaques de tôle destinées à reporter l'effort sur une plus grande surface, afin de prévenir toute possibilité d'arrachement. — La figure 98 montre une autre variante de cette disposition, où le piton est remplacé par une anse, attachée au pic par un boulon horizontal traversant l'espar, en prenant son point d'appui sur les deux branches de la ferrure. — Afin d'éviter que le contact et la pression exercée sur le mât par les mâchoires ne détériorent sa surface, qu'elles soient en bois ou en métal, on les garnit intérieurement de deux ou trois épaisseurs de cuir de buffle, formant coussin, qui assurent un portage plus élastique. Généralement, on enveloppe la mâchoire entière, extérieurement et intérieurement, dans une gaine de même cuir, afin que le frottement qui se produit entre elle et la voile de flèche, ne détériore pas cette dernière.

Trou d'empointure. — L'extrémité arrière du pic, se termine par une courte fusée, précédée d'une galoche munie d'un réa et placée d'un bord ou de l'autre, pour servir de point d'attache à l'écoute de flèche. L'extrémité de la fusée, est percée d'un trou dit *trou d'empointure*, servant à réaliser l'amarrage de l'empointure de la voile sur le pic.

Vergues. — Les vergues de flèche ne présentent aucune particularité ; elles sont seulement percées à chacune de leurs extrémités d'un trou servant à l'amarrage de la voile.

Tangon. — Le tangon porte à chacune de ses extrémités une petite frette, destinée à l'empêcher d'éclater sous l'effort de la pointe qui le pénètre en bout, pour le fixer à la ferrure articulée nommée *videmulet* placée à l'avant du cercle du mât, Un peu en dessous de cette frette, on le munit de deux petits taquets, placés de chaque bord, pour servir de support aux boucles des bras du tangon. — Quelquefois, la pointe du videmulet est remplacée par un cornet en fer mince, dans lequel pénètre le bout du tangon, taillé alors en tronc de cône ; le tangon n'étant pas ainsi exposé à éclater, comme dans le premier dispositif, n'a plus besoin d'être consolidé par les frettes qui se trouvent ainsi supprimées (fig. 96).

Espars creux. — Le calcul ou l'expérience, montrent que le poids de la mâture et des espars, affecte notablement la stabilité, en contribuant à élever le centre de gravité général du yacht ; et d'autant plus que celui-ci est plus rapproché du centre de carène. La fraction de stabilité ainsi absorbée, sans aucun profit pour la propulsion, peut varier de 5 à 15 % suivant les formes, le degré d'abaissement du lest, et le développement de la mâture. Aussi, a-t-on de tout temps recherché les moyens d'alléger la mâture et le gréement en creusant les mâts et les bômes, dont la partie centrale ne contribue que fort peu à la résistance générale.

— Dès 1852, le sloop américain *Maria* fut muni d'espars creux, construits à la façon des barils, par un assemblage de douves solidement réunies par des cercles en fer. En 1868, la goëlette anglaise *Cambria*, reçut également des mâts creux, obtenus en forant la pièce au moyen de grosses et longues tarières de $0^m,100$ de diamètre que l'on engageait par les deux bouts, et qui se rencontraient vers le milieu du mât. La goëlette anglaise *Egeria*, reçut aussi des mâts perforés par le même procédé ; mais, en 1869, le tenon du mât de misaine de la *Cambria* se rompit, et pour prévenir le retour de semblable avarie, le tenon du nouveau mât fut consolidé de quatre cercles en fer, et la tête fut armaturée par des bassetaques. L'avantage que l'on cherchait à tirer de l'emploi des mâts creux perdit ainsi beaucoup de son importance, car le poids des matériaux de consolidation, compensait largement le bénéfice que l'on se proposait de réaliser. Toutefois, les mâts de la *Cambria* ainsi installés se comportèrent bien par la suite, et firent sans avaries deux fois la traversée de l'Atlantique. En 1876, M. John Harvey, directeur des chantiers de Wiwenhoe reprit l'idée, mais sous une forme d'exécution plus simple et plus parfaite. L'espar une fois travaillé à la forme voulue, était scié longitudinalement, et les deux moitiés creusées ensuite d'une rigole semi-circulaire, non cylindrique comme le fournissait le forage, mais bien de diamètres proportionnés à ceux du mitrage de l'espar, de manière à conserver à la partie tubulaire, une épaisseur constante d'un bout à l'autre. Les deux moitiés étaient ensuite juxtaposées à nouveau, après avoir été bouvetées l'une dans l'autre comme les lames d'un parquet, et solidement mariées par une série de frettes en fer. La goëlette *Miranda*, sortie de ces chantiers, reçut un beaupré et une bôme ainsi construits. Le premier se comporta toujours bien, mais la seconde eut des avaries, dues à un défaut de construction au voisinage de la poulie de grande écoute.

Aujourd'hui, les récentes compétitions pour la coupe de l'America, ont remis les constructeurs dans la voie, en somme peu suivie jusqu'alors, des espars creux. Le sloop américain *Volunteer* reçut, en 1889, une bôme creuse. Le petit côtre *Gloriana* (1890) dont l'immense plan de voilure eut conduit forcément à des espars d'un poids considérable, reçut un mât, une bôme et un pic creux. Depuis, l'usage des espars creux s'est généralisé, aussi bien pour les yachts de petite dimension que pour les grandes constructions ; mais seulement pour les yachts de course, qui seuls peuvent avoir intérêt à recourir à ces coûteux artifices. Le 10 tonneaux anglais *Dora* avait, en 1891, une bôme creuse ; enfin, en 1893, les grands cutters anglais *Britannia*, *Valkyrie*, *Satanita* et le champion américain *Vigilant*, furent construits avec mâts et bômes creuses (¹). — Le système employé aujourd'hui, diffère peu du système Harvey ; en ce sens que l'espar, scié en deux, est percé d'une série d'auges semi-circulaires, séparées par une cloison laissée dans le bois plein, à la façon des tiges de bambou. Les deux moitiés sont embouvetées et ensuite mariées par des surliures, en fil d'acier semblable aux cordes de piano, qui offrent sous un poids beaucoup moindre, une résistance et une efficacité beaucoup plus grandes que les anciennes frettes en fer. L'usage de plus en plus fréquent des espars

(1) Ce système a aussi été appliqué sur le yacht français, en aluminium, *Vendenesse*.

creux a d'ailleurs permis aux constructeurs de mieux connaître les conditions de leur construction, et leur usage ne conduit aujourd'hui à aucun déboire capital digne d'être mentionné.

GRÉEMENT

Le gréement se subdivise en trois parties principales :

1° Le *gréement dormant*, composé des cordages métalliques uniquement appelés à assurer la tenue de la mâture. Il est composé de câbles métalliques en fer ou en acier ;

2° Le *gréement courant*, constitué par les manœuvres servant à hisser ou amener les voiles. Il est composé de cordages d'origine végétale ou de câbles métalliques très flexibles ;

3° Le *pouliage*, qui sert à réaliser l'une et l'autre des deux parties précédentes.

Le gréement dormant comprend :

Les haubans des bas-mâts et du mât de beaupré ;

Les étais des bas-mâts ;

Les bassetaques ;

La sous-barbe ;

Les galhaubans, ou haubans du mât de hune ;

Les pataras, ou bassetaques du mât de flèche ;

Les étais du mât de flèche.

Haubans. — Les haubans sont des cordages en fil métallique, saisissant le mât, à la hauteur des jottereaux ou *capelage* des haubans et le fixant à la muraille du navire. Leur nombre varie de deux à quatre, de chaque bord.

Chaque paire de haubans consécutifs, du même bord, est faite d'une seule pièce de cordage, dans le milieu de laquelle on forme, à l'aide d'un amarrage, une boucle que l'on capelle sur les coussins de jottereaux par-dessus la tête du mât. Quand le nombre des haubans est impair, les derniers haubans sont faits d'une seule pièce, dont la boucle est complétée au moyen d'une pièce intermédiaire épissée.

Le premier hauban vers l'avant se trouve par le travers du mât ; les autres lui succèdent vers l'arrière à une distance de 0ᵐ,30 à 0ᵐ,50 réglée principalement par les conditions d'attache déterminées par la distribution de la membrure.

Caps de mouton. — L'attache des haubans aux lattes de la muraille se fait par l'intermédiaire de *caps de mouton,* ou de *ridoirs.* Les caps de mouton sont deux disques lenticulaires en bois de gaïac, percés chacun de trois trous.

Ride. — L'un d'eux, le *cap de mouton ferré,* est garni d'un collier en fer, assemblé par un boulon avec l'œil qui termine les lattes de haubans ; l'autre porte sur sa circonférence une gorge semi-circulaire qui reçoit l'extrémité du hauban, formée en boucle par une série d'amarrages solides. Un cordage en chanvre appelé *ride,* rarement en câble d'acier, même souple, passe dans les trous et réunit les deux caps de mouton du même hauban.

Ridoirs. — L'effort de traction exercé par les haubans est souvent tellement considérable, surtout dans les yachts de course, que la ride s'allonge peu à peu et finit par donner du mou dans le hauban au détriment de la tenue de la mâ-

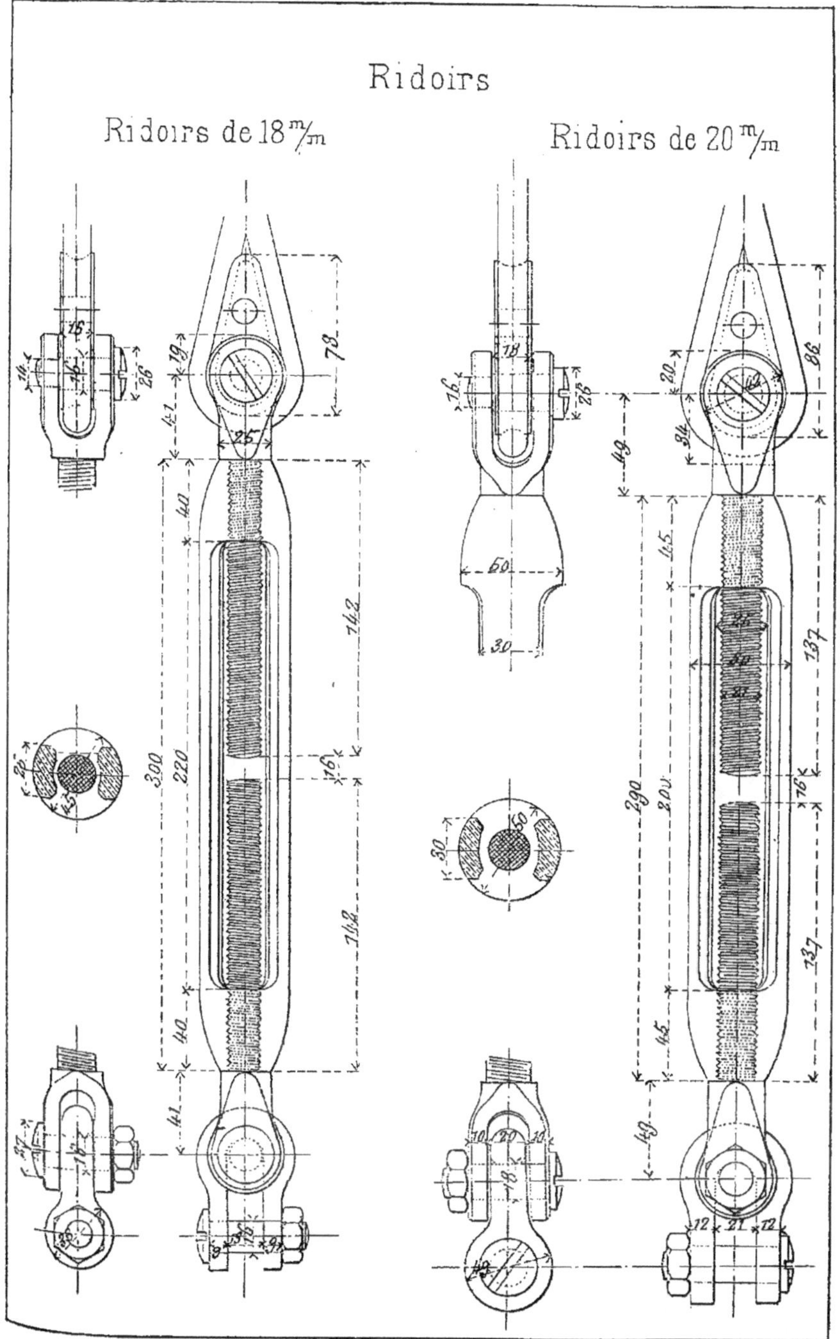

Fig. 99

ture. Mais à moins que de multiplier le nombre des haubans, il est impossible de remédier à cet inconvénient sans l'emploi de *ridoirs*. Les ridoirs se composent essentiellement de deux vis de pas opposées, réunies par un écrou à lanterne (fig. 99). Les deux vis se terminent par des chapes qui servent à les attacher à l'extrémité du hauban et à l'œil qui termine les lattes. La rotation de l'écrou provoque le rapprochement des deux vis et la tension du hauban. Les ridoirs peuvent servir à exercer une traction considérable, et on doit prendre grand soin de ne faire que tendre le hauban avec eux, sans exercer un effort inutile qui viendrait diminuer d'autant, ou même détruire, la résistance du hauban au moment où la mâture exerce ses efforts.

Étais. — Les étais réunissent la partie supérieure des bas-mâts entre eux et celle du mât de misaine, ou du mât d'un côtre, à l'étrave. Ils ont donc pour objet d'assurer la position de la tête des mâts dans le plan longitudinal du yacht. L'étai d'un mât de côtre ou d'un mât de misaine part du capelage des haubans et vient se fixer sur le collier d'étrave.

Aujourd'hui, on renonce généralement à l'attache sur le collier, afin d'assurer quand même la tenue de la mâture, dans le cas où le collier d'étrave viendrait à être arraché, avarie possible qui résulte quelquefois de la rupture de la sous-barbe. L'étai vient alors se fixer sur l'étrave, en dessous du pont qu'il traverse dans deux petits écubiers, après avoir préalablement reçu un bras épissé un peu au-dessus du pont.

Bassetaques. — Les bassetaques, sortes de haubans très inclinés vers l'arrière, ont pour objet, comme l'étai, d'assurer la position de la tête du mât dans le plan longitudinal et l'empêchent de se déplacer vers l'avant sous la traction des drisses de trinquette et de foc.

Pantoire, Itague, Palan de bassetaque. — Comme les haubans impairs, ils sont formés d'un seul cordage dont les bouts sont terminés de chaque bord à environ trois mètres du pont, formant ainsi la partie des bassetaques appelée *pantoires*. Les pantoires se terminent par une poulie en fer dans laquelle passe l'*itague* de bassetaque, également en câble métallique, dont une extrémité est attachée sur la latte de bassetaque arrière, et l'autre reçoit la poulie haute du *palan de bassetaque*, frappé sur l'autre latte.

Galhaubans. — Les galhaubans, ou haubans du mât de flèche, sont comme les haubans capelés à la tête du mât de flèche et attachés à la muraille par des lattes. Comme le mât de flèche est appelé à être souvent amené et guindé, les galhaubans reçoivent un palan au lieu de caps de mouton et, pour la même raison, on les compose habituellement de deux parties réunies par une manille, de façon que la portion supérieure soit de longueur suffisante quand le mât de hune est amené. Dans les yachts de course construits sous l'influence des jauges de la voilure, le mât de flèche n'est amené que très rarement; les galhaubans reçoivent alors des ridoirs.

Pataras. — Comme les bassetaques, les pataras assurent la tenue de la tête du mât de flèche vers l'arrière. On les fait en deux parties comme les galhaubans, et pour les mêmes raisons. Ils reçoivent un palan ou une itague, frappés sur des pitons placés sur le plat-bord, entre la mèche du gouvernail et le couronnement.

Étai de flèche. — Ce cordage part de la tête du mât-flèche et va passer dans une poulie frappée sur le collier de beaupré pour revenir à bord, où il se termine par un palan horizontal frappé sur les bittes de beaupré.

Cordages en fer ou en acier. — Sauf les quelques palans qui le complètent, le gréement dormant se fait en cordages de fer doux ou d'acier zingué formés de 3 à 5 tenons tordus à gauche et commis à droite, sur une âme centrale en chanvre destinée à donner plus de régularité.

Le cordage métallique manque d'élasticité et, par suite, est susceptible de rompre sous un effort brusque, surtout pendant les grands froids durant lesquels il est bon de ne pas trop raidir le gréement et de ne pas le travailler.

Afin de ne pas exagérer le poids du gréement dormant des yachts de course, soumis à des efforts particulièrement considérables, on emploie au lieu de câbles en fil de fer doux, des câbles en acier de résistance triple.

Gréement courant. — Nous n'entreprendrons pas, dans ce volume, la description des installations des manœuvres courantes dont s'occupe plus spécialement le *Traité de manœuvre*, et nous nous bornerons aux généralités qu'il est nécessaire de connaître.

Drisses, Palans d'étarque. — On appelle *drisses* les manœuvres qui servent à hisser les voiles. Les drisses principales, drisses de la grand'voile et du foc, sont souvent complétées d'un palan appelé *palan d'étarque* destiné à faciliter la réalisation de l'effort nécessaire pour bien tendre, étarquer la voile.

Amures. — *L'amure* sert à tendre isolément la ralingue de l'avant de toute voile. Elle est généralement formée d'une itague ou d'un palan.

Écoutes. — Les écoutes servant à orienter le côté inférieur de l'arrière des voiles, pour leur faire prendre avec l'axe du yacht, l'angle convenant à la route que l'on fait par rapport à la direction du vent.

Balancines. — Les *balancines* ont pour but de maintenir un espar suspendu à hauteur et inclinaison convenables, même quand la voilure est amenée. On distingue les balancines de la bôme et celle du tangon de spinaker.

Le nombre des manœuvres courantes, varie avec l'installation du gréement et de la voilure ; toutefois les manœuvres nécessaires et suffisantes d'un côtre sont les suivantes : P*l*

Grand'voile.
- Drisse de mât et son palan d'étarque.
- Drisse de pic et son palan d'étarque.
- Grande écoute.
- Balancines, itague et palan.
- Itague de ris et son palan.
- Amure et son palan.

Trinquette..
- Drisse.
- Amure et son palan.
- Ecoute.

Foc.......
- Drisse et son palan d'étarque.
- Amure.
- Ecoute.

Flèche..... { Drisse.
              Amure et son palan.
              Ecoute.

Clin-foc.... { Drisse.
               Amure.
               Écoute.

Spinaker... { Drisse.
              Amure.
              Ecoute.
              Balancine du tangon.
              Bras d'avant.
              Bras d'arrière et son itague.

A ces manœuvres, il faut ajouter pour un **yawl** ou un **ketch** :

La drisse, l'écoute et l'amure du tapecul.

Et pour une *goëlette* :

La drisse de mât et son palan d'étarque.
La drisse de pic.
L'itague de ris et son palan.
L'amure et son palan.
La balancine de la misaine, ainsi que :
La drisse.
L'amure et son palan.
L'écoute, double du flèche de misaine.

Ou encore :

La drisse.
L'écoute et l'amure de la voile d'étai installée queiquefois entre les deux mâts.

Les manœuvres courantes se font pour la plupart avec des cordages d'origine végétale, chanvre, manille, aloès ([1]). Quel-

______

([1]) Ramie.

ques manœuvres soumises à des efforts considérables, telles que certaines pantoires d'écoutes, les itagues de rocambeau d'amures de flèche et de foc, les drisses de foc et de flèche, la guinderesse, se font aujourd'hui en câble d'acier zingué souple et flexible.

On n'emploie guère à bord des yachts les filins goudronnés, qui ont l'inconvénient de donner, principalement sur les petits yachts, une odeur quelquefois désagréable aux passagers. D'ailleurs le goudronnage, réduit sensiblement la résistance et la souplesse du filin et surtout à bord d'un bâtiment de plaisance, cette considération peut primer celle de sa durée plus longue.

Les drisses de la grand'voile, les écoutes de flèche et de foc, sont généralement en chanvre ou en aloès (¹) de premier choix; ces manœuvres fatiguent très vite, et l'emploi pour elles, de matières de qualité inférieure ne serait jamais une économie.

On a même actuellement tendance, au moins pour les yachts de course, à remplacer les filins végétaux par des câbles souples d'acier très résistant. Toutefois l'usage de ces manœuvres demande certains soins et certaines précautions sans compter des appareils spéciaux pour le hissage; aussi ne semblent-ils pas appelés à se généraliser pour la majorité des yachts.

La grande écoute, continuellement exposée aux regards, est habituellement en manille ou en aloès.

Pouliage, Caisse. — Les poulies se composent essentiellement de trois parties : la *caisse*, le *réa* et l'*essieu* qui réunit le réa et la caisse. La caisse ou enveloppe extérieure

____

(1) Quelquefois en ramie dans certains petits yachts.

de la poulie affecte la forme elliptique bien connue, elle est percée d'une cavité dans laquelle est logé le réa, sorte de roue à gorge sur laquelle repose le garant. Dans les yachts, la caisse est faite d'un bois clair à grain serré, habituellement en frêne ou en orme blanc du Canada.

Réa. — Les réas se font quelquefois en bois dur, généralement en gaïac. Le plus souvent il sont en fonte de fer zinguée et plus ou moins évidés pour diminuer leur poids. On les fait plus rarement en bronze, qui sans offrir plus de solidité a le désavantage d'être un peu plus lourd.

Les poulies des manœuvres principales sont munies de réas à rouleaux ou à système, dits encore réas américains, dans lesquels le réa tourne autour de son essieu, non plus à frottement, mais par l'intermédiaire d'une couronne de petits cylindres réunis entre eux et maintenus distants les uns des autres par deux cercles placés à leurs extrémités. Ce dispositif offre une résistance bien moins grande que les réas ordinaires, et on l'emploie pour toutes les manœuvres ou les palans, dans lesquels le garant doit passer sur un nombre de réas variant de deux à six, comme par exemple les drisses de mât et de pic ou bien la grande écoute.

Essieu. — L'essieu traverse les deux joues de la caisse, en passant à travers le réa qui tourne autour de lui. Son diamètre et la qualité du métal dont il est composé doivent donc toujours être bien appropriés à la dimension de la poulie.

Mesure des poulies. — Les poulies se mesurent par la longueur, ou le grand diamètre de la caisse. La série des dimensions varie avec les fabricants.

Divers genres de poulies. — Les poulies se divisent en deux genres :

Les poulies estropées en filin ;

Les poulies à estrope en fer.

Les poulies à estroper correspondent à la description qui vient d'être faite. Leur caisse porte seulement en plus une rainure ou goujure destinée à empêcher le glissement du cordage qui les embrasse.

Poulies estropées en fer. — Les poulies estropées en fer sont complétées d'une chape qui pénètre à l'intérieur des joues par deux fentes ménagées à un des bouts de la caisse. Cette chape se prolonge un peu au delà de l'essieu qui la traverse et prend ainsi son point d'appui sur elle et non plus sur la caisse, au grand avantage de la solidité (fig. 100).

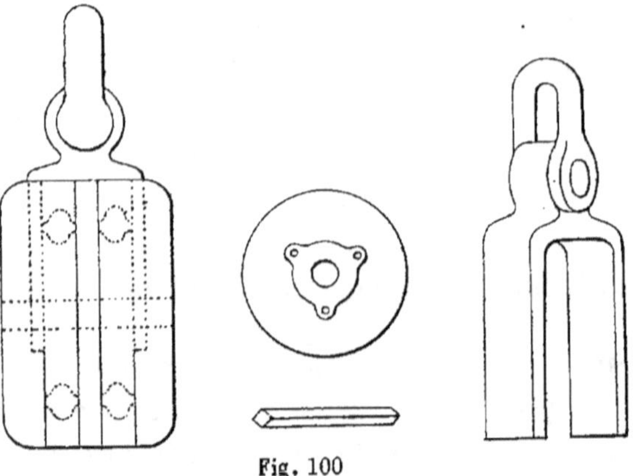

Fig. 100

La chape se prolonge extérieurement et se termine soit par un croc, un piton, ou un émerillon. Lorsque la poulie doit en plus recevoir le dormant d'une manœuvre, son autre extrémité reçoit une autre chape croisant à l'intérieur les bouts de la première, et traversée également par l'essieu. Cette seconde chape plus légère que la première se termine extérieurement par un œil largement ouvert et de faible échantillon appelé *ringot* ou *œil*.

Différentes espèces de poulies. Poulies multiples. — Les poulies se subdivisent ensuite en poulies simples, doubles ou triples, suivant qu'elles sont munies d'un, deux ou trois réas. Ceux-ci sont enfilés sur le même essieu, mais séparés par des cloisons ménagées dans la lumière de la caisse.

Poulies de bassetaque ou à violon. — Il existe enfin une catégorie de poulies doubles estropées en fer, dites *poulies de bassetaque* ou *poulies à violon*, composées de deux réas d'inégale dimension placés l'un au-dessous de l'autre, sur des essieux différents dans une caisse ayant par conséquent la forme d'une gourde de pèlerin. Elles ne sont guère employées que comme poulies hautes des palans des itagues de bassetaque, d'où leur est venu leur nom; ainsi que comme poulie du palan d'itague de rocambeau.

CHAPITRE IX

____

CONSTRUCTION DES PETITES EMBARCATIONS

____

La construction des petites embarcations n'est en somme que la réduction de celles du navire; les méthodes restent les mêmes, mais les opérations se simplifient, en raison des petites dimensions des pièces de construction, qui en rendent la manœuvre et le travail plus faciles.

Malgré que quelques constructeurs d'embarcations se dispensent encore d'un tracé préalable, et construisent *au sentiment*, en se servant d'un ou plusieurs gabarits qu'ils déplacent longitudinalement sur la quille, ou qu'ils altèrent plus ou moins dans leur forme, nous suivrons la méthode générale employée pour le navire proprement dit, ainsi que le font d'ailleurs actuellement les constructeurs un peu sérieux. Nous admettrons donc que l'embarcation résulte d'un tracé sur papier. En général, les constructeurs d'embarcations font résulter ce tracé d'un modèle taillé au sentiment, dans un bloc de bois formé de planchettes d'égale épaisseur, superposées et vissées les unes sur les autres. Lorsque ce bloc a été façonné en forme de demi-coque de bateau, suivant les goûts, ou d'après l'expérience acquise du constructeur, celui-ci trace, sur la surface restée plane et qui représente le plan diamétral longitudinal, un certain nombre de traits équidistants, représentant les couples perpendiculairement aux lignes de joint des planchettes. Il reporte ensuite sur une feuille de papier, le profil de l'embarcation, en appliquant le modèle à plat sur la feuille, et traçant le contour avec un crayon.

La position des joints des planchettes est marquée, en même temps que celle des couples tracés sur la face plane du demi-modèle. Le modèle est alors démonté, et les planchettes présentées successivement sur le papier, afin de relever leur contour, en prenant soin de bien faire coïncider leur arête rectiligne avec une ligne représentant l'axe longitudinal, de façon que les traces du couple sur chaque planchette, correspondent bien exactement avec celles qui sont dessinées sur le papier. La série des lignes d'eau du modèle ainsi obtenue, il devient plus facile d'en déduire la forme des couples. (¹)

Gabarits. — Le tracé sur papier est alors reporté à la grandeur d'exécution sur un grand panneau, tenant lieu en réduction, du plancher de la salle à tracer, mais généralement sans subir de corrections aussi rigoureuses que celles qui ont été indiquées en parlant du tracé à la salle. Les gabarits sont ensuite exécutés pour les couples, dont le nombre a été choisi de manière que leur écartement varie de $0^m,60$ à $0^m,80$; ainsi que pour le tableau d'arrière qui termine habituellement les embarcations. Comme les couples sont de petite dimension, on fait leurs gabarits entiers, (c'est-à-dire comprenant à la fois les deux bords de l'embarcation), en s'y

____

(1) Consulter le livre de théorie du navire pour les questions du tracé des plans sur papier.

prenant comme il a été dit pour la confection des gabartis de couple de plus grande dimension, mais en découpant en même temps deux planches superposées afin d'obtenir la moitié symétrique qui servira à constituer le gabarit entier. Le plus souvent, chaque moitié peut être constituée de deux planches, et les deux moitiés sont ensuite réunies par une planche d'ouverture placée à hauteur du plat-bord, ou bien encore à hauteur d'une ligne droite, soit horizontale, soit parallèle à la quille si celle-ci est droite, que l'on a préalablement tracée sur panneau, afin de marquer bien exactement les hauteurs auxquelles elle rencontre le plan de chaque gabarit. Les deux moitiés du gabarit sont également réunies par le pied, par un bout de planchette qui décroise le joint. Puis comme chaque gabarit devra être placé à cheval sur la quille, de façon que son point le plus bas, qui correspond au haut de la râblure, descende à la hauteur du trait supérieur de la râblure de la quille (fig. 101), on ménage dans le pied

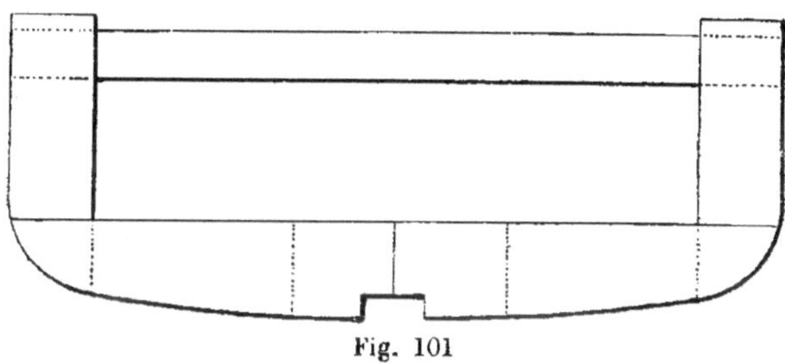

Fig. 101

du gabarit, une ouverture de hauteur suffisante pour que cette condition soit réalisée.

La quille, l'étrave et l'étambot sont exécutés comme il a déjà été dit au chapitre II. Le tableau est découpé dans un panneau de largeur suffisante, mais comme dans la plupart des cas, sa hauteur est trop grande pour qu'on puisse trouver une planche assez large pour la comprendre, on assemble deux planches par un joint, embouveté ou à languette, semblable à celui des parquets. Souvent on assure la jonction en collant le joint avec un mélange de colle forte et cendre de bois. Dans tous les cas, on s'efforce de placer le joint dans la partie basse du tableau, pour diminuer sa longueur et le rendre moins apparent ; mais comme il est exposé à des alternatives de sécheresse et d'humidité on le tient à une hauteur suffisante de la flottaison normale de l'embarcation afin de le soustraire autant qu'il est possible au contact prolongé de l'eau. Le contour du tableau est alors tracé sur la face qui sera à l'intérieur de l'embarcation ; le panneau est ensuite découpé, et le tableau assemblé avec l'étambot.

En général, la quille des embarcations présente la même section que celle des coques de grandes dimensions, toutefois, comme dans les embarcations à fond très plat, le tableau de râblure devient presque horizontal dans la partie centrale et nécessite de chaque bord une saillie suffisante pour réaliser le clouage et l'étanchéité des galbords (fig. 103), on est conduit à employer pour la quille une pièce de bois assez

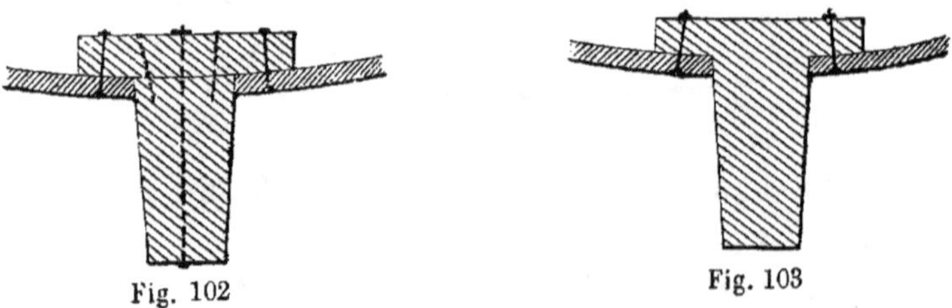

Fig. 102   Fig. 103

épaisse, de laquelle il faut enlever de chaque côté une épaisseur de bois assez notable, au prix d'une grande perte de temps; certains constructeurs anglais le forment de deux parties chevillées ensemble, une partie verticale formant la quille proprement dite, surmontée d'une semelle horizontale qui fournit de chaque bord l'épaulement nécessaire à l'attache des galbords (fig. 102). Cette semelle est prolongée à l'avant et à l'arrière ,jusqu'au point où l'acculement des varangues permet de trouver dans la quille même un tableau de râblure suffisant.

L'étrave et l'étambot s'assemblent généralement avec la quille par un tenon, comme dans les constructions de dimensions plus grandes. Mais il arrive dans les très petites embarcations, que l'épaisseur de ces pièces et celle de la quille ne permettent plus l'exécution de tenons et de mortaises. Dans ce cas, les assemblages se font à mi-bois.

Le plus souvent, quille, étrave et étambot sont assemblés à plat sur le panneau de tracé. On se rend ainsi mieux compte de leurs positions relatives. Le tableau est ensuite chevillé avec l'étambot, et l'ensemble monté sur le chantier. Ce chantier est formé d'un madrier horizontal placé de champ, maintenu à environ $0^m,80$ du sol par des pieux enfoncés dans le terrain, et des arcs-boutants latéraux destinés à le consolider et à le maintenir parfaitement rectiligne. L'élévation du madrier au-dessus du sol a pour objet de permettre à l'ouvrier de travailler près de la quille, dans une position suffisamment commode.

Très souvent, la quille des embarcations est rectiligne, et on pourrait la faire reposer simplement sur le chantier, comme le font encore quelques constructeurs, sans se soucier de la différence de tirant d'eau que peut présenter le tracé de l'embarcation. Mais alors, si les couples n'ont pas

été relevés perpendiculairement à la quille, il faudra les
monter dans une position inclinée au moyen d'une fausse
équerre, travail plus long et plus difficile que de les monter

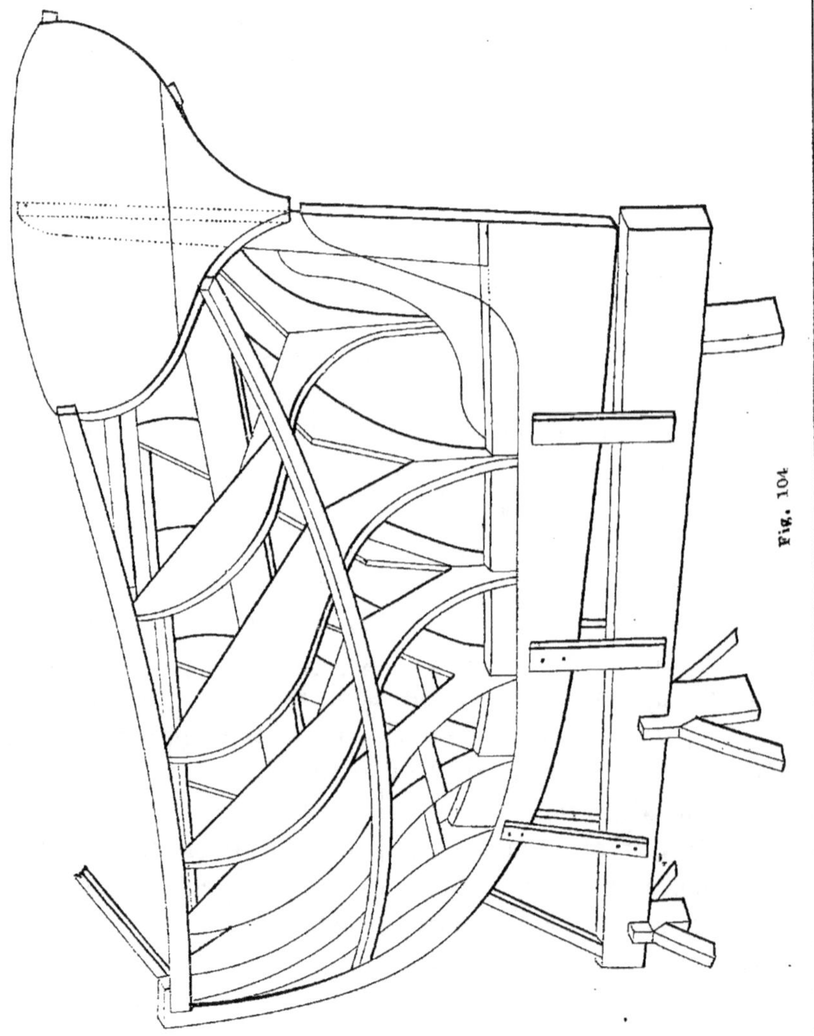

Fig. 104

verticalement. Aussi, si la quille présente une différence de tirant d'eau, est-il préférable de la monter suivant la pente qu'elle a sur le plan. L'embarcation se présentera ainsi dans le chantier dans la position qu'elle aura à flot, et on se rendra bien mieux compte de son aspect futur qu'on sera toujours à même de corriger si on lui trouvait quelque défaut pendant la construction (fig. 104).

L'attache de la quille sur le chantier se fait au moyen de taquets latéraux cloués à la fois sur le côté du chantier et sur le tableau de la quille. Si la quille est montée en différence de tirant d'eau, ou bien si elle présente une certaine courbure, on la place dans la même position que sur le tracé, en la soutenant par des tasseaux de hauteur voulue, de chaque côté desquels on place les taquets que l'on cloue aussi avec eux, de manière à bien assurer la position de la quille en différents points, tant verticalement qu'horizontalement. On vérifie ensuite que l'étrave ou l'étambot sont bien dans le plan vertical de la quille, et on arrête définitivement leur position, par un ou deux arcs-boutants fixés en l'air à une des pièces de charpente de l'atelier, afin que l'ouvrier puisse évoluer aisément autour de l'embarcation. Les gabarits sont alors mis en place aux positions que l'on a eu soin de reporter sur la quille quand elle a été présentée sur le panneau de tracé. On les balance et on les perpigne suivant les méthodes qui ont été indiquées au chapitre II, en s'assurant toutefois qu'ils ne sont placés ni trop haut ni trop bas sur la quille, ce qu'on vérifie en faisant passer, sur les bancs d'ouverture, une planche à plat, qui les réunira suivant la courbure de la tonture, si les bancs ont été cloués au niveau du plat-bord ; ou bien une planche à champ dont le bord inférieur, bien dressé, doit venir toucher les barres, si celles-ci ont été clouées à hauteur de la ligne droite dont il a été question plus haut. Quand on a bien vérifié l'exactitude de leur position, on les fixe provisoirement par deux taquets cloués légèrement sur la quille, en avant et en arrière du couple ; on les maintient également par un clou placé dans la planche longitudinale qui les réunit par la tête. Comme les gabarits devront être enlevés après exécution du bordé, tous les clouages qui les intéressent ne sont faits que très légèrement, de manière à pouvoir être aisément supprimés. Une fois que la position des gabarits est assurée, on passe quelques lisses à la hauteur du plat-bord, aux bouchains, et à mi-varangue, on corrige au besoin ceux qui ne toucheraient pas la lisse, ou qui la projetteraient d'une façon anormale en dehors du couple suivant et du précédent. Les gabarits n'ont pas besoin d'être équerrés à cause de leur faible épaisseur et n'ont pour objet que de fournir un appui temporaire au bordé. on se borne donc à abattre leur arête légèrement en chanfrein, ou à les arrondir.

Les râblures de l'étrave et de l'étambot, l'équerrage du contour du tableau s'exécutent au sentiment, en passant de place en place, une lisse qui en fournit les équerrages.

Bordé. — On procède ensuite à la division du bordé d'après la méthode développée au chapitre II en observant que, pour les embarcations à clin, la plus grande largeur des virures ne doit pas excéder dix à douze centimètres. Toutefois, comme la série des clins faisant saillie les uns sur les autres, dessinera sur l'embarcation un réseau de lignes très apparentes, on devra s'attacher à ce que les virures ne soient pas trop étroites à l'étrave, et à ce que leur aspect soit agréable. Ce résultat peut être obtenu après quelques tâtonnements en figurant deux ou trois clins par de petites lisses étroites et en divisant ensuite sur chaque gabarit l'intervalle qui les sépare. Cette opération ne se fait que sur un bord, et quand elle a été menée à bonne fin, on commence de suite l'exécution du bordé.

Les virures des embarcations ont toutes un brochetage très prononcé qu'on relèvera au moyen des divisions marquées sur les gabarits, comme il a été indiqué au chapitre II.

La première virure à travailler et à mettre en place est le galbord. Son brochetage peut être commodément relevé, au moyen d'une règle portant des biquettes que l'on cloue sur place au droit de chaque gabarit, en les faisant buter dans la râblure et en marquant ensuite les traits du bord supérieur du galbord. Le contour ainsi relevé et reporté à plat sur le bordage, les points du bord supérieur sont réunis par un trait de crayon, puis le bordage est découpé à la scie à chantourner, en conservant en dehors de contour, surtout le long du trait de râblure, un boni de quelques millimètres, en prévision de l'ajustage qu'il restera toujours à exécuter sur place, par tâtonnements successifs, pour obtenir que le galbord joigne exactement dans la râblure. Dès qu'un des galbords est terminé, on s'en sert pour tracer l'autre, et on les met tous les deux en place en les clouant dans la râblure avec des pointes en fer zingué distantes de cinq à sept centimètres.

Planche à brocheter. — Pour les virures suivantes, le travail se simplifie ; au lieu d'une règle à biquettes, d'un maniement incommode, on se sert d'un bordage large et suffisamment mince, pour pouvoir épouser la forme des gabarits, appelé *planche à brocheter*, que l'on installe à faux-frais, à la place du bordage à relever, et sur laquelle on marque d'un trait de blanc, le bord supérieur du galbord, ou de la virure déjà placée, et ensuite, les traits indiquant sur les gabarits et dans les râblures, le bord supérieur du bordage à travailler. On enlève ensuite la planche à brocheter et on reporte le contour relevé sur le bordage à travailler. Mais on doit observer, en faisant ce report, que le bord inférieur de chaque bordage devra recouvrir le précédent de 18 à 20 millimètres ; en conséquence, le trait de contour inférieur est reporté de cette quantité en dehors de celui qui a été fourni par la planche à brocheter. Certains constructeurs remplacent directement la planche à brocheter par le bordage à travailler. Comme les virures de chaque bord sont symétriques et semblables, il est avantageux de superposer les deux bordages, que l'on travaille ensuite ensemble.

Les virures doivent venir affleurer le trait de la râblure d'étrave et le contour du tableau, en perdant peu à peu la saillie du clin ; pour y arriver, à vingt ou trente centimètres de l'extrémité, on abat progressivement un chanfrein de la hauteur du recouvrement, extérieurement, pour le bord supérieur et intérieurement pour le bord inférieur. Ce travail nécessite quelques tâtonnements pour arriver à l'ajustage convenable, et par conséquent plusieurs mises en place provisoires, pendant lesquelles on fixe provisoirement le bordage sur celui qui a été posé précédemment, au moyen de sortes de pinces en bois appelées *canapes*, serrées par un coin engagé que l'on chasse légèrement entre leurs branches.

Dès que l'ajustage des chanfreins et des extrémités des virures dans les râblures est suffisant, le bordage est cloué sur le précédent, au moyen de pointes en cuivre espacées d'environ 6 à 7 centimètres, et les trous sont percés à l'avance avec une mèche ou une vrille. Pendant toute la durée de ce travail, l'ouvrier doit avoir toujours en vue le bon aspect de l'embarcation et doit s'attacher à ce que les clins aient une courbure bien régulière et agréable à l'œil, quitte, au besoin, à modifier légèrement la division d'abord établie.

Autant que possible, les virures sont faites d'un seul bordage, et on y parvient le plus souvent. Cependant, lorsque les bois sont trop courts, on réunit deux bordages par un about en sifflet de dix ou douze centimètres de longueur (fig. 105).

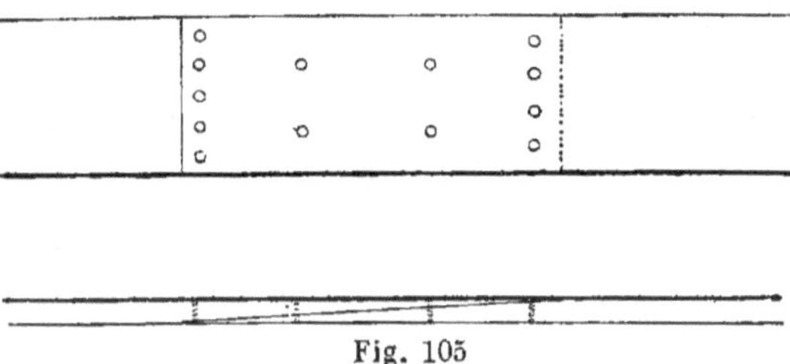

Fig. 105

Le bordé achevé, les varangues et les membrures doivent être mises en place. On les dispose et on les exécute de plusieurs manières. En général, les varangues des embarcations sont formées d'une pièce de même échantillon que les membrures, et passant d'un bouchain à l'autre, au-dessus de la quille. Les membrures, suivant la longueur et le développement du maître-couple, sont formées, ou d'une seule pièce passant d'un bord à l'autre, de plat-bord en plat-bord, ou, si le développement est trop considérable et les bois trop courts, de deux moitiés se rencontrant dans l'axe de la quille et décroisées par une varangue ; ou bien encore de deux parties allant chacune d'un bouchain au plat-bord opposé, par conséquent se décroisant de bouchain en bouchain et supprimant ainsi la varangue. Varangues et membrures sont formées de bois de fil, souples, chêne, frêne, orme ou acacia de 15 à 20 millimètres d'échantillon, écartées de 15 à 20 centimètres, et ployées à la vapeur dans une petite étuve installée *ad hoc*, le plus souvent formée d'une grosse bouilloire mise en communication avec une caisse de deux ou trois mètres de longueur, fermée par une porte ou un tampon. Quand le contact de la vapeur d'eau a rendu les membrures assez malléables, un ouvrier monte dans l'embarcation et les ploie, en appuyant sur elles avec le genou, jusqu'à les amener à épouser la forme du bordé. Bien entendu leur position a été marquée à l'avance, et un trou a été percé à chaque recouvrement des virures pour recevoir un clou, qu'un aide chasse par l'extérieur pendant que l'ouvrier maintient la membrure en contact avec le bordé. Varangues ou membrures reçoivent de plus un clou à leur passage au-dessus de la quille.

Habituellement, on conserve uniformément la même section sur toute leur longueur, et comme les clins forment à l'intérieur une série de degrés, il n'y a pas contact continu avec le bordé, mais seulement sur les bords supérieurs de chaque bordage, au-dessus du recouvrement des virures, ce qui permet d'effectuer le clouage dans des conditions convenables de solidité. Dans quelques embarcations très soignées, on entaille les membrures et les varangues, de manière à leur faire parfaitement épouser tous les ressauts formés à l'intérieur par les clins. Il faut alors ployer d'abord les membrures sur place, en les clouant provisoirement de place en place, puis avec un compas ouvert à l'épaisseur du clin, tracer sur une de leur face toutes les sinuosités du bordé. Les membrures sont ensuite démontées et entaillées suivant le tracé ainsi obtenu puis remises en place. Ce travail, d'une exécution assez longue et assez délicate, augmente notablement le coût de l'embarcation, sans grand avantage pour sa solidité et sans beaucoup profiter à son aspect, aussi ne l'exécute-t-on que très rarement.

En général, la mise en place de la membrure se fait après que les gabarits ont été enlevés, de manière à laisser toute liberté de mouvements à l'ouvrier qui les ploie à l'intérieur de l'embarcation. Pourtant, comme il peut arriver que la membrure en séchant ait une tendance à déformer le bordé, certains constructeurs préfèrent mettre d'abord en place, quelques couples entre les gabarits, et n'achever la membrure qu'après que les premières ont séché, et que les gabarits ont été enfin enlevés. Les chances de déformation sont ainsi diminuées, mais les difficultés qu'offre cette manière de procéder, la font peu employer.

Clouage. — Le clouage des virures entre elles, et avec la membrure se fait de deux manières, soit que les clous soient rabattus à l'intérieur, contre le bois de façon à exercer un serrage efficace des virures les unes contre les autres : soit qu'on les rive sur une virole. La première manière de procéder, seule usitée pour la construction des embarcations destinées à la pêche ou à la marine de commerce, offre toute la solidité désirable, malgré qu'elle ait quelquefois l'inconvénient de fendre le bois et d'occasionner ainsi de petites voies d'eau, si le travail n'a pas été exécuté avec soin. Elle a surtout l'inconvénient d'un aspect disgracieux, lorsque les embarcations ne sont pas peintes, et qu'on peut voir les clous, rabattus plus ou moins régulièrement dans tous les sens. Aussi lui préfère-t-on la seconde pour les embarcations de plaisance dans lesquelles le bois est seulement recouvert de quelques couches de vernis transparentes.

Il est ensuite procédé à la mise en place des plats-bords. Ceux-ci ne sont à proprement parler que deux fortes lisses à section presque carrée, placées en dedans du carreau, au-dessus des têtes de membrure, et affleurant à son bord supérieur. Ils sont réunis à l'avant par une guirlande en bois, et fixés au tableau par deux petites courbes en bois de la même épaisseur. Il est donc nécessaire pour mettre en place les plats-bords, d'araser les membrures à la hauteur voulue, en dessous du bord supérieur de la virure de carreau. Le plus souvent la membrure est absolument indépendante du tableau; pourtant dans certaines embarcations très soignées. les têtes des membrures viennent s'encastrer dans des entailles faites dans le dessous des plats-bords. Mais à moins que l'échantillon n'ait été renforcé, cette disposition est moins solide ou plus lourde que la première, la section du plat-bord étant diminuée par les entailles.

Habituellement les plats-bords affleurent au niveau du dessus du carreau et laissent voir le joint qui existe entre ces deux pièces. Aussi fait-on souvent dans le plat-bord, une feuillure, dans laquelle vient se loger le carreau, au grand avantage de l'aspect de l'embarcation.

On met ensuite en place les serres qui supporteront les bancs, et on les cheville, de l'extérieur, à travers le bordé et la membrure; puis les bancs et le fer à cheval de la chambre arrière. Chaque banc est relié au bordé, au platbord et à la membrure (fig. 106), par quatre courbes en bois ou en métal, placées au droit de deux membrures chevillées à travers le bordé. Les courbes en métal sont préférables aux courbes en bois, d'abord par leur aspect, et ensuite, à cause de leur moindre saillie sur les bancs, qui permet de s'asseoir plus commodément en abord.

Carlingue. — La construction s'achève par les *tillacs* qui revêtent les fonds de l'embarcation d'une sorte de vaigrage mobile reposant sur la

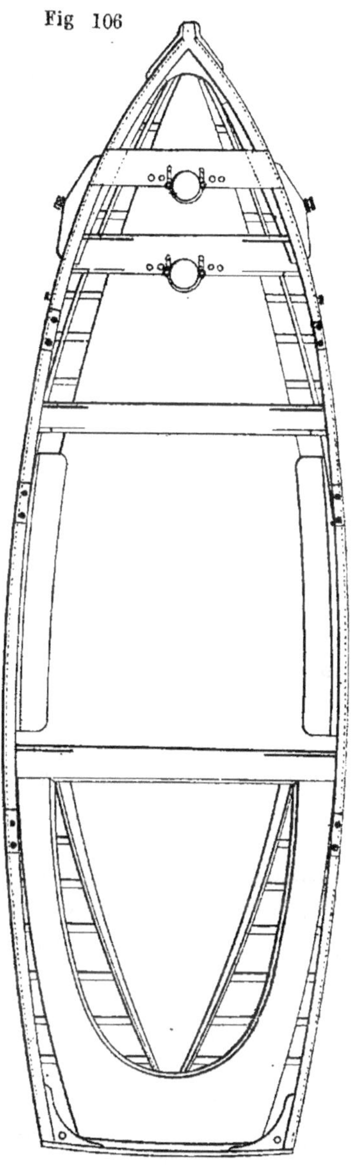

Fig 106

membrure, afin de préserver le bordé des efforts ou des chocs provenant de l'intérieur de l'embarcation. Les tillacs se placent de chaque bord d'une planche, reposant au-dessus de la quille, sur les membrures, et pour cette raison appelée *carlingue*. La carlingue reçoit les pieds de petites épontilles en bois tourné, que l'on place sous les bancs pour les consolider. Elle porte également l'emplanture du mât, si l'embarcation est munie d'une voile.

Le plat-bord est ensuite percé et muni des douilles destinées à recevoir les tolets ou dames de nage des avirons. Pour ne pas trop l'affaillir, on le renforce généralement par une pièce placée par-dessous.

Gouvernail. — Enfin l'embarcation est munie de deux boucles en fer, vissées dans la quille à l'avant et à l'arrière, pour permettre l'accrochage des poulies de bossoir quand on veut la hisser à bord. Elle reçoit également un aiguillot et un femelot correspondant à ceux dont est muni son gouvernail, l'aiguillot de la coque étant toujours placé vers le pied de l'étambot afin que le gouvernail puisse être enlevé par soulèvement. Le gouvernail est manœuvré par une barre franche ou par une barre à tireveilles.

Nable. — Un trou appelé *nable*, de la grosseur du goulot d'une bouteille, afin de pouvoir être fermé par le premier bouchon de liège venu, est percé dans le galbord, sous le tillac de la chambre d'arrière. Il sert à vider l'embarcation, soit lorsqu'elle est hissée sur ses bossoirs, soit lorsqu'elle est échouée à terre.

Depuis quelques années, on construit beaucoup de petites embarcations de course, à franc-bord, afin d'éviter la petite augmentation de résistance que l'on attribue aux clins. La grosse difficulté de ces constructions, est de les rendre bien étanches; le calfatage d'un bordé aussi mince étant très difficile à réaliser dans de bonnes conditions. Aussi les constructeurs ont-ils souvent cherché à tourner cette difficulté par des artifices de construction. Nous avons expérimenté en 1890, la disposition suivante qui nous a donné de bons résultats dans la construction d'un grand nombre d'embarcations à vapeur et à pétrole. Les bordages soigneusement ajustés de façon à joindre parfaitement les uns contre les autres, reçoivent chacun dans l'épaisseur de leur bord une rainure de cinq millimètres de diamètre environ, en sorte qu'après la mise en place du bordage adjacent, les deux rainures superposées forment dans l'épaisseur du bordé, une sorte de conduit, dans lequel on engage une tresse de coton avant la mise en place définitive. Le joint est ainsi interrompu par la mèche de coton, qui, gonflant au contact de l'eau qui peut s'infiltrer dans le joint, réalise une obturation parfaite. MM. Fife ont également employé ce dispositif avec succès, en 1892 pour les embarcations *Nansheen* et *Mimi-Toinon* jaugeant *un tonneau*.

Une autre disposition, très employée en Amérique consiste à fermer les joints des bordages par des couvre-joints intérieurs, cloués avec les deux virures en contact. Pour ne pas trop multiplier les couvre-joints, les virures sont alors tenues aussi larges que le permet la nature et l'épaisseur du bois servant à border, et, la division du bordé ayant été faite avec soin, on procède de la manière suivante. A chaque division marquée sur les gabarits, on fait de part et d'autre du trait une entaille rectangulaire d'environ quarante millimètres de largeur sur 10 millimètres de profondeur. Ensuite on allonge dans ces logements des lattes en chêne ou en orme de 35 millimètres de largeur environ, sur 6 à 7 millimètres d'épaisseur, au moment de mettre en place les deux virures qui doivent être réunies par une des lattes couvre-joint, on recouvre celle-ci d'une bande de toile bien enduite de vernis, et quand les virures ont été mises en place on cloue immédiatement le couvre-joint, le plus souvent à clous rabattus. Quelques constructeurs simplifiant le procédé précèdent, bordent et membrent d'abord l'embarcation, et rapportent ensuite des couvre-joints intérieurs allant d'une membrure à l'autre. Il est bien évident que les embarcations ainsi construites ne présentent pas les mêmes garanties de solidité et d'étanchéité que celles qui ont reçu un couvre-joint continu.

La nécessité de réaliser des coques à la fois très légères, très solides et parfaitement étanches a conduit à adopter pour certaines embarcations de course, le double bordé longitudinal qui a été décrit page 77, et qu'on exécute de la manière suivante pour les coques d'embarcation. La quille, l'étrave et l'étambot, et le puits de dérive s'il en existe un, ayant été assemblés, et les gabarits ayant été mis en place et bien lissés, la carcasse ou moule ainsi formée est retournée la quille en l'air pour rendre le travail plus facile, et bien assujettie dans sa forme. On la recouvre d'un premier bordé mince à larges virures, dont on passe au besoin les bordages à l'étuve pour les rendre plus malléables et plus aptes à épouser les formes du moule. Ce premier bordé est ensuite recouvert d'un second dont on fait tomber les points à peu près à mi-largeur des virures du premier. Les deux couches sont ensuite clouées, ou vissées ensemble dans la râblure. Les bords des virures extérieures sont ensuite clouées par l'extérieur, et l'embarcation retournée. On achève alors de river ou de rabattre les clous chassés par le dehors, et on perce du dedans le clouage des virures intérieures, dont on chasse ensuite les clous par l'extérieur.

Le bordé forme ainsi un tout continu, aussi bien en longueur qu'en largeur, incomparablement plus résistant que le bordé ordinaire, et si apte à conserver naturellement la forme qui lui a été donnée, que la membrure peut être considérablement réduite sans inconvénient.

Le système de construction à bordages croisés, verticaux et horizontaux, que j'ai inauguré en 1895 sur l'*Honeymoon* a depuis été employé avec profit par nombre de constructeurs d'embarcations en France et à l'étranger.

Table des dimensions d'embarcations généralement embarquées à bord des yachts.

DIMENSIONS ou TONNAGE DES YACHTS	YOUYOUS		CANOTS		GIGS	
	nombre	Longueur	nombre	Longueur	nombre	Longueur
Jusqu'à 10 tonneaux.	1	2.700				
10 à 20 »	1	3 600				
20 à 40 »	1	4.25				
40 à 60 »	1	3.600			1	4.900
60 à 80 »	1	3.90			1	5.550
80 à 100 »	1	3.600	1	4.900	1	6.200
100 à 120 »	1	3.90	1	5.550	1	6.500
120 à 140 »	1	3.900	1	5.83	1	6.830
140 à 160 »	1	3.900	1	6.200	1	7.150
160 à 200 »	1	3.950	1	6.500	1	7.500
200 à 250 »	1	4.25	1	7.15	1	8.150
250 à 300 »	1	4.25	1	7.500	1	8.45

Table des dimensions principales des embarcations de service employées à bord des yachts.

CATÉGORIE	LONGUEUR	BAU	CREUX	NOMBRE de paires d'avirons
Youyou	2.70	1.27	0 48	2
»	2.95	1.30	0.49	2
»	3.25	1.32	0.50	2
»	3.60	1.32	0.51	2
»	3.90	1.35	0.52	2
»	4.25	1.40	0.53	2
Canot à voile	4.55	1.42	0.55	3
»	5.20	1.45	0 57	3
»	5.55	1.48	0.59	3
»	5.83	1.51	0.61	3
»	6.20	1.54	0.63	4
»	6.50	1.58	0.65	4
»	6.83	1.62	0.67	4
»	7.15	1.65	0 69	4
»	7.50	1.68	0.71	5
»	7.80	1 70	0.73	6
Gig.	4.90	1.38	0.48	3
»	5.20	1.40	0.50	3
»	5.55	1.42	0.52	4
»	5.83	1.44	0.54	4
»	6.20	1.46	0.56	4
»	6.50	1.48	0.58	4
»	6 88	1.50	0.59	4
»	7.15	1.52	0.60	4
»	7.50	1.54	0 61	4
»	7.80	1.56	0.62	5
»	8.15	1.58	0.63	6
»	8.45	1.60	0 64	6
»	8.80	1.62	0.65	6
»	9.10	1.64	0.66	6

CHAPITRE X

CONSIDÉRATIONS GÉNÉRALES
SUR L'AMÉNAGEMENT

Nous n'essaierons pas de rechercher, ou d'essayer d'établir des règles absolues, en ce qui touche à l'aménagement des yachts. En effet, à part quelques dispositions très générales, chaque propriétaire possède ses idées propres sur la façon d'envisager le bien-être et le confortable; idées si diverses, si opposées, si disparates, qu'il serait bien difficile de chercher à en dégager une règle uniforme.

A bord des yachts à voiles, le poste de l'équipage occupe généralement toute la partie de l'avant comprise entre le mât et l'étrave. La partie centrale qui offre la tranche la plus volumineuse, est toujours réservée à la salle. Le reste de l'arrière est réservé aux cabines du propriétaire. Entre le poste et la salle se trouvent presque toujours un office, un W.-C. et quelquefois une petite cabine pour le capitaine ; souvent même cette dernière est prise dans le poste même. Une coursive toujours située à bâbord, fait communiquer le poste avec le salon. Entre le salon et la cabine de l'arrière, on trouve quelquefois une salle à manger ou *vice-versa*, mais seulement sur les très grands yachts à voiles de plus de 300 tonneaux. Le plus souvent le salon est suivi de deux

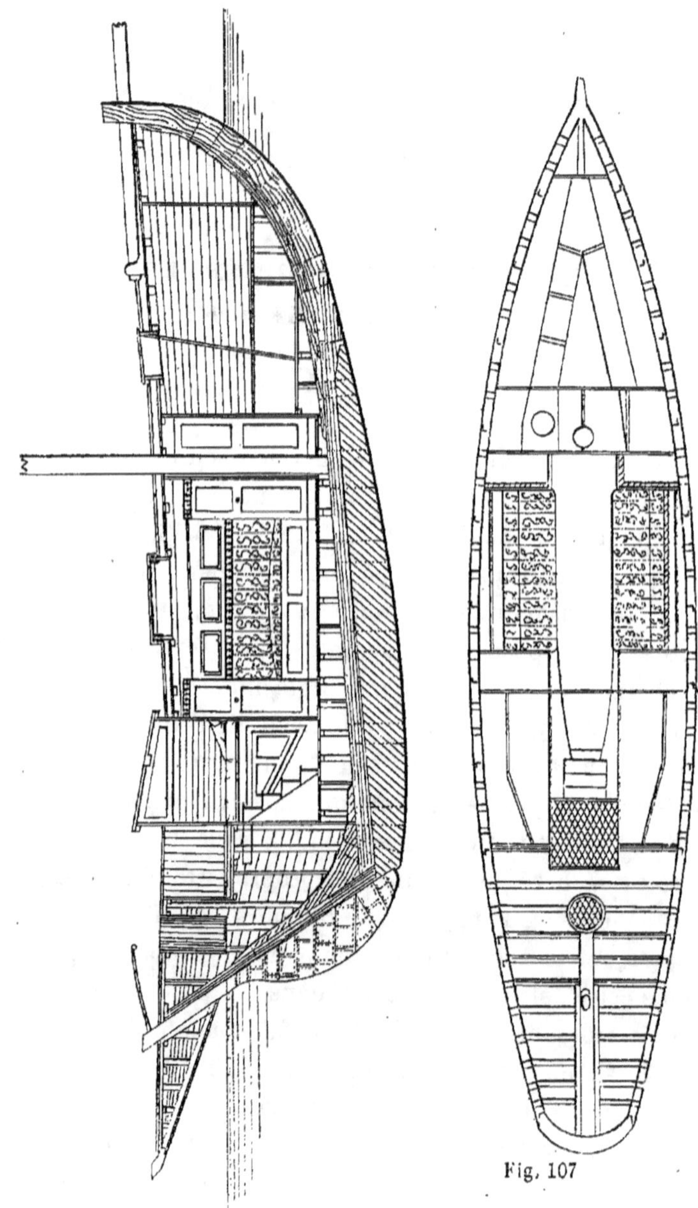

Fig. 107

cabines séparées par une coursive conduisant à l'escalier de
descente et à la chambre d'arrière. Cette coursive est rarement dans l'axe du navire, et presque toujours déportée
sur bâbord. La cabine qu'elle laisse à tribord occupe alors
toute la largeur du yacht dans sa partie volumineuse, et
par conséquent, permet d'y réaliser la plus grande somme
de confortable compatible avec les dimensions du yacht.
C'est en général la chambre du propriétaire, munie d'une

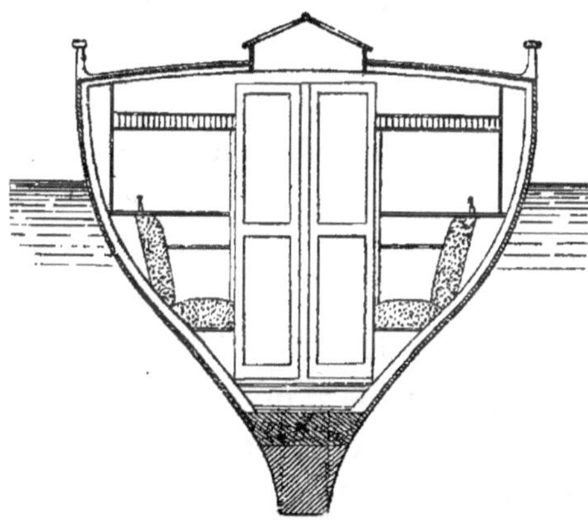

Fig. 108

porte ouvrant sur le salon et d'une autre donnant sur la
coursive. De l'autre bord, on trouve, si la largeur le permet,
une autre cabine plus petite ou un cabinet de toilette, et les
W.-C. Au pied de l'escalier se trouve très souvent une sorte
de petite antichambre formée par le passage de la coursive
et un sofa en prolongement sur les cabines de bâbord. Autant que possible, il est avantageux de faire ouvrir la porte
du W.-C. sur ce palier absolument neutre par rapport aux
aménagements environnants. Cette antichambre est, en
somme, fort commode en ce qu'elle permet aux passagers

qui arrivent du pont, de quitter leurs habits de mer avant de pénétrer plus avant à l'intérieur du yacht. L'extrême arrière est en général occupé par une chambre dite chambre des dames, occupant toute la largeur du yacht. Entre la chambre des dames et la descente, on peut encore installer, si la largeur de la coque le permet, plusieurs cabines réservées aux amis ou aux domestiques.

Tel est le canevas général sur lequel sont établis les aménagements des yachts suivant leur dimension.

Les longueurs *minima* des différentes parties des aménagements sont : 2^m,70 à 3 mètres pour le salon, suivant que les sofas sont encadrés de deux meubles ou d'un seul ; 2 m. pour les cabines ; 0^m,70 à 1 mètre pour les W.-C. La largeur des portes et des coursives ne peut descendre au-dessous de 0^m,60 sur les petits yachts.

La hauteur des sofas au-dessus du plancher est en moyenne de 0^m,45. Celle des meubles qui les encadrent, 0^m,90. Les lits ou les couchettes se placent souvent plus haut, à 0^m,80 ou 1 mètre, dans ce cas, on les accompagne souvent, surtout dans la chambre d'arrière, de deux petites banquettes étroites qui servent à la fois de siège et de marchepied.

Boiseries. — Les bois les plus employés dans la construction des aménagements de yachts sont : le teak, l'acajou, le cèdre, le noyer, le gommier, le palissandre, le bois de rose, l'ébène, pour les cadres et les chambranles; et l'érable, le pin blanc, le pitchpin, le cyprès, le frêne, le sycomore, le bois jaune, le frêne de Hongrie, le tulipier, etc., comme bois plus clair des panneaux. Quelquefois, ces derniers sont faits d'étoffes tendues sur un simple panneau en bois blanc. Cette disposition permet de les renouveler ou de les changer aisément.

Ventilation et éclairage diurne. — La ventilation, ainsi que l'éclairage diurne sont assurés par les claires-voies. Le salon et la salle à manger ont en général leur claire-voie particulière, ainsi que la chambre d'arrière. La chambre du

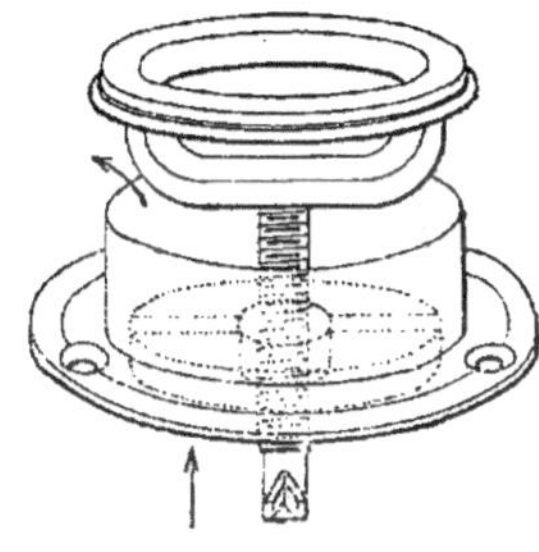

Fig. 109

propriétaire possède souvent une claire-voie commune avec la coursive. Les cabines qui ne se trouvent pas sous une claire-voie doivent avoir un hublot de pont démontable, ou au moins un verre de pont assurant l'éclairage. La ventilation doit d'ailleurs être toujours assurée sur la coursive commandant la cabine soit par une porte à persiennes, soit par des ajours découpés dans la partie supérieure des cloisons. Des hublots installés dans la muraille et dans le pont (fig. 109) servent à compléter l'éclairage et, s'ils peuvent s'ouvrir, la ventilation.

Eclairage nocturne. Lampes photophores. — L'éclairage de nuit est fourni dans le salon et la salle à manger par des lampes à huile suspendues à la cardan, habituellement à la galiote des claires-voies (fig.110), pour mieux les surélever, ou bien à des consoles fixées sur les cloisons. Dans les cabines, l'éclairage est fourni par des bougies installées

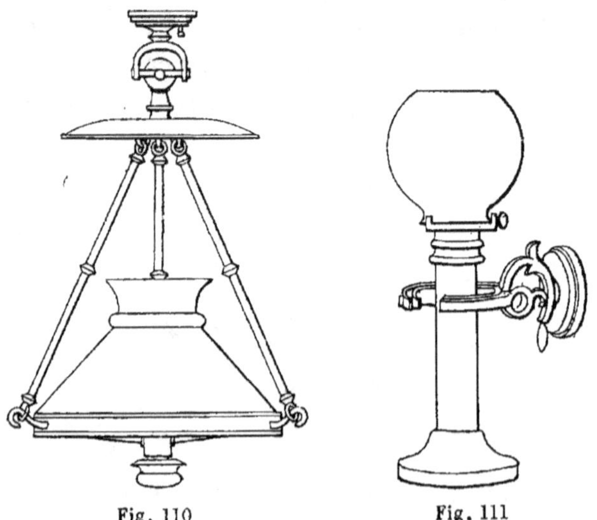

Fig. 110   Fig. 111

dans des chandeliers spéciaux appelés photophores (fig. 111), munis d'un globe, suspendus à la cardan et lestés. L'éclairage du poste est fait par un fanal à réflecteur.

Chauffage. — A part le salon et la salle à manger, les aménagements de yachts ne reçoivent pas d'appareils de chauffage. D'ailleurs, la température à l'intérieur d'un yacht en bois, ne s'abaisse jamais considérablement, même en hiver, et la chaleur rayonnée par la cheminée de la salle suffit à entretenir partout une température modérée, si on a soin de tenir ouvertes les portes des coursives et des cabines.

Cuisine. — Le fourneau de cuisine est habituellement placé dans le poste, à moins que la grandeur du yacht ne permette d'isoler au moins la cuisine du propriétaire. Les fourneaux employés doivent être aussi peu encombrants que possible, tout en offrant une somme suffisante de moyens de cuisson des aliments. Le système de fourneau Atkey est sans contredit un des mieux agencés à ce point de vue. Le fourneau doit être placé sur une tôle débordant autour de lui

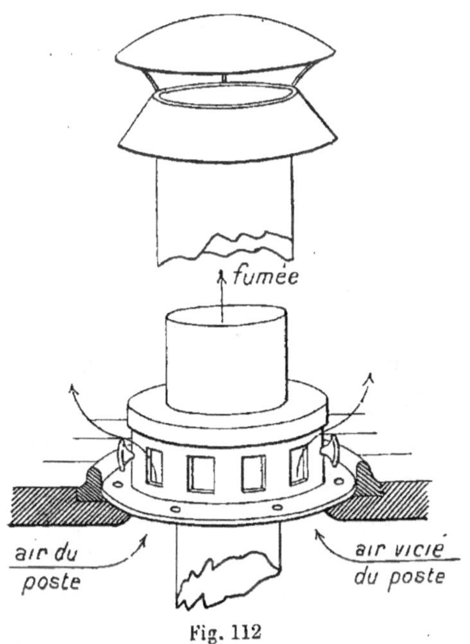

Fig. 112

d'au moins $0^m,30$ sur les côtés et $0^m,60$ en avant de sa façade. On doit également l'isoler des cloisons voisines par des tôles zinguées placées à quelques centimètres du bois, afin de prévenir les incendies. Le charbon, habituellement du coke, est emmagasiné sous le plancher du poste, dans une soute formée par les varangues et deux cloisonnettes montant jusqu'au plancher. Le tuyau de la cheminée traverse le pont par une ouverture garnie d'une monture en cuivre destinée à l'isoler du bois (fig.112). Cette monture sert même souvent à la ventilation du poste, comme le montre la figure précédente.

Approvisionnement de l'eau. — L'eau potable nécessaire aux besoins de l'équipage et des passagers est emmagasinée dans des caisses placées dans les petits fonds du yacht, toujours dans la partie centrale pour ne pas nuire à la douceur des mouvements de tangage. Ces caisses sont faites en tôle, ni peintes ni zinguées intérieurement pour prévenir les intoxications, généralement de manière à épouser la forme des varangues. Elles sont munies d'un trou d'homme destiné à permettre leur nettoyage, et d'un robinet à raccord qui permet de les mettre en communication les unes avec les autres, ainsi qu'avec les tuyaux d'aspiration de la pompe du poste ou de l'office, ou de celles qui desservent les cabinets de toilette. Le tuyautage d'aspiration est mis en communication avec un tuyau de plein, montant jusqu'au pont au voisinage du poste ou de l'office, afin que l'on puisse effectuer le remplissage. Ce tuyau est fixé au pont par une petite monture en bronze fermée par un nable à vis.

Approvisionnement en vivres. — Les vivres conservés et les vins sont emmagasinés dans des soutes ménagées sous le parquet des aménagements. Suivant la taille et le creux du yacht, ces soutes sont plus ou moins bien installées pour éviter que les eaux de la cale n'abîment les objets. Les

vivres qui demandent une aération ou de la fraîcheur, sont
conservés dans l'office ou dans un garde-manger placé sur
le pont, souvent en prolongement d'une des claires-voies.

W.-C. — Les W.-C. sont munis d'appareils de refoule-
ment permettant de rejeter au dehors les matières qu'ils reçoivent, alors même qu'ils sont installés en contre-bas de la
ligne de flottaison. Leur installation dépend du système propre à chaque fabricant. On doit seulement prendre garde que
les brides de leur tuyautage soient bien étanches sur l'appareil et sur la coque, pour éviter des suintements odorants à la
cale, qui peuvent devenir désagréables et même dangereux.
Il est même bon de placer sur la coque un robinet d'arrêt
à chaque tuyau, afin de pouvoir isoler l'appareil au cas où il
viendrait à ne plus fonctionner ou à perdre son étanchéité.

Aménagement du poste.— L'aménagement du poste
de l'équipage ne comporte que des sièges formant caissons,
dans lesquels les hommes rangent leurs effets et leurs ustensiles, et des cadres en fer longs de 2 mètres et larges de $0^m,50$
à $0^m,70$, fixés à la muraille par des charnières. Sur chacun des
cadres est lacé un fond de toile à voile supportant un petit
matelas, un traversin, et les couvertures constituant le lit des
hommes de l'équipage. Pendant le jour, les cadres sont relevés contre la muraille ; la nuit, ils sont rabattus à l'intérieur
du poste et suspendus par leur côté extérieur, au moyen de
balancines frappées à des pitons ou a des crocs fixés sur le
pont. Si le poste est assez vaste, on y installe une table sur
laquelle les hommes prennent leur repas, et si cela est possible un W.-C, affecté uniquement aux besoins de l'équipage.

CHAPITRE XI

QUELQUES MOTS SUR LES BOIS
DE CONSTRUCTION

Les dimensions, en général assez réduites, des navires de plaisance, et partant la faiblesse de leur échantillon, jointes aux efforts spéciaux qui résultent d'un lest très dense placé de plus en plus bas, réclament de la part du constructeur la plus grande attention dans le choix et la qualité des bois destinés à la construction des yachts. Nous examinerons donc sommairement les défauts que l'on rencontre le plus fréquemment dans les bois de construction, et leur gravité au point de vue de la solidité et de la durée du navire.

Pourriture. — La cause la plus active de destruction des bois est la *pourriture*, qui se manifeste sous deux formes principales :

La *pourriture humide* qui se produit, au contact de l'air, à la surface, par suite de l'humidité provenant de l'introduction de l'eau dans l'intérieur de l'arbre. Elle transforme rapidement le bois en une matière brune friable analogue au terreau.

La *pourriture sèche* est due seulement à l'humidité naturelle du bois, et se produit à l'intérieur. Elle se manifeste par l'apparition d'un champignon microscopique qui pénètre dans les plus petites cavités.

Les deux pourritures communiquent au bois une odeur caractéristique.

Echauffement. — Avant que la pourriture ne se manifeste sous une forme définitive, il arrive souvent que les bois changent de couleur et deviennent moins résistants. Ils sont échauffés.

Nœuds. — Les nœuds jaunes sont seuls vraiment dangereux car ils constituent une sorte de pourriture sèche assez grave. Les nœuds noirs sont généralement peu dangereux. Les nœuds présentent souvent un point de couleur foncée, qui souvent est l'indice d'une cavité située sous le nœud et remplie de bois mort. On devra donc toujours bien vérifier la nature des nœuds ; et s'ils présentent quelque gravité, rebuter la pièce, ou si on peut le faire sans inconvénient pour la solidité, les enlever, et les remplacer par un fragment de bois sain remplissant bien exactement la cavité laissée par l'enlèvement de la partie détériorée.

Fentes au cœur. — Ces fentes ou *cadranures* partent du cœur et se dirigent, en s'amincissant, vers la circonférence. Elles indiquent toujours un arbre vieux déjà desséché.

Gélivures. — Ce sont des fentes rayonnantes, se dirigeant de la circonférence vers le centre. Elles proviennent de la congélation de l'eau contenue dans les couches extérieures, pendant les grands froids.

Roulure. — Elle se présente sous la forme de fentes circulaires provenant de la séparation de deux couches annuelles. Elle est d'autant plus dangereuse que la longueur de l'arc de séparation est plus grand.

Fentes et gerçures. — Les fentes et gerçures constituent des défauts graves lorsqu'elles atteignent trop d'importance. Les *fentes* sont parallèles aux fibres. En général elles ne nuisent pas à la solidité, à moins que d'être trop importantes, et on les admet pour les bois de membrure, mais on doit les rejeter pour les bois de bordé dont elles peuvent détruire l'étanchéité.

Les *gerçures* sont des fentes perpendiculaires aux fibres, elles detruisent donc plus ou moins la résistance longitudinale des bois et doivent en provoquer le rebut.

Aux causes d'altération purement naturelles qui viennent d'être nommées, viennent s'ajouter des défauts provenant d'animaux parasites qui altèrent ou détruisent les bois soit dans l'air, soit dans l'eau. Telles sont entre autres :

Vrillette et lymexylon. — La *vrillette,* sorte de ver au corps brun foncé tacheté de points jaunes, qui perce la plupart des boiseries des appartements, et s'attaque surtout aux bois tendres, ou à l'aubier des bois durs. Le *lymexylon* petit ver de la grosseur d'une tête d'épingle qui perce des trous perpendiculaires aux fibres, coupe par conséquent le fil du bois et détruit sa résistance.

Taret. — Un autre animal, le *taret,* détruit les bois immergés dans l'eau de mer. C'est une sorte de ver blanc atteignant jusqu'à un mètre de longueur et deux centimètres de diamètre, et diminuant de grosseur d'une extrémité à l'autre. Le gros bout porte une coquille formée de deux valves. La queue se divise en deux petits tubes ou siphons, recouverts par deux palettes calcaires, susceptibles de s'allonger ou de se raccourcir. Les siphons restent à l'orifice et le ver grossit au fur et à mesure qu'il avance, en sorte qu'il remplit toujours son trou. Le taret vit difficilement dans l'eau saumâtre, et l'eau douce le tue.

Choix des pièces. — Suivant la nature et l'extension des principales défectuosités qui ont été énumérées, et surtout, suivant la destination de la pièce, dans la charpente, elle peut être modifiée dans ses dimensions, dans son attribution, ou même rebutée. Les fentes de dimensions modérées, ne sont pas un motif de rebut pour les pièces de charpente et de membrure. On doit toutefois tenir compte de leur position sur les pièces destinées à la quille, l'étrave, ou l'étambot. Les défauts à éviter pour les bordages ou les planches de pont, sont les fentes profondes, les nœuds multipliés et volumineux, les fibres coupées ou torses, les gerces. Toutefois les nœuds même nombreux et gros dans les bois résineux ne sont pas un motif de rebut s'ils sont sains et bien adhérents. Les bois de teak destinés aux bordages doivent être exempts de roulures ou de cadranures trop prononcées. Ces bois présentent souvent de gros trous de vers qui pourront être tolérés, si leur profondeur n'atteint pas l'épaisseur des bordages. Les pièces échauffées doivent être rebutées.

Les bois de chêne, d'orme et de teak peuvent être employés pour toutes les parties de la charpente ; le teak offrant le maximum de résistance et de durée.

Les bois résineux : pins, pitchpins, pin d'Orégon et de Huon, pins de Norvège, de Dantzig et de Riga, Hackmatack et Kauriepine, peuvent être employés pour toutes les parties de la charpente, autres que la quille, l'étrave, l'étambot, les massifs et la membrure.

Bois de mâtures. — Dans le bon bois de mâtures, la couleur est d'un rouge brun, pâle, le grain est fin et serré, les couches ligneuses égales, la substance résineuse suffisamment abondante et disposée par zones régulières, les fibres rapprochées et adhérentes. Quand on entame les pièces, les copeaux s'en détachent sans sauter en éclats sous le choc de l'outil; ils doivent être souples, se déchirer et ne pas se casser, si on veut les rompre. Ces qualités vont en diminuant avec les pièces de coupe ancienne. Les vices sont en général annoncés par la couleur blanche et rouge foncé du bois, par le manque d'une quantité suffisante de substance résineuse, par des nœuds gros et multipliés ou gâtés. Ils sont confirmés par les taches, les roulures et gélivures que l'on découvre aux bouts de la pièce. Les roulures causent une pourriture rapide du bois, surtout s'il a été conservé dans l'eau et ensuite mis au sec, car l'eau qui a pu pénétrer à l'intérieur de la pièce ne disparaît ensuite que très lentement. Les gélivures ou les cadranures, altèrent beaucoup la résistance du bois. Les nœuds gros, fréquents ou pourris, mettent souvent la pièce hors de service.

Un mât trop arqué ou ayant le cœur excentré doit être réduit, aux dépens de la solidité, pour fournir des mâtures de dimensions inférieures.

Espars. — Les *espars* sont des bois de mâture de faible échantillon servant à faire des vergues ou des mâts d'embarcation. Ils proviennent de jeunes pins de bonne essence, dont le bois est blanc ou légèrement rosé. Ils doivent être droits et sains, raides, mais élastiques et n'avoir que peu de nœuds, et de petite dimension. Ils prennent, avant de se rompre une courbure très prononcée, et leur cassure doit se faire en longues esquilles.

Conservation des bois. — Les bois restent souvent très longtemps avant d'être employés, et sont soumis pendant cette période, aux causes de destruction provenant de la pourriture ou des insectes. Les bois peuvent être conservés à l'air ou dans l'eau.

Pour les conserver à l'air, il faut arriver à les débarrasser rapidement de l'humidité de leur sève, et les empêcher d'être atteints par la pourriture ou altérés par les actions atmosphériques, chaleur, humidité, courants d'air, etc. Le meilleur procédé consiste à les conserver dans des hangars où l'on maintient une température et une sécheresse modérée, aussi égales que possible, au moyen de larges portes et de lanterneaux dans la toiture, que l'on ouvre ou que l'on ferme plus ou moins suivant les conditions atmosphériques extérieures.

Les bois emmagasinés aussitôt après leur coupe conservent une grande partie des éléments putrescibles dus à la sève, aussi est-il bon de les en dépouiller au préalable par une immersion prolongée qui dissout peu à peu les éléments de la sève et permet une conservation des bois pour ainsi dire indéfinie. L'eau douce dissout la sève plus rapidement que l'eau de mer ou l'eau saumâtre, mais elle affaiblit sensiblement le bois, au bout d'un certain temps. L'eau salée n'a pas cet inconvénient et arrête même souvent le développement de la pourriture sèche qui pourrait exister au moment de l'immersion. Mais l'eau de mer expose le bois à être détruit par le taret, aussi choisit-on de préférence l'eau saumâtre des embouchures de fleuves ou de rivières.

Les bois conservés sous l'eau demandent au moins trois ans de dessiccation dans des hangars, avant d'être employés, mais cette condition est bien difficile à réaliser pour nos constructeurs de yachts, et de ce fait la plupart des constructions modernes sont exécutées avec des bois insuffisamment desséchés, exposés par conséquent à une destruction relativement rapide.

Les bois résineux perdent rapidement leur résine au contact prolongé de l'air, et diminuent de résistance. Cette altération est surtout grave pour les bois de mâture qui doivent conserver toute leur homogénéité et leur élasticité, aussi est-il d'usage de les conserver sous l'eau ou mieux dans le sable mouillé.

Entretien et conservation des yachts à flot. — Les parties les plus exposées à la pourriture, sont d'une façon générale : la membrure, surtout si elle est revêtue d'un vaigrage continu, les assemblages des barrots avec la muraille, le bordé extérieur, dans la zone exposée aux alternatives d'immersion, d'imbibition et de dessiccation. Le bordé de carène, continuellement immergé, se conserve bien.

Le dépérissement de ces différentes parties est surtout dû aux causes suivantes : manque d'air, contact de matières organiques, plus ou moins décomposées, humidité, température élevée. Les principales précautions à prendre, consistent donc surtout, dans une ventilation convenable et dans une propreté rigoureuse. On devra donc avoir toujours soin, s'il existe un vaigrage, de réserver dans chaque maille des dégagements de large section au niveau de la bauquière, ainsi qu'au niveau des autres serres ou ceintures afin de permettre à l'air de circuler facilement autour de la membrure. On doit donc, dans le même ordre d'idées, avoir des panneaux larges, et les tenir aussi complètement ouverts que le permettent les circonstances extérieures ; éviter les causes intérieures d'humidité, par une surveillance attentive, et un entretien judicieux du bordé de la coque et du pont, en ayant également soin de tenir les petits fonds aussi secs que possible, en pompant autant de fois par jour qu'il peut être nécessaire.

Entretien des yachts désarmés. — Sur les yachts désarmés, on doit prendre des mesures analogues : soigneusement nettoyer les fonds et les maintenir toujours secs, éviter les lavages intérieurs, tenir ouvertes les portes des cloisons, des meubles et des caissons, au besoin délivrer quelques virures ou tronçons de virure du vaigrage ; surveiller l'étanchéité des calfatages du pont et des œuvres mortes, afin d'éviter toute infiltration d'eau ; recouvrir le pont d'un taud, ou d'une toiture légère formée de panneaux mobiles facilement démontables et alors tenir ouverts les capots et les claires-voies, ou sinon, recouvrir le pont d'une couche de galipot, et tenir ouverts les capots et claires-voies, chaque fois que le temps le permet.

L'entretien de la mâture exige autant que possible que les espars soient envoyés à terre, dans un magasin bien aéré, ou sinon maintenus à hauteur suffisante au-dessus du pont et recouverts d'un taud ou d'une petite toiture. Il est également bon de dégréer complètement, y compris les haubans et les étais, en ne laissant que les bas-mâts qui doivent être peints et même légèrement soulagés sur des cales afin que le tenon ne soit pas exposé à pourrir dans l'emplanture.

CLASSIFICATION ET DURÉE NORMALE QUE L'ON PEUT ADMETTRE POUR LES BOIS ENTRANT DANS LES DIVERSES PARTIES DE LA CONSTRUCTION DES BATIMENTS DE PLAISANCE

DÉSIGNATION	Quille	Étrave, étambot contre-étrave massifs	Varangues	Allonges	Carlingue	Serres, bauquières, serres d'empature	BORDÉ depuis la quille jusqu'à 0,60 en dessous de la flottaison	BORDÉ depuis 0,60 en dessous de la flottaison jusqu'au plat-bord	Plats-bords batayolles	Mèches du gouvernail, bittes de beaupré	Barrots, Courbes et guirlandes	Ponts	Mâtures
Teak de l'Inde	18	16	16	16	16	16	16	16	16	16	16	16	—
Chêne vert, d'Amérique, d'Afrique, Morra, bois de fer	14	12	14	12	14	14	14	12	12	12	14	—	—
Chêne d'Angleterre, d'Europe, chêne pédonculé de France, chêne d'Adriatique, d'Italie, d'Espagne, de Portugal	14	12	12	12	14	14	12	12	12	12	12	12	—
Chêne européen du Nord	10	9	9	9	9	9	12	10	9	9	9	9	—
Pitchpin et Mélèze du Midi	—	—	—	—	9	9	11	10	—	—	10	9	9
Pin d'Oregon	—	—	10	10	11	10	11	10	10	—	10	9	10
Hackmatak, mélèze	—	—	11	11	12	10	11	10	10	—	—	9	9
Pin rouge d'Amérique, pins de Mémel et de Dantzig	—	—	9	9	9	9	9	9	10	—	9	9	10
Orme de pays, orme noir américain	12	5	5	5	5	9	9	9	10	—	9	9	—
Spruce supérieur	—	—	—	5	5	8	9	9	—	—	8	8	8
Pin, Sapin, Spruce ordinaires	5	5	5	5	5	6	6	6	—	—	5	5	—
Hemlock	—	—	—	3	0	—	3	3	—	—	—	3	6

POIDS SPÉCIFIQUE DES BOIS EMPLOYÉS DANS LA CONSTRUCTION
DES YACHTS.

DÉSIGNATION	BOIS VERT	BOIS desséché à l'air
Acacia faux	$0^k,890$	$0^k,792$
Acajou	1,063	0,849
— de Honduras	—	0,660
— d'Espagne	—	0,850
— de Cuba	—	0,560
— de Saint-Domingue	—	0,750
— d'Australie	1,100	0,860
Bois du Brésil, rouge	—	1,080
Bouleau commun	0,930	0,687
Buis de France	1,180	0,910
— de Hollande	—	1,321
— de Mahon	—	0,921
Cèdre du Liban	—	0,578
Cèdre indien	—	1,314
Charme	0,910	0,748
Chêne commun	1,079	0,850
— de démolition	—	0,730
— rouvre	1,180	0,820
— blanc	1,110	0,750
— de Provence	1,220	1,025
— de Champagne sec	0,988	0,860
— très sec	—	0,758
— de Bretagne sec	—	0,842
— très sec	—	0,742
— de Lorraine	0,093	0,643
— de 60 ans au cœur	1,170	—
— de Hambourg	0,780	—
— du Midi, d'Italie, d'Espagne, d'Adriatique	1,110	—
— d'Angleterre	—	0,852
— d'Amérique	—	0,872
— de Dantzig	—	0,756
Cormier	—	0,907
Ebène	—	1,120
Ebène noir	—	1,190
— vert	—	1,210
Ébénier d'Amérique	—	1,265

POIDS SPÉCIFIQUE DES BOIS EMPLOYÉS DANS LA CONSTRUCTION
DES YACHTS (*suite*).

DÉSIGNATION	BOIS VERT	BOIS desséché à l'air
Frêne	0^k,920	0^k,795
Gaïac.	—	1,335
Hêtre.	1,150	0,785
Liège.	—	0,240
Merisier	0,910	0,730
Noyer vert	—	0,920
— brun ou noyer noir.	—	0,680
— de France	0,950	0,643
— d'Afrique.	—	0,735
Orme de pays	—	0,550
— blanc.	1,000	0,680
— noueux	—	0,800
Peuplier.	—	0,390
— blanc	—	0,510
— noir.	0,870	0,436
Pin blanc, Spruce.	—	0,550
— rouge.	—	0,660
— de Riga.	—	0,821
— d'Oregon	—	0,750
— de Laryx	—	0,640
Waney Pine.	—	0,510
Pitchpin.	—	0,850
Poirier	—	0,685
Santal rouge.	—	1,128
— blanc.	—	1,041
— jaune.	—	0,809
Sapin blanc femelle	0,820	0,509
— — d'Écosse.	—	0,530
— — d'Angleterre. . . .	—	0,550
— — de Russie	—	0,525
Sapin jaune aurore, sapin rouge, sapin du Nord	—	0,704
Sapin commun mâle	0,870	0,543
Saule commun	1,000	0,460
Teak	—	0,860
Tuya de Chine.	—	0,564

TABLE ALPHABÉTIQUE

Paris. — Imp. E. BERNARD et Cⁱᵉ, 23, rue des Grands-Augustins.

PARIS. — IMPRIMERIE É. BERNARD ET Cie

28, RUE DES GRANDS-AUGUSTINS, 28